Peter A. Schröter
Charles Meyer

DIE KRAFT DER MÄNNLICHEN SEXUALITÄT

Zu diesem Buch:
Viele Männer stehen unter hohem Erwartungsdruck oder sind verunsichert. Sie suchen ein neues Männerbild, das allen ihren Qualitäten gerecht wird: als Partner, als Liebhaber, als Vater, im Beruf. Der Schlüssel liegt in einer veränderten Einstellung zur eigenen Sexualität. Dieses Buch motiviert, das Wagnis einzugehen, die ganze Kraft der männlichen Sexualität zu entdecken. In einem erfrischend ungezwungenem Ton führen die Autoren durch die verschiedenen Lebensalter und unterstützen die nicht immer einfache Suche nach der eigenen Identität. Sie zeigen, welche Stärke aus einem bewussten Umgang mit der eigenen Männlichkeit gewonnen werden kann. Wenn Männer das ganze Potential ihrer Männlichkeit nutzen, können sie ihr Leben vielseitiger und zufriedener gestalten. Dann können sie kraftvoll, selbstsicher und von Herzen glücklich leben.

Zu den Autoren:
Peter Aman Schröter, geboren 1949 in Münsterlingen/TG. Diplompsychologe FSP. Arbeitet seit 1980 als Körperpsychotherapeut und Seminarleiter, mit Schwerpunkt männliche Sexualität und Identitätsfindung. Mitbegründer des SkyDancing Tantra und der Aquatischen Körperarbeit in Deutschland und in der Schweiz. Leitet zusammen mit Doris Christinger das Institut S+C Persönlichkeitstraining in Zürich. Zuletzt erschienen: *WasserTanzen* (1996) und *Verführung zur Ekstase. Tantrische Gespräche über Liebe, Leib und Lust* (2000).
www.scpt.ch

Charles Meyer, geboren 1953 in Ebikon/LU. Studierte Soziale Verhaltenswissenschaften in Hagen (D). Freier Journalist, u. a. für die »Weltwoche« und die »Handelszeitung«. Zahlreiche Berichte über Männer in der Wirtschaft. Arbeitet auch als Coach für junge Aufsteiger. Vater zweier (fast) erwachsener Söhne.
charles.meyer@bluewin.ch

Peter A. Schröter
Charles Meyer

DIE KRAFT DER MÄNNLICHEN SEXUALITÄT

Lebensbilder für Männer

Pendo München Zürich

Mehr über unser Autoren und Bücher:
www.pendo.de

FSC
Mix
Produktgruppe aus vorbildlich bewirtschafteten Wäldern und anderen kontrollierten Herkünften
www.fsc.org Zert.-Nr. GFA-COC-001262
© 1996 Forest Stewardship Council

ISBN 978-3-86612-029-7
7., erweiterte Auflage 2011

Umschlaggestaltung: Charlotte Löbner, Mainz
Umschlagabbildung: getty images, Elie Bernager
Autorenfoto: Felix Barth (Peter A. Schröter),
Privat (Charles Meyer)
Satz: Fotosatz Reinhard Amann, Aichstetten
Druck und Bindung: Druckerei Pustet, Regensburg
Printed in Germany

Männer

Männer nehmen in den Arm, Männer geben Geborgenheit,
Männer weinen heimlich, Männer brauchen viel Zärtlichkeit,
Männer sind so verletzlich,
Männer sind auf dieser Welt einfach unersetzlich.
Männer kaufen Frauen, Männer stehen ständig unter Strom,
Männer baggern wie blöde, Männer lügen am Telefon,
Männer sind allzeit bereit,
Männer bestechen durch ihr Geld und ihre Lässigkeit.
Männer haben's schwer, nehmen's leicht,
außen hart und innen ganz weich,
sind als Kind schon auf Mann geeicht.
Wann ist ein Mann ein Mann?
Männer haben Muskeln, Männer sind furchtbar stark,
Männer können alles, Männer kriegen 'nen Herzinfarkt,
Männer sind einsame Streiter,
müssen durch jede Wand, müssen immer weiter.
Männer führen Kriege, Männer sind schon als Baby blau,
Männer rauchen Pfeife, Männer sind furchtbar schlau,
Männer bauen Raketen, Männer machen alles ganz genau.
Männer kriegen keine Kinder, Männer kriegen dünnes Haar,
Männer sind auch Menschen, Männer sind etwas sonderbar,
Männer sind so verletzlich,
Männer sind auf dieser Welt einfach unersetzlich.

Herbert Grönemeyer

Inhalt

Einführung

Lied vom Mannsein

Ich bin, seit ich was von mir weiß,
auf Kraft und Siegen programmiert.
Im Sagen groß. Das Herz zumeist
auf breite Schultern reduziert.
Natürlich: Denker und modern
rein hirnlich schon im rechten Gleis.
Verteufelt nur, daß meine Lust
von meinem Hirn zu wenig weiß.
So furchtbar lang den feuchten Traum
von meiner Herrlichkeit geträumt
und leider nebenbei den Anschluß
an die Liebe fast versäumt.

Konstantin Wecker

Worum es geht

Dieses Buch hat das ganze Männerleben zum Thema. Es schlägt den Bogen von der Kindheit bis zum Alter. Wir haben es geschrieben für Mitmänner, die sich bewegen wollen, für junge Männer, die sich auf die Suche begeben nach ihrer männlichen Kraft, für Väter und ihre Söhne, die sich besser verstehen, für alte Männer, die mehr über das Mannsein im Alter wissen wollen. Darüber hinaus bietet es Frauen und Müttern die Möglichkeit, ihre Männer und Söhne aus einer neuen Perspektive kennen und verstehen zu lernen.

Es ist ein Buch für Männer, die bereit sind, Wagnisse einzugehen und sich dem Schmerz auszusetzen, der sie überkommt, wenn sie sich ihren verletzten und verdrängten Gefühlen öffnen. Mann werden und als Mann seine Defizite erforschen ist eine Herausforderung, die mit Schmerz verbunden ist. Doch das Abenteuer lohnt sich, denn Mannsein ist die schönste Sache der Welt!

Historisch gesehen stehen wir an einem Wendepunkt. Die letzten vierzig Jahre haben dem Patriarchat ganz schön zugesetzt. Der Macho ist ein Auslaufmodell, der Softie eine Sackgasse, die alten Geschlechterrollen wurden durch den Feminismus und die ökonomischen Erfordernisse ins Wanken gebracht. Ein neues Männerbild ist vonnöten. Und darum geht es in diesem Buch.

Einer Männerwelt, in der nur Leistung, materielle Werte und Status zählen, in der die Gefühle verkümmern, setzen wir im

»phallischen Mann« ein Männerbild entgegen, das ganz neue Qualitäten miteinbezieht. Wir berichten davon, wie aus dem kleinen Jungen ein Mann wird, was für Defizite er sich dabei einhandelt und wie er seine vollständige Männlichkeit wiedergewinnen, zum phallischen Mann werden kann. Wir machen den großen Einfluß unserer Mütter und die Folgen der abwesenden Väter deutlich. Wir sprechen von Sexualität, von Aggression und von Gefühlen. In allen drei Bereichen haben wir heutigen Männer Defizite, die in unserer Kindheit ihre Wurzeln haben.

Im Sex haben wir ein großes Defizit, weil wir ihn nur im Außen leben, nur im Penis und nicht im Herzen. Es fehlt uns das Empfinden von uns selbst, es fehlt uns die Verbindung zu unseren Sinnen und dadurch zu unserem Gegenüber. Wir verpassen das Versprechen der Sexualität, unsere eigene Ekstase zu erleben, weil wir nicht nach innen fühlen, sondern nach draußen schauen und uns um die Ekstase der Frau kümmern.

Wir haben Defizite im Ausdrücken von Aggression. Wir haben Angst vor ihr, weil wir glauben, Aggression und Gewalt seien ein und dasselbe. Daher haben wir verlernt zu streiten und zu kämpfen und verdrängen unsere Aggressivität. Wir können uns nur schwer abgrenzen gegen Chefs, gegen Frauen, gegen irgendwelche Ansprüche. Und wir stehen nicht für uns ein. Weil wir gar nicht wissen, was wir wirklich brauchen. Wir brauchen wieder einen guten Zugang zu unserer inneren Kraft, indem wir lernen, Aggression bewußt und dosiert einzusetzen, und zwar ohne schlechtes Gewissen. Wir gewinnen damit Durchsetzungskraft und Abgrenzungsfähigkeit. Dazu benötigen wir aber ein gutes Schwert. Zur Verteidigung und zum Angriff, wenn die Situation es erfordert.

Ein enormes Defizit haben wir im Gefühlsbereich. Unsere Herzen sind verschlossen. Wir erleben vielleicht einen Gefühlssturm, wenn wir verliebt sind, aber sogar davor fürchten wir uns, denn beim Verlieben verlieren wir die Kontrolle über uns. Es macht uns angst, unsere Gefühle zuzulassen. Wir fürchten uns vor dem überwältigenden Schmerz, wenn verletzte Gefühle hochkommen, weil unser Vater damals nicht da war, als wir ihn brauchten und seine Liebe suchten. Weil unsere Mutter unsere Liebe nicht erwidert hat oder wir uns aus ihrer Umklammerung freikämpfen mußten.

Dieses Buch handelt von einem neuen Männerbild, das wir mit Gewinn in uns entdecken und an unsere Söhne, an unsere Freunde weitergeben können. Es handelt vom phallischen Mann, der sein inneres Potential, die seelischen Energiefelder des Kriegers, des Liebhabers, des Magiers und des Königs, ausgeleuchtet und entwickelt hat und dadurch verbunden ist mit seinem Körper und seinen Gefühlen, der seine aggressive Kraft genießt und seine Sinnlichkeit lebt. Einem Mann, der seinen Weg mit Herz geht, der um seine Verantwortung sich selber und dem Leben gegenüber weiß.

Peter Schröter: Dieses Buch entstand aufgrund jahrelanger Erfahrungen, die ich als Psychologe und als Leiter von Seminaren für Männer und Frauen im Bereich der Persönlichkeitsentfaltung gemacht habe. Seit über zweiundzwanzig Jahren liegt der Schwerpunkt meiner Tätigkeit auf dem Gebiet der Bewußtseinsarbeit, der männlichen Identitätsfindung und Sexualität sowie auf dem Gebiet der Partnerschaftsfragen.

Mir ist bewußt geworden, dass Männer weder Zugang zu ihrer Wildheit und Geilheit haben, noch zu ihrem Stolz und ihrer Liebesfähigkeit. Immer häufiger wurde ich Zeuge davon, daß sich Männer für ihr Mannsein entschuldigten. Die Tatsache, daß es uns unendlich schwerfällt, tiefe Gefühle zuzulassen und auszudrücken, hat mich wachgerüttelt. Ich erlebte aber auch, wie viel wir Männer gewinnen, wenn wir uns auf den Weg machen und den Mut haben, uns unseren Ängsten zu stellen und neue Seiten zu entdecken.

Persönliche und berufliche Erfahrungen haben dazu geführt, dass ich vor rund zwölf Jahren die erste »MännerBande« durchführte und daraufhin die »Lebensschule für Männer« initiierte. Ich bin überzeugt, daß der Weg zum Mannsein immer wieder über einen engen Kontakt mit Männern führt und Lebensthemen wie Aggression, Sexualität, Liebesfähigkeit und Bewußtsein integriert werden müssen, um den Weg zum neuen Mann, zum phallischen Mann, zu ebnen.

Weiterhin geht es mir darum, den Dialog zwischen Männern und Frauen zu fördern und den ewigen Kreislauf der gegenseitigen Verletzungen zu stoppen. Es ist Zeit, den Geschlechterkampf endgültig zu beenden und Frieden zu schließen. Dazu braucht es Männer, die in ihrem Mannsein, und Frauen, die in ihrem Frausein gestärkt sind.

So ist in mir über die Jahre die Vision gereift, als Mann ein Buch für Männer zu schreiben. Ich habe in Charles ein Gegenüber gefunden, das von mir sehr verschieden ist. Der Dialog und die Auseinandersetzungen mit ihm waren für mich sehr bereichernd. Durch sein Nachfragen an vielen Stellen hat er eine Vertiefung des Themas ermöglicht. Unsere Gespräche waren offen, geprägt von Humor und haben zu diesem Buch geführt, das wir unseren Mitmännern widmen.

Charles Meyer: Was Mannsein bedeutet, war mir nie klar. Ich habe immer gedacht: Die andern Männer, die wissen schon, was ein Mann ist. Nur ich selber war mir immer unsicher. Heute weiß ich, daß die meisten Männer auf der Suche nach dieser inneren männlichen Kraft sind. Die meisten von uns vermissen das tiefe Vertrauen, ein guter Mann zu sein, ein guter Vater zu sein, ein guter Freund zu sein. Es fehlt uns die Gelassenheit, ein guter Liebhaber zu sein, ein guter Ehemann zu sein. Die meisten von uns wünschen sich, besser auf dem Boden zu stehen, die richtigen Entscheidungen zu fällen, vom Leben getragen zu sein. Tief drinnen habe ich überall bei den Männern diese Unsicherheit angetroffen, bei mir und meinen Söhnen, die ich mit sicherer Hand durch die Stürme der Pubertät führen will, bei meinen Freunden, die es gewagt haben, ihre Unsicherheit und zeitweilige Hilflosigkeit dem Freund anzuvertrauen, bei den Managern, die ich als Journalist einer Wirtschaftszeitung befrage, bei den Aufsteigern, die ich als Coach betreue, bei den Bürgern, die ich als Politiker und Gemeinderat meiner kleinen Stadt in ihren Projekten begleite. Überall diese vage Unsicherheit darüber, was männlich ist.

Beim Schreiben dieses Buches, durch die Auseinandersetzung mit Peter und seinen Erfahrungen, beim Nachdenken über die Geschichte Parzivals und ihren Bezug zu meinem eigenen Leben sind mir Hunderte von nie gestellten Fragen beantwortet worden, und es sind Erinnerungen aufgetaucht, die mir heute weiterhelfen. Neue Bilder von Möglichkeiten meines eigenen Mannseins sind in mir aufgestiegen und bieten sich an, gelebt zu werden. Ich verstehe nun, warum meine dreißigjährige Beziehung zu meiner Frau nur durch Arbeit an mir selbst zu haben war, und daß das auch in Zukunft so sein wird. Ich hoffe, beim Lesen dieses Buches geschehe dem Leser, der Leserin ähnliches.

Wir Männer brauchen neue Bilder des Mannseins, die alten haben ausgedient. Wir brauchen eine neue Ehrlichkeit uns selber gegenüber, denn das Erfüllen von fremden Wunschbildern davon, was »ein richtiger Mann« ist, reicht nicht mehr. Wir brauchen eine tiefe, eigene, innere Neugier auf uns selber, und ein väterliches »Zu-uns-Stehen«, um das zu leben, was tief in uns gelebt werden möchte. Ein Mann zu sein. Mit allem, was dazugehört.

Peter A. Schröter, Charles Meyer, im Januar 2003

Wenn Männer einander begegnen

Das Einschätzen des anderen Mannes

Wenn Männer einander begegnen, beginnt sofort die Konkurrenz. Männer müssen sich gegenseitig messen. Unweigerlich startet ein jahrtausendealtes Programm: In Sekundenbruchteilen wird der andere durchleuchtet, auf gewisse Kriterien untersucht, es wird sofort analysiert, ob er eine Gefahr ist. Unabhängig davon, ob Männer nachts im Dunkeln auf einer Autobahnraststätte im Pissoir aneinander vorbeimüssen oder einander während der Pause in der Oper an der Champagnerbar vorgestellt werden, wir Männer müssen herausfinden: Ist der andere stärker als ich? Muß ich mich schützen? Angreifen? Fliehen?

Wir neigen dazu, diese Situation so schnell wie möglich zu entschärfen, indem wir uns grüßen, einander in die Augen schauen, anlächeln, zunicken und am Ende einander artig die Hand geben. Diese ersten gegenseitigen Signale der Friedfertigkeit, diese Anzeichen von Entwarnung nutzen wir aber immer noch dazu, weitere Informationen abzurufen: Wie stark ist sein Blick, wie kräftig sein Händedruck? Will er mich dominieren? Ist er schwächer als ich?

Ganz in der Tiefe reden bei Begegnungen unter uns Männern Urängste mit: die Angst davor, schwach zu sein, die Angst, weiblich zu sein, die tiefe Angst, penetriert zu werden. Wir fürchten, mental durchlöchert zu werden, mit Blicken oder Befehlen, oder körperlich mit Fäusten, mit Waffen, oder ganz deutlich: penetriert mit dem Penis. Warum sagen Feldwebel in den US-Spielfilmen zu ihren Rekruten immer: »Ich reiß' dir den Arsch auf!«?

Wir Männer hatten jahrtausendelang Grund, uns voreinander zu fürchten, unser Hirn ist daher genetisch auf dieses blitzschnelle Abschätzen des Gegenübers gut eingerichtet. Aber vieles, was in diesen kurzen Sekunden der Begegnung unbewußt abläuft, wird überlagert von kulturell bedingten oder auch persönlichen Mustern, und bei weitem nicht immer sind unsere Deutungen der Signale fehlerfrei. Hat einer einen sehr starken Händedruck, interpretieren wir: Der ist stark, stärker als ich, ich bin schwach, schwächer als er. Dabei ist es vielleicht der andere, der sich schwach fühlt und dies durch einen überstarken Händedruck zu kompensieren versucht. Wir Männer haben einen Informationskanal nur schlecht entwickelt, der uns in solchen Situationen sehr gute Dienste leisten könnte: das Fühlen.

Wir fühlen schlecht, was wirklich ist. Frauen können sich – so sagen sie – besser einfühlen in das, was in ihnen und in anderen vorgeht. Für Gefühle fehlt uns die Wahrnehmungsfähigkeit. Wir suchen und stellen unseren Mann draußen, in der Welt, im Beruf, im Handeln. Unsere Gefühlswelt ist zu einem großen Teil abgespalten, unterdrückt. Daher merken wir Männer meist gar nicht, was da alles abläuft in diesen ersten Begegnungen, wir halten uns am Äußeren auf. Fährt der andere einen Mercedes, einen Audi oder einen Saab? fragen sich Manager über andere Manager. Hat der andere einen muskulösen Boxerrüden oder eine kleine Pudeldame? fragen sich Hundehalter.

Wir Männer messen aneinander unbewußt sofort die Potenz. Nicht nur die Potenz des Penis, es geht um die Potenz auf verschiedenen Ebenen. Wer verdient mehr? Wer hat die attraktivere Frau? Derjenige, der aus diesem kurzen Kräftemessen als Sieger hervorgeht, beginnt locker zu werden, nonchalant, spricht den ersten Satz, übernimmt die Führung im Gespräch und fühlt sich gut dabei. Der Unterlegene muß schauen, wo er bleibt. Welche Optionen hat er noch?

Er kann sich zurückziehen, »den Schwanz einziehen« und sich aus dem Bereich des Stärkeren entfernen. Er kann versuchen, durch Schmeicheleien den Stärkeren günstig zu stimmen, ihn durch Loyalität in seiner überlegenen Position akzeptieren, er kann versuchen, ihn zum Freund zu gewinnen. Er kann aber auch versuchen, den Stärkeren durch Intrigen fertigzumachen.

Oder er kann den anderen zum weiteren Kräftemessen herausfordern, das Kampffeld verlagern auf andere Themen, andere Situationen. Findet er Fehler beim andern? Unsicherheiten? Gibt es andere Ebenen, auf denen er den Sieg zurückerobern könnte? Kann er ihn als einseitig entlarven, indem er sagt: Er ist zwar reich, aber ein Hohlkopf, er hat's wohl in den Muskeln, aber nicht im Hirn! Arnold Schwarzenegger ist ein Beispiel dafür. Er hat einen super Body, ist äußerst erfolgreich, aber viele Männer machen ihn klein, dumm, wertlos. Ach, dieser Dummkopf Schwarzenegger. – Wie er wohl in Wahrheit ist?

Oft beginnen unterlegene Männer auch, sich mit dem Stärkeren zu identifizieren. Sie machen ihn zum Idol, finden ihn toll, fühlen sich dabei selber ein wenig wie der Starke, genießen das, brauchen das, weil sie tief drinnen verunsichert sind, was ihre Männlichkeit betrifft. Viele Topmanager, viele Politiker scharen reihenweise solche Verunsicherte um sich und geben ihnen Halt und Sinn.

Machos haben es insofern gut. Der Macho hat einen starken Panzer, er geht mit geschlossenem Visier rücksichtslos durch die Welt, und oft kriegt er sogar, was er will. Männer, die laut sind, die drauflosgehen, fordern, die bekommen meist, was sie wollen, denn der Schwächere, der Sensiblere bekommt Angst und gibt nach. Ein Macho hat auch tatsächlich oft Erfolg bei Frauen, einfach, weil er aus sich herauskommt mit seiner Energie. Die Faszination am Macho liegt darin, daß er seine männlich triebhafte Seite zur Schau stellt, den Kamm stellt, das Brusthaar zeigt und Frauen deshalb direkt körperlich anspricht. Nur heißt das noch lange nicht, daß so ein Mann sicher ist in seiner Männlichkeit. Vielleicht ist sein Gehabe nur eine Flucht nach vorn?

Im Gegensatz zum Macho verdrängt der Softie sein aggressives Potential. Und wenn jemand etwas verdrängt, dann holt er beim Gegenüber genau das Verdrängte hervor: Der Softie provoziert Aggression. Viele Männer reagieren deshalb sehr aggressiv auf »sanfte Männer«.

Wenn Männer einander begegnen und die unbewußten Einschätzungsprogramme durchlaufen haben, fragen sie schnell einmal nach dem Beruf. Man weiß dann auch ungefähr, was der andere verdient, man glaubt also, seine Potenz noch zuverlässiger einschätzen und mit der eigenen vergleichen zu können. Findet man auf diskrete Weise auch noch die Position des andern auf der hierarchischen Ebene heraus – je höher die Position, desto schneller wird sie mitgeteilt –, so glauben wir genügend Informationen für eine definitive Einstufung zu haben, die uns erlaubt, uns besser oder mieser zu fühlen als der andere.

Hierarchien geben Sicherheit

Männer neigen zu Hierarchien. Hierarchien geben Sicherheit. Hierarchisches Verhalten ist ein Erbe unserer tierischen Vorfahren. Affenbanden haben Hierarchien. Hühnerhaufen. Wolfsrudel. Das Wesen der Hierarchie ist immer zwiespältig. Der Leitwolf im Rudel ist zwar der Stärkste, der Schlauste, das Alphatier, er sagt den andern, wo's langgeht, und bekommt den größten Happen, und zwar zuerst. Der Leitwolf besteigt die Fähen seines Rudels.

Die anderen haben das Nachsehen. Aber hinter ihm jagen die Rivalen. Und wehe, er ist nicht schnell genug. Männer funktionieren ganz ähnlich. Auch bei uns hatte der Stammeshäuptling ähnliche Privilegien wie der Leitwolf. Manche Fürsten bestanden noch lange auf dem »Jus primae noctis«, dem Recht der ersten Nacht bei den Jungfrauen ihres Volkes.

Noch heute sind der Staat, die Armee, die Kirche, die Wirtschaft streng hierarchisch organisiert. Und noch immer folgt den Führern die Meute auf den Fersen, sucht nach Fehlern, sägt an Stühlen, versucht, die Oberen vom Podest zu stoßen.

Hierarchien haben den Vorteil, daß sie Konkurrenz und Wettbewerb entschärfen und dadurch die Produktivität des Systems steigern. Wer eine hierarchische Auseinandersetzung gewinnt, aktiviert zudem die Adrenalin- und Testosteronausschüttung und kämpft voll motiviert weiter. Viele »Senkrechtstarter« in den Karrieren werden so von den eigenen Erfolgen zu immer neuen Erfolgen weitergetrieben.

Hierarchien verlangen von uns, Rollen zu spielen. Manche von uns leben ganz gut in diesen Rollen, andere haben zunehmend Mühe damit. Und je weniger wir diese Rollen von ganzem Herzen spielen können, um so mehr brauchen wir etwas, das uns von diesem Unglück ablenkt: Beziehungen, Romanzen, Arbeit im Übermaß, Suchtmittel oder Depressionen.

Die Alternative ist, die Situation genau anzuschauen: Kann ich mich mit meinem Stand in der Hierarchie einverstanden erklären? Kann ich meine Vorgesetzten aufgrund ihrer Macht, ihrer Kraft oder ihres Titels als Vor-Gesetzte akzeptieren? Oder muß ich all meinen Mut zusammennehmen und sagen: Ich darf diese Rolle nicht spielen, das zerstört mein Leben, ich muß mir einen neuen Ort, eine neue Stelle, einen neuen Weg suchen? Oder muß ich gewisse Dinge endlich einmal klären mit meinem Chef?

Hierarchien haben längst nicht mehr die Bedeutung, die sie früher hatten, die Autoritäten sind hinterfragt worden. Die Hierarchien von früher sind aber nicht verlorengegangen. Nur sind wir zahm geworden. Kultiviert. Es braucht sie nicht mehr, die Drohungen und Zurechtweisungen früherer Stammeshäuptlinge, die Peitsche des Gutsherrn, den Stock des Lehrers, um uns dramatisch vor Augen zu führen, wohin der Ungehorsam gegenüber den Oberen uns leitet. Wir beugen uns heute ohne äußeres Dazutun, weil wir die Ge- und Verbote in unserem Über-Ich verinnerlicht haben.

Wer hat in der Beziehung die Hosen an?

Wenn Männer einander begegnen, wird also sofort ausgelotet, wer der Stärkere ist. Eine neue Dimension erreicht die Begegnung, wenn Männer ihre Frauen dabeihaben. Tief in der männlichen Seele ist die Frau ein Statussymbol. Und kaum ist eine Frau dabei, ist Eros im Spiel. Daher fragen wir uns sofort: Hat sie Erotik, und spielt sie damit? Hat sie auch Kopf? Ist sie gleichberechtigt mit dem Mann? Ist da Liebe zwischen den beiden? Warum hat der andere »so ein junges Ding«? Sucht er das rein Körperliche? Wählt er das Mädchen und nicht die Frau? Auch diese Liste von Fragen wird bei einer Begegnung unbewußt sehr schnell durchgearbeitet.

Und besonders wichtig ist die Frage: Hat seine Frau die Hosen an? Hosen anhaben bedeutet, die emotionale Führung übernehmen, die Beziehungsstruktur bestimmen. Im Innenbereich der Partnerschaft, was Beziehungen betrifft, pflegen die Frauen die Chefposition zu besetzen. Frauen sind auf Gefühle, auf das Innerliche und auf Kommunikation sozialisiert, und das macht sie in Sachen Beziehung stärker. Draußen in der Welt mit ihren

Herausforderungen wird es dagegen eher der Mann sein, der die Führung übernimmt.

Wenn aber die Frau in der Gesellschaft die Hosen anhat und den Mann runterputzt, dann entspricht das nicht dem traditionellen Mann-Frau-Denken. Zu Zeiten unserer Vorfahren war es der Mann, der das Schwert führte, der die Familie beschützte und das Territorium verteidigte. Die Frau war mit der Aufzucht des Nachwuchses beschäftigt. Die Zeiten haben sich geändert, der Entfaltungsraum der Frauen ist nicht mehr auf die drei K – Kirche, Küche, Kinder – beschränkt. Aber die alten Rollenbilder sind noch tief in uns verankert.

Trotz Emanzipation ist die Frage, wer die Hosen anhat in der Beziehung, für uns Männer wichtig. Eine gewitzte Frau, eine kluge, eine liebende Frau wird ihren Mann in seiner Männlichkeit bestätigen, indem sie ihm die Außenrepräsentation zugesteht. Sie braucht deswegen ihren Partner nicht zu belügen und nicht die Tatsache zu übersehen, daß sie die Außenpolitik ebensogut meistern könnte. Sie wird einfach nicht in der Öffentlichkeit darüber reden, damit er anderen Männern gegenüber sein Gesicht wahren kann.

Für Männer ist es gut, wenn sie ganz leicht den Ton angeben: Frauen lieben erfolgreiche Männer, die ihnen etwas überlegen sind, auf die sie stolz sein können. Vielleicht erinnern wir uns hier auch wieder an unsere Wurzeln: Der dominante Mann wird bevorzugt, weil dieser versorgen und beschützen kann. Beziehungen scheitern eher an der Nachgiebigkeit der Männer als an ihrer Härte. Lust entsteht aus Widerstand, aus Reibung aneinander.

Hat in einer Begegnung der andere nun eine Frau, welche auch draußen eindeutig die Hosen anhat, bedeutet das, daß sie stärker ist in dieser Beziehung und daß ihr Mann wahrscheinlich auf irgendeiner Ebene der Junge ist und sie die Mama. Männer, die ihre Hosen abgegeben haben, betrachten wir schnell als Weicheier, oder aber wir solidarisieren uns mit ihnen und greifen ihre Frauen an. Denn das ist die tiefste Angst des Mannes, daß die Frau, das Weibliche, die Mutter stärker ist.

Auch wenn wir Männer sonst nicht gerade Spitze sind im Fühlen, nehmen wir solche Dinge, wenn wir nicht zu sehr projizieren, doch recht zuverlässig wahr. Sie helfen uns, den andern Mann besser einzuschätzen, denn wir sind immer noch auf der Hut. Ist der andere stärker, mutiger, frecher, gewitzter, lebendiger? Überschreitet er unsere Grenzen? Diese Grenzüberschreitungen können gefährlich sein. Schlägt er uns zu jovial auf die Schultern, überschreitet er damit unsere Grenzen, und wir haben den Impuls, uns zu verteidigen.

Die Angst vor dem Schwulsein

Großalarm herrscht, wenn der Verdacht besteht, daß der andere schwul ist. Wir alle haben tief in uns drin eine schwule Ader. Wir identifizierten uns in unserer Kindheit mit unserem Vater, liebten ihn, unsere Libido war auch auf ihn orientiert. Wir sehnen uns noch immer nach ihm, gerade weil er so wenig vorhanden war; unser Liebesverlangen geht also auch auf den Mann. Aber in den meisten Fällen verdrängen wir diese Möglichkeit aus Angst, weibisch zu sein. Wenn uns nun einer gegenübertritt, der offensichtlich schwul ist, dann weckt dies die alte, verdrängte Sehnsucht nach dem Vater, nach dem Mann. Gleichzeitig steigt in heterosexuellen Männern die Angst vor dem Weibischsein auf, und wir haben einen Konflikt im Innern, den wir sofort unter Kontrolle kriegen müssen, indem wir ihn verdrängen und uns vom Gegenüber distanzieren.

Kontrolle ist wichtig. Wir Männer müssen immer kontrolliert sein. Lebendigkeit macht angst, weil sie kaum zu kontrollieren ist. Das falsche Wort, und du machst dich lächerlich. Du hast deine Aggressionen nicht im Griff und schlägst zu. Kontrolle ist sehr wichtig für uns. Alles unter Kontrolle zu haben bedeutet, richtig zu funktionieren.

Freundschaft braucht Mut zur Unsicherheit

Irgendwie schaffen wir Männer es hie und da, aus dieser Konkurrenz auszusteigen, die Hierarchie zu verlassen und uns als gleichberechtigte Partner mit unterschiedlichen Biographien anzuerkennen. Ein erster Schritt dazu kann sein, daß einer von beiden bereit ist, auch eine seiner schwächeren Seiten zu zeigen, etwas Persönliches zu erzählen, sich eine Blöße zu geben, sich verletzbar zu machen. Oder er erzählt von der Vision seines Lebens und dem, was dazu noch fehlt. Auf solche Signale hin können wir von uns aus eine Abrüstungskampagne einleiten, indem auch wir eine Schwäche zeigen, die hochglanzpolierte Tür aufmachen und ein wenig die wahre Befindlichkeit zu erkennen geben.

Ein großer Türöffner zu einer Freundschaft kann sein, wenn der eine dem andern etwas mitteilt, was er über ihn spürt. Wenn er ihm sagen kann: Ich habe Angst vor deinem mächtigen Körper, oder: Ich bewundere deine Art zu reden. Solch ein Schritt macht uns Männern im allgemeinen angst. Es ist nicht einfach für Männer, über ihre Gefühle oder ihre Visionen zu reden. Solange wir solche Dinge nicht mitteilen, sind wir in uns drin sicher und unangefochten. Sobald wir uns mitteilen, kommt die Unsicherheit: Was rede ich da für einen Stuß? Weil wir nicht gelernt haben, Gefühle ernst zu nehmen. Diese Angst zu überwinden braucht Mut, Mut zur Unsicherheit, Mut, Fehler zu machen, nicht perfekt zu sein, uns zu zeigen und damit Angriffsflächen zu bieten. Wer diesen Schritt wagt, streckt die Hand zur Freundschaft aus. Wer darauf im selben Sinn antwortet, erwidert das Angebot. So entsteht mit der Zeit Vertrauen.

Natürlich kann auch in einer Männerbeziehung Konkurrenz mitspielen, ein Wettbewerb in gewissen Dingen, aber im Grunde wird die Konkurrenz in einer Freundschaft aufgehoben. Spielt sie trotzdem mit, muß darauf geachtet werden, daß sie nicht überbordet, daß der eine den andern nicht fertigmacht, sonst ist die Freundschaft vorbei. Eine gesunde Konkurrenz ist ein Mitstreiten, durch das man sich gegenseitig beflügelt, einander Energien zuschießt. Gute Teams gründen oft auf solch einem Wettstreit: Eine Idee übersteigt die andere, der Funke springt über, man kommt gemeinsam in ein Fieber.

Männer brauchen solche Gemeinsamkeiten in Kollegschaften, Vereinen, Clubs. Sie brauchen Orte, wo sie unter sich sind und einander in ihrer Männlichkeit »nähren«, bestätigen, unterstützen. Fern von Frauen. Wo sie so sein können, wie sie sein wollen. Ein männliches Feld, wo man sich gegenseitig aufladen kann. Da können Freundschaften entstehen. Man verläßt sich aufeinander, vertraut sich gegenseitig, traut sich auch mal, ein Gefühl, vielleicht sogar eine Schwäche zu zeigen, sich zu offenbaren. In Südindien zum Beispiel beobachten die Eltern in gewissen Dörfern, mit welchem Jungen der Sohn sich am besten versteht. Mit zehn Jahren wird er mit diesem Jungen »verheiratet«. Erst später sucht man ein Mädchen für ihn. Die beiden »verheirateten« Freunde bleiben meist ein Leben lang zusammen und unterstützen sich gegenseitig.

Es ist wichtig, daß Männer intime Freunde haben. Auch körperlich. Daß wir uns auch mal umarmen können. Nicht nur diese kurze, krampfartige Umarmung, sondern eine entspannte, bei der wir den andern und seine Kraft und seine Wärme spüren.

Das schafft eine Sicherheit, in der wir Fehler eingestehen, Fehler akzeptieren, den andern auch mal kritisieren und uns selber kritisieren lassen können. Das schafft eine Stimmung, in der wir uns trauen, einander die Wahrheit zu sagen.

Auf der andern Seite enden manche Begegnungen zwischen Männern auch in einer Feindschaft. Feindschaft und Freundschaft sind die beiden Seiten derselben Medaille. Oft begegnen sich Männer, die in gewisser Weise sehr ähnlich sind, mit derselben Kraft ausgestattet sind, die sich im Grunde genommen lieben, aber, um eine gewisse Distanz zu gewinnen, Feindschaft säen zwischen sich und dem andern. Jack Lemmon und der Griesgram Walter Matthau waren das Paradebeispiel einer solchen Männerfeindschaft.

Feindschaften entstehen auch häufig über Projektionen: Man projiziert Feindbilder aufeinander. Wir werfen dem andern Dinge vor, die in Wirklichkeit im eigenen Schatten verborgen sind, für die wir bei uns einen blinden Fleck, beim anderen aber einen Riecher haben. Ich bin dann der Gute, und er ist der Böse. Solche Feindschaften lassen sich lösen, sobald wir die Projektion wahrnehmen können. Dazu ist allerdings Selbstkritik gefordert: Warum hasse ich ihn so? Inwiefern bin ich selber genau das, was ich an ihm kritisiere?

Weckt der andere starke negative Gefühle in mir, sollte die eigene Alarmglocke losgehen. Ist er in meinen Augen ein verdammter Schwächling? Ein reicher Großkotz? Ein armes Schwein? Dann lohnt es sich, mit der Taschenlampe des Bewußtseins in den eigenen Schatten zu leuchten: Wo ist meine Schwäche? Wo bin ich ein Großkotz? Ein armes Schwein? Feinde können einem ganz schön viel Klarheit schenken. Skins zum Beispiel, wenn sie nachts auf Patrouille gehen und Schwache verprügeln, »Schwule klatschen«, verprügeln im Grunde ihre eigene Weiblichkeit, ihre eigene Schwäche. Wenn sie sich darüber klar würden und ihr

Schwachsein akzeptieren könnten, bräuchten sie schnell mal keine Skins mehr zu sein.

In der Gerümpelkammer unserer männlichen Seelen stapelt sich vieles: unsere verleugnete Weiblichkeit, Gefühle der Schwäche, Ängste, Trauer, Neid, aber auch reichlich Aggressionen. All die Gefühle und Eigenschaften, die wir in unserem bisherigen Leben nicht wahrhaben wollten oder verstecken mußten, sie wurden in die Gerümpelkammer des Unbewußten abgeschoben. Manche dieser Dinge könnten wir aber sehr gut gebrauchen. Ein bißchen Wut im richtigen Moment könnte hilfreich sein, eine Schwäche eingestehen könnte Streß auflösen. Unsere Gerümpelkammer genauer zu durchforsten ist eine Schatzsuche: Dort versteckt sich die andere Hälfte von uns. Aber die Tür zur Gerümpelkammer ist sorgfältig verschlossen, und ein Wächter sitzt davor und warnt vor den Gefahren dahinter. »Kein Böser sein!« sagt er, oder: »Kein Schwächling sein!« Jeder hat seinen eigenen Wächter, jeder seine eigenen inneren Gesetze.

Woher diese Wächter stammen, wie ihre Gesetze lauten, welche Schätze, aber auch Ängste und Abscheulichkeiten sie behüten und wie sie dazu bewegt werden können, die Tür zur Gerümpelkammer freizugeben, das wird ein großes Thema dieses Buches sein. Es wird uns auch die Möglichkeit geben, gewisse Dinge aus dieser Kammer hervorzuholen und in unseren Alltag einzubauen. Denn ganz sind wir Männer erst dann, wenn wir auch zur Verfügung haben, was in unserem Keller so alles gelagert ist. Und wenn wir ganz sind, dann sind die anderen Männer für uns nicht mehr nur eine Konkurrenz, vor der wir uns hüten müssen. Wenn wir ganz sind, sind wir gelassen, offen, neugierig nicht nur auf Frauen, sondern auch auf Männer und vor allem auf uns selber.

1.

Das Paradies heißt Mutter. Wer hat uns daraus vertrieben? Gelockt hat uns die Großartigkeit der Männerwelt, aber die Mutter wollte uns nicht ziehen lassen. Parzival weiß ein Lied davon zu singen.
Tief im Herzen suchen wir sie noch immer.
Bei der Nutte? Oder im Porno?

Die erste Liebe: die Mutter

Das mütterliche Paradies

Kein Mann weiß, wie seine Mutter wirklich war. Klar, da sind Bilder in der Erinnerung geblieben: Sie war da, wenn wir sie brauchten, oder sie ließ uns hängen. Sie war warm oder kalt, sie hat uns gestreichelt oder geschlagen. Aber was wir an Erinnerungen in uns haben, ist nicht das reale Bild von unserer Mutter. Es ist ein Mutterbild, ein Mix von wirklichen Eigenschaften unserer Mutter, von Erfahrungen mit anderen »Müttern« und von unserer eigenen Psyche, die das, was wir wirklich erlebt haben, umgestaltet. Jeder Mann trägt ein solches Bild von seiner Mutter in sich, und solange er sich noch nicht abgenabelt hat, nimmt es immer noch Einfluß auf sein Leben. Ist es das Bild einer vereinnahmenden, fressenden Mutter, dann wird er sich hüten, zuviel Nähe zu einer Frau zuzulassen. Die bayerische Sängerin Lisa Fitz singt in ihrem Lied »Ladyboss«: »Ich bin die Ernährerin, die Herrscherin und Gebärerin, ich habe immer recht, ich bin das starke Geschlecht.« Söhne mit einem solchen Mutterbild werden vorsichtig sein. Ist das Bild dagegen angenehm, liebevoll, wird der Mann eine ganz andere Einstellung zu Frauen haben.

Wenn sich Männer auf die tiefen Gefühle besinnen, die sie ihrer Mutter gegenüber gehabt haben, entdecken sie oft, daß die Nabelschnur noch immer nicht vollständig durchtrennt ist, daß ihr Mutterbild noch immer ihr Leben bestimmt. Mehr oder weniger lang hängen wir alle an der Nabelschnur, auch wenn wir nach außen unseren Mann stehen. In Italien leben zwanzig Prozent der Männer über Dreißig noch immer bei ihrer Mutter, auch hierzulande erfreut sich »Hotel Mama« zunehmender Beliebtheit.

Es löst mächtige Angst aus, das Band zur Mutter zu zerschneiden, weil die Gefühle zu ihr so widersprüchlich sind: Da ist die Sehnsucht, aber da sind auch die Ängste. Natürlich will der Junge zur Mutter, aber wenn er dort ist, steigt die Angst auf, von ihr festgehalten zu werden, in ihr zu versinken, sich in ihr aufzulösen und das Männliche zu verlieren. Diesen inneren Widerstreit erleben wir später auch mit unseren Frauen, überhaupt mit allem, was wir mit dem Weiblichen verbinden: Natur, Gefühle, Passivität ... Wir werden angezogen und fürchten uns gleichzeitig mächtig davor.

Wir Männer sind nun mal wie an Gummibändern festgemacht: hingezogen zur Mutter, zur Frau, hinausgezogen in die Welt. Was passiert, wenn ich die Mutter loslasse? Kann ich ohne sie überleben? Und wenn ich sie verlasse, wird sie böse? Lade ich dann Schuld auf mich? Diese Urängste sind noch immer tief in uns drin.

Die Natur hat Ähnlichkeiten mit unseren Müttern, als wir klein waren. Sie nährt uns, und wir müssen uns gegen sie behaupten, um unabhängige Männer zu werden. Die sogenannten primitiven Kulturen haben das gewußt und die Natur als Große Mutter verehrt. Vielleicht müssen Männer, wenn sie in die Natur hinausgehen, in »das Mütterliche an sich«, darum immer etwas tun: Würste braten, Bäche stauen, Hütten bauen, Bäume fällen, Erze schürfen? Wenige Männer sind mit dem Mütterlichen, mit der Natur im Frieden, können auch einmal nur lauschen, einfach dasein, mit dem Rücken gegen einen Baumstamm gelehnt die Kraft des Baumes spüren und sie in sich aufnehmen. Aber genau so wie mit der Natur, die wir aus einer inneren Unruhe heraus beackern, besteigen, verändern, gehen wir meist mit den Frauen um und vor allem mit dem Weiblichen in uns selbst. Aus lauter Angst, in der Mutter zu versinken.

Natürlich hat diese Angst ihre Berechtigung. Gegenüber der Großen Mutter Natur sind wir ja wie kleine Babys. Was passiert, wenn wir uns ganz ihr überlassen? Was würde passieren, wenn wir uns ganz unseren Frauen überlassen würden?

Manche Mutter-Sohn-Beziehung ändert sich bis ins hohe Alter nicht. Das kann eine sehr schöne Beziehung sein, wie wir es in der Sonntagsschule gelernt haben: Ehre Vater und Mutter. Wenn die Beziehung nur frei wäre von diesem Mutter-Kind-Beziehungsknatsch und sauber abgelöst. Aber für eine saubere Ablösung von der Mutter braucht es ein gleichschenkliges Beziehungsdreieck: Vater-Mutter-Sohn. Dazu muß der Vater dasein und dem Sohn, der sich von der Mutter wegbewegt, die Hände entgegenstrecken und ihm zeigen, daß all das, was scheinbar nur die Mutter zu bieten hat, auch der Vater geben kann: Zärtlichkeit, Körperlichkeit, Trost, Nahrung, Liebe. Daß er ihm zudem die große weite Welt zeigen kann.

In seinen ersten Lebensmonaten ist der Sohn in einer Symbiose mit der Mutter. Keiner von beiden weiß, wo die Mutter aufhört und wo der Bub beginnt, seelisch gesehen. Der Junge lebt wie im Paradies. Darum wollen wir auch als erwachsene Männer, wenn wir Schwierigkeiten haben, zurück zur Mutter oder später ins Mütterliche, Nährende, Pflegende, das heißt, zu einer Frau, die uns das bietet. Wir Jungen haben diese sogenannte regressive Tendenz stärker als Mädchen, die nicht soviel aufgeben müssen, wenn sie sich aus der Symbiose herausarbeiten.

Am Anfang des Lebens sind das Mütterliche (vor allem Körper, Nahrung, Auflösung, Liebe) und das Weibliche (vor allem

Lust, Sexualität, Erotik) noch in einem Topf, Mutter ist all das. Wenn der Junge größer wird, muß er lernen, das Weibliche nicht bei der Mutter oder bei anderen Müttern zu suchen, sondern bei den Frauen – und in sich selbst. Davon später mehr.

An Mutters Brust erleben wir diese totale Mundbegierde und deren Befriedigung: die Sättigung, die Wollust, das Glück, das Liebesglück, das Einssein. Die Mutter ist die Wegbereiterin der Erotik. Wenn der Sohn an der Brust der Mutter saugt, hat er oft eine Erektion. Auch sie empfindet Lust dabei. Im Gegensatz zur Tochter erlebt der Sohn in diesem Moment nicht nur Sinnlichkeit und Wohlbefinden, es kommt eine Art sexuelle Begierde hinzu, die durch das Saugen und Streicheln auf beiden Seiten ausgelöst wird. Warum sollte die Mutter diesen Teil aussparen? Ist sie nicht auch irgendwie erregt? Sie wird unsicher: Rührt das, was zwischen ihr und ihrem Jungen in diesem Moment passiert, an das große Tabu, den Inzest?

Das sind Dinge, die laufen unbewußt und unter dem Deckel der Verschwiegenheit ab. Kein Junge sagt, Mama, ich möchte mit dir schlafen. Er weiß ja gar nicht, was »miteinander schlafen« überhaupt heißt, das kommt erst später hinzu. Das Verlangen nach dem Verschmelzen mit der Mutter ist aber da. Auf der anderen Seite sagt keine Mutter, ach, Junge, sei doch du mein Mann. Vielleicht tritt etwas davon zutage, wenn sie stolz sagt: mein Männchen oder mein großer, starker Bub.

Aber – so böse ist die Welt – auch das Gegenteil des Paradieses ist mütterlich: Verweigerung, Frust, Enttäuschung, Angst, Zorn. Das bringt Männer in ein lebenslanges Dilemma: Da ist die Sehnsucht zurück zum paradiesischen Einssein mit der Mutter, aber da sind auch all die unschönen Erfahrungen, die uns von ihr wegtreiben. Mütter können's nun mal nicht recht machen. Niemandem. Zum Glück, sonst hingen wir alle noch am mütterlichen Schürzenzipfel.

Die wenigsten Männer haben Phantasien über jene Wonnezeit an der Mutterbrust. Die Vorstellung, ein kleines Baby zu sein, gehört nicht gerade zum Standardrepertoire männlicher Phantasien. Manche Männer haben in späteren Jahren bei ihren stillenden Frauen die Gelegenheit, die milchspendende Brust wenigstens indirekt noch einmal zu erleben. Aber das Thema ist mit einem Tabu belegt, wenige Männer berichten von den Gefühlen, die sie dabei hatten. Daß die Sehnsucht noch da ist, zeigt die Verehrung von Busenwundern wie Marilyn Monroe, Sophia Loren oder Samantha Fox, deren große Brüste eine geradezu magische Anziehung auf Männer ausüben. Auch in der Pornographie spielt der große Busen eine entscheidende Rolle, er wird gesaugt, massiert, geknetet, als müßte er wieder Milch spenden. Doch die wirkliche Brust der Mutter ist in der Phantasie und in der Erinnerung tabu.

Das hat wohl damit zu tun, daß wir mit dem Busen unser erstes großes Glück, aber auch den ersten großen Schock unseres Lebens erlebt haben: Das Paradies und die Vertreibung aus dem Paradies. Jeder Junge muß den Busen irgendwann loslassen.

Ablösung

So ab dem neunten Monat beginnen die Buben, sich als eigenständige Wesen wahrzunehmen. Sie beginnen zu unterscheiden, was Mutter ist, was sie selbst, und die Frage: Wer bin ich? wird aktuell.

Der Junge beginnt zu krabbeln, kriecht weg von der Mutter, bekommt Angst, krabbelt schnell zu ihr zurück. Hier kann der gute Vater helfen und zeigen: »Hey, schau, ich bin auch noch da.« Der Junge gewinnt so Vertrauen: Ich kann von Mutter weg, ich kann zum Vater, ich gehöre zu Vater und Mutter. Dieses

Dreieck Mutter-Sohn-Vater hilft dem Jungen, die Ablösung vom Busen zu verkraften. Dazu muß aber dieses Dreieck gleichschenklig sein, der Vater muß ebenfalls Körperlichkeit ausstrahlen, Wärme, den Jungen wickeln, ihn mit der Flasche füttern. Dann weiß der Junge, ich bekomm's bei der Mutter, ich bekomm's aber auch beim Vater. Dann muß der Junge nicht spalten zwischen dem Männlichen und dem Weiblichen. Er kann ein Bild von Männlichkeit entwickeln, das auch ganz warme, nährende, liebende Züge hat. Aber, leider, die meisten von uns Männern hatten nicht diesen Vater.

Den Busen mußten wir loslassen, um unsere eigene Identität zu finden. Jungen, das weiß man heute, werden unbewußt früher entwöhnt als Mädchen. Sie bekommen weniger Streicheleinheiten, weniger Hautkontakt, sie werden schon im Säuglingsalter härter angepackt als Mädchen. Sie werden auch mit andern Worten belegt als die Mädchen. Jungen sind öfters »kräftig«, »tüchtige Strampler«, Mädchen dagegen werden schon als Säuglinge für ihr Aussehen gelobt, für ihre schönen Augen, die feinen Händchen ...

Den Busen müssen wir auch loslassen, weil wir Zähne bekommen und nach anderer Nahrung verlangen. Dieses Herauslösen aus der Symbiose mit der Mutter ist ein langer, großer Kampf. Jeder geht da durch, jeder anders und auf seine Weise, hin- und hergerissen zwischen den Verlockungen des Paradieses und den Versprechungen der Welt.

Paradies oder Welt?

Die Entscheidung für die Welt bedeutet für manche Männer einen Verrat an der Mutter, einen Verrat, den sie unbewußt lange Jahre mit Schuldgefühlen zu bezahlen versuchen. »Ich habe sie verlassen, nun ist sie verloren, und ich bin schuld.« Solche Schuldgefühle können später in jeder Beziehung zu einer Frau in irgendeiner Form wieder auftauchen, wenn eine Trennung ansteht – »Ich hab' sie betrogen, nun ist sie am Boden zerstört« –, oder Schuldgefühle quälen uns gegenüber allem Weiblichen, gegenüber der Natur, dem Leben. Sie können uns in unserer Aggression hemmen, in unserer Lust zu leben, weil jeder Lebenstrieb mit Schuld verbunden ist. Männer, die ihre Loslösung von der Mutter mit schlechtem Gewissen durchsetzen und sie als Verrat empfinden, können später nur schwer zu ihrem Mannsein stehen. Sie werden sich in ihrem männlichen Verhalten immer irgendwie schuldig fühlen.

Umgekehrt gibt es Jungen, die sich vom Busen zu lösen versuchen, wie das Leben es verlangt, aber sie werden zurückgehalten und von diesem Busen beinahe erdrückt, von Wonne erstickt. Zuviel! Die Mutter will zuviel geben, verlangt aber als Entschädigung, daß ihr Bub ihr auf ewig treu bleibt. Der Junge muß sich aggressiv befreien. Solche Jungen können später leicht zu Männern werden, die alles, was mit dem Weiblichen verbunden wird, Gefühle oder Schwäche etwa, hassen. Sie werden zu Männern, die zynisch reden über Frauen, die sagen, ach, diese dumme Kuh oder diese Hexe. Solche Männer erlebten ihre Mutter oft als große Überforderung. »Ich mußte ihr Mann sein, mußte Vater ersetzen, weil er nie da war.«

Der Wunsch vieler Frauen ist es, mit einem geliebten Wesen zu verschmelzen. Lebt sie diesen Wunsch jedoch nicht mit ihrem Mann – vielleicht ist er ja ein abwesender Vater und Ehemann –, sondern mit dem Sohn, dann provoziert sie zwei mögliche Reaktionen: Entweder wendet der Junge sich, wie oben beschrieben, aggressiv gegen sie und später gegen alle Frauen. Er gerät dann als Mann schnell in Panik oder Unruhe, wenn eine Beziehung ansteht, und will, wie der Macho, immer der Kontrolle der Frau entfliehen. Oder er verliert den Kampf gegen sie, unterliegt ihrer Übermacht und resigniert. Er bleibt innerlich bei Mama. Er vermeidet alles Begehren und Handeln.

Es kann auch sein, daß die Mutter kalt war, körperfeindlich, distanziert, ohne emotionale Wärme, und der Junge auf dieser Ebene nicht genährt wurde. Noch schlimmer ist es, wenn die Mutter innerlich kalt, aber nach außen betont mütterlich war. Als kleiner Junge hat man gute Antennen und spürt die Ablehnung hinter der »Liebe«. Kann sein, daß sich ein solcher Junge später innerlich zurückzieht vor der Lügenhaftigkeit der Welt. Oder er versucht, die Kälte der Mutter mit seiner Liebe, seiner Wärme, seiner Unterstützung für die Mutter wettzumachen. Er denkt: »Mutter ist kalt, das muß an mir liegen. Ich bin nicht liebes-würdig.« Dann geht er hin und gibt ihr das, was eigentlich sie ihm geben müßte: Wärme, Zuneigung, Körperlichkeit, Streicheleinheiten. Solche Jungen versuchen dann später oft, diese Wärme auch andern kalten und emotional verschlossenen Frauen zu geben. Aber sie sind hilflose Helfer, denn sie sind immer noch an die Mutter gekettet und warten sehnsüchtig auf ihre Liebe. Was ein solcher Mann den Frauen in seinem Leben gibt, kommt immer noch aus seiner Reaktion auf die Mutter. Er gibt, was er eigentlich selber haben möchte, was er selber am dringendsten braucht, aber oft nicht annehmen kann. Er hat ja nie gelernt, was Liebe ist.

Die Folgen

Gehört ein Junge, dessen Zeit gekommen ist, sich aus der Symbiose zu befreien, nicht zu den Glücklichen, deren Mütter loslassen können, wird die Symbiose zwischen Mutter und Junge wie beschrieben häufig in einer von zwei Varianten erledigt: Entweder kämpft er sich aggressiv los, oder er bleibt bei Mutter. Vielleicht bleibt er konkret, vielleicht nur durch die psychische Nabelschnur verbunden, vielleicht zieht er sich vom Abenteuer Welt zurück.

Die Zurückzieher werden später oft Männer, die eher still und introvertiert sind. Sie spüren wenig Lebensenergie in sich, ihr Leben findet mehr im Kopf statt als im Körper. Die andern, die sich in ihrer Aggressivität zeigen, sind später wohl in ihrem Körper da, aber manche sind dauernd in der Abwehr, dauernd am Kämpfen. Immer wollen sie die Besten, die Schnellsten, die Stärksten sein. Die Abwehr gegen die erdrückende Mutter geht weiter, richtet sich später auch gegen andere Frauen und alles Weibliche. Diese Männer haben oft Mühe, ihre passive Seite zu leben, sie vermeiden die Stille, das Nachdenken, das Zurückziehen, das Nichtstun. Beide aber, die Zurückzieher wie die Losreißer, sind in ihrer Ablösung von der Mutter steckengeblieben, leben in der Reaktion auf sie, entweder aggressiv oder passiv. Beide haben sie dabei Teile ihrer Weiblichkeit abgespalten, ihnen fehlt die Sinnlichkeit, die Spontaneität, die Hingabe, die Lebendigkeit. In beiden Fällen hat noch immer die Mutter den Schlüssel zur Befreiung des Wilden Mannes unter ihrem Kopfkissen, wie im Grimm-Märchen »Der Eisenhans«. Der Wilde Mann – die ungezähmte männliche Energie – könnte helfen, die Nabelschnur zwischen Mutter und Sohn endgültig zu durchtrennen. Aber dazu muß er erst noch befreit werden. Viele von uns heutigen Männern führen, ohne es wahrhaben zu wollen, ihr Leben immer noch in der Reaktion auf die Mutter, sind nicht frei in ihren Entscheidungen, nicht Mann. Wir sind Söhne geblieben. Sohnemänner.

Sohnemänner haben das Gefühl, das Leben nicht wirklich zu leben, so als fehle etwas. »Ist es richtig, was ich mache?« fragen sie sich ständig. Sie haben keine Vision, sie schauen mehr zurück als nach vorne, haben kaum Ziele. Eine positive Vision des Lebens und der eigenen Männlichkeit braucht zuerst eine gute Ablösung von der Mutter, zudem eine Versöhnung mit dem Vater. Aber die meisten von uns leiden noch immer an der »Wunde Mutter«. Und solange diese Wunde nicht geheilt ist, wählen wir automatisch Partnerinnen, mit denen wir unser Mutterthema noch einmal leben können, bewußt oder unbewußt. Wir wählen Frauen, die genauso sind wie unsere Mutter – oder das Gegenteil davon. In beiden Fällen reagieren wir auf die Mutter. Wir sind nicht frei. In diesen Beziehungen leben wir nicht uns selbst, sondern die ungelösten Konflikte in uns.

Häufig passen unsere Partnerinnen perfekt zu uns, wie die Steckdose zum Stecker. Sie hat auf ihrer Seite eine unerledigte Vatergeschichte, wir bringen unser Mutterproblem ein. Das kann eine Zeitlang gutgehen. Zuerst ergänzt man sich prima. Dann machen sich unsere Probleme bemerkbar. Eine Weile arrangieren wir uns. Dann erkaltet der eine Teil. Man scheidet. Oder man hat keinen Sex mehr miteinander. Solange wir keinen Sex haben in einer solchen Beziehung, können wir die Konflikte besser aushalten. Wenn wir aber miteinander schlafen, wird die alte Symbiose mit der Mutter jedesmal wieder berührt und geweckt. Im Sex gibt es nun mal diesen symbiotischen Aspekt. Im guten Sex können wir die Kontrolle aufgeben, weil wir wissen, daß wir wieder da rauskommen. Wenn die Liebe zur Mutter aber nicht abgelöst wurde, fallen wir beim Sex wieder in diesen Ursprungskonflikt zurück, der alte Schmerz kommt wieder hoch, der Trennungsschmerz. Und das wollen wir vermeiden. Wir erleben dann seltsam fade Orgasmen, können uns kaum wirklich gehenlassen, müssen uns dauernd kontrollieren. Die unbewußte Angst, uns fallenzulassen und diesem uralten Schmerz wieder zu begegnen, ist da. Mit der Zeit hören wir auf, miteinander zu schlafen, das sexuelle Verlangen stirbt ab.

Dabei wäre eine gute Beziehung die beste Therapie. Aber dazu brauchen beide genug Bewußtsein für die Dynamik, die mit dem Sex verbunden ist. Es braucht Vertrauen zwischen uns. Je mehr wir Vertrauen haben, desto mehr können wir uns öffnen, desto mehr lassen wir Liebe und Hingabe zu, desto mehr kommen wir an diese frühe ekstatische Symbiose heran und an den damit verbundenen Trennungsschmerz. Das geht gut, wenn der eine Teil jeweils die Position der guten Mutter, des guten Vaters einnehmen kann, solange der andere in diesen Urschmerz eintaucht. So kann das Trauma geheilt werden. Aber hier kommt die Klippe, an der die meisten Paare scheitern. Sie ziehen sich aus Unverständnis voneinander zurück, kämpfen gegeneinander und können nicht wahrnehmen und nicht aushalten, was der andere in diesem Moment durchmacht.

Wir sind wie Adam und Eva: Sie wurden vertrieben aus dem Paradies der unbewußten Verschmelzung, weil sie den Apfel vom Baum der Erkenntnis gegessen hatten. Zurück ins Paradies zu gelangen ist ihnen unmöglich, da steht nun ein Wächter davor mit einem Flammenschwert. Jeder Mann, jede Frau möchte den Urzustand wieder erleben, möchte wieder zurück ins Paradies, möchte verschmelzen. Das ist es, was wir eigentlich im Sex suchen: dieses ozeanische Gefühl, die Auflösung, die Ekstase, die Wonnegefühle, die wir damals hatten. Einssein, uns völlig angenommen fühlen, das ist es, was die sexuelle Vereinigung uns – unter anderem – verspricht. Alleine sind wir nur halbe Menschen, getrennt in Mann und Frau. Zusammen sind wir wieder ganz. Das ist unsere große Sehnsucht, aber gleichzeitig auch unsere große Angst. Denn da ist auch die Furcht vor dem Verlust unserer Identität. Gerät ein Paar an seine Furcht vor der Auflösung und können sich die beiden nicht gegenseitig darin halten, werden sie dieses ozeanische Gefühl künftig meiden.

Uns in unserer Verletzlichkeit, Emotionalität und Offenheit

und gleichzeitig in unserer Wilder-Mann-Kraft zu zeigen und zu spüren, das ist schwer für uns Männer. Wir ziehen den einfachen Weg vor, haben lieber Sex pur. Wir gehen zur Prostituierten, bauen bei ihr unsere Spannung ab und brauchen uns nicht weiter um sie zu kümmern. Oder wir suchen uns immer neue Partnerinnen, weil das Verlieben wieder einen Kick bringt und das Verlieben leichter fällt als das Lieben. Im Grunde genommen definieren wir Männer uns in den meisten Fällen nur über den Sex, über unseren Schwanz. Er ist ja das einzige, was uns übrigbleibt, wenn wir alles abspalten, was weiblich ist. Dabei liegt ein großes Versprechen in der Beziehung zwischen Mann und Frau: Die paradiesische Erfahrung des Verschmelzens ist möglich. Nur, dazu braucht es den ganzen Mann.

Parzival I: Der gute, der liebe, der schöne Sohn – Die Urgeschichte unseres Mannwerdens

Sohnemann

Wir Europäer haben aus dem Mittelalter eine wunderschöne Geschichte überliefert bekommen, die das Grundproblem von uns Männern gut schildert und auch zeigt, wie wir daraus herauswachsen können: Parzival. Hunderttausende haben die Geschichte gelesen, während rund dreihundert Jahren war sie der »Hit« Europas, und schon früher, schon bevor sie im 12. Jahrhundert in drei Versionen aufgeschrieben wurde, dürfte sie von Barde zu Barde weitergereicht worden sein, an den Kaminfeuern der Fürstenhöfe, bei den Gelagen der Ritter, und sie hat wohl die Phantasien der Jungen beflügelt und die Seelen kühn und tapfer gemacht für mutige Visionen des Lebens. Es ist die Geschichte von Parzival, dem Muttersöhnchen, der König Artus begegnete, dem großen, segensreichen König unseres Abendlandes, und die Gralsherrschaft gewann.

Parzival war ein Sohnemann. Seine Mutter hieß Herzeloyde, Herzeleid – und schon sind wir mitten in den Parallelen zu unserer Zeit. Hand hoch, Mann, war deine Mutter auch eine Leidende? Am Herzen leidend wie Herzeloyde? Enttäuscht von ihrem Mann, vielleicht, weil aus ihm nicht der strahlende Held wurde, den sie sich vor der Hochzeit ausgemalt hatte. Vielleicht war sie unzufrieden, weil er sie nicht befriedigte, weil er nicht da war oder nicht die Schätze, sprich Gehälter nach Hause brachte, die sie sich erträumt hatte? Vielleicht, weil er sie nicht wirklich wahrnahm oder einer andern anhing? Vielleicht, weil er nicht liebte?

Parzivals Vater Gachmuret war abwesend und schließlich auf Abenteuerfahrt im fernen Morgenland umgekommen. Unsere Väter waren ja im ganzen gesehen auch nicht da. Sie haben die Familie meist nicht aus Abenteuerlust verlassen, sie waren, wenn nicht im Krieg gefallen, dann innerlich emigriert, verschwunden im Beruf, bei einer Nebenfrau, hinter der Zeitung, absorbiert von der Tragik ihres eigenen Lebens. Sie sind zwar nicht als Helden gefallen, aber auch sie waren meist nicht da für den Sohn. In den USA ziehen über fünfzig Prozent der afroamerikanischen Mütter ihre Kinder ohne Vater auf, in Europa sind es etwas weniger, aber die Tendenz ist steigend. Die Väter sind nicht da. Das wird uns noch beschäftigen.

Wenn wir keine gleichberechtigte Vater-Mutter-Beziehung erlebt haben, tun wir uns schwer, eine starke männliche Identität zu entwickeln. Wir sind nicht ganz Mann und sind logischerweise auch für unsere eigenen Söhne nicht als ganzer Mann präsent. Trotz abwesendem Vater geht das Leben aber weiter, so auch für unseren Helden Parzival. Denn seine Mutter, die war da.

Viele Mütter sagen heute, ach, ich brauche gar keinen Mann, ich schaff' das alleine. Der Staat hilft mir finanziell, und in der Schule erleben meine Kinder genug Männer. Der Staat hat sich als Ersatzvater in die Verantwortung nehmen lassen, aber er bietet eben nur einen Ersatz. Auf der seelischen Ebene fehlt diesen Söhnen der Vater.

Herzeloyde war in tiefer Trauer um ihren Mann. Sie war nun tief verletzt, weil ihr Mann nicht da war als Ehemann und Vater ihres Sohnes, und in der Folge zog sie sich zurück »in die Waldeinsamkeit«, verdrängte alles Männliche aus ihrem Leben. Sie verbot Waffen an ihrem Hof, sogar das Wort »Ritter« wurde verboten. Parzival sollte nicht mit dem Männlichen in Kontakt kommen, das würde aus ihm nur auch einen Abenteurer machen, der in die Welt hinausziehen und sie verlassen würde. »Denn hörte das mein Herzenstraut«, so sagte sie ihrem Gesinde,

»sollt' er von Rittern wissen, so würd er mir entrissen.
Drum haltet klug die Zung' in Haft,
und schweiget ihm von Ritterschaft!«

Nur, damit hat sich Herzeloyde im Grunde an den Urkräften des Lebens versündigt. Darf man dem Jungen das Männliche vorenthalten? Keine Mutter kann das. Der Trieb hat Parzival geweckt, er bastelte sich einen Bogen, schoß damit auf Vögel, erlebte sich in seiner Männlichkeit als Jäger und erschrak darüber so sehr, daß er angesichts der toten Vögel in Tränen ausbrach.

»Doch sah er tot nun vor sich liegen
den Sänger, der so lustig war,
so rauft er weinend sich das Haar.«

Und weil ihr Bub der Vögel wegen weinte, ließ Herzeloyde alle Vögel töten, erschießen, erwürgen, erschlagen, damit ja keiner mehr ihren Sohn zum Jagen, zum Töten und zum Weinen brachte. Herzeloyde hatte nur eines im Sinn, einen Sohnemann zu haben, der nicht werden würde wie der Vater. Parzival sollte ein Mann werden, der zu ihr stand, nicht weglief, nicht auf Männertouren ging. Einer, der bleibt. Wo findet man so einen Mann, wenn nicht in der Wiege im eigenen Sohn?

Herzeloyde formt sich ihren Sohnemann nach ihrem Gutdünken. Sie möchte verhindern, daß der Junge zum Mann wird, aber das Schicksal will es nun mal anders. Parzival begegnet im Wald drei Rittern und ihrem Fürsten. Die vier preschen gerade durchs Unterholz, auf der Jagd nach zwei Spitzbuben, die eine Jungfrau entführt haben. Parzival erschrickt zu Tode. Vier solch prächtige Männer hoch zu Roß, in reiche, lange Gewänder gekleidet:

»Lang fiel der Waffenrock hernieder,
daß er den Tau vom Grase strich.«

Der Junge ist so geblendet von dieser Pracht, von den glänzenden Rüstungen, den furchtbaren Waffen, von diesen Repräsentanten der ihm unbekannten Männlichkeit, daß er glaubt, vor Göttern zu stehen.

Möglicherweise hat jeder Junge ein solches Erlebnis, irgendwann. Er wird ergriffen von einem Schauer, wenn er erstmals wahrnimmt, was es heißt, ein Mann zu sein. Vielleicht, wenn er Vater bewundernd beim Holzhacken zuschaut, wenn er ihn aus einer großen Limousine aussteigen, wenn er einen Lokomotivführer aus dem Fenster schauen sieht oder zuschaut, wie der Karussellbesitzer den Starthebel umlegt und dabei eine riesige Pracht in Gang setzt. Wie auch immer, irgendwann sprang der

Funke auf uns über, wir wollten auch so sein, wollten auch ein Mann werden, und wie Parzival rannten wir in unserer Begeisterung zur Mutter.

»Vier Männer sah ich, Mutter mein:
Gott selbst hat nicht so lichten Schein;
die sagten mir von Ritterschaft.
Artus in seiner Königskraft
verleiht die Rittersehren,
soll sie auch mir gewähren.«

Und wie Herzeloyde, so war wohl auch unsere Mutter damals nicht gerade angetan von unseren hochfliegenden Plänen:

»Da ging ein neuer Jammer an.
Sie wußte keinen Rat und sann:
Was sollte sie erdenken,
sein Trachten abzulenken?«

In diesen Momenten ersinnen manche Mütter Strategien, um ihren Sohnemann bei sich zu behalten, die keinesfalls mehr nur ein harmloses Ansichdrücken sind. Herzeloyde sieht ein, daß ihr Sohn sie eines Tages verlassen wird. Da besteht kein Zweifel, das kann sie nicht verhindern. Aber vielleicht kann sie es so einrichten, daß er schnell wieder zurückkommt? Klar, sie kommt nicht umhin, dem Sohn ein Pferd zu geben, er verlangt es.

»Ich will's ihm nicht versagen,
doch soll es ein gar schlechtes sein,
da doch die Menschen insgemein
schnell bereit zum Spotte sind.
Und Narrenkleider soll mein Kind

an seinem lichten Leibe tragen:
Wird er gerauft dann und geschlagen,
so kehrt er mir wohl bald zurück.«

Sie gibt ihm zwar ein Pferd, aber einen mageren Klepper, und darüber hinaus steckt sie ihn in Narrenkleider, soll er sich doch zum Narren machen draußen in der Welt, er wird um so schneller zurückkommen.

Einige unserer Mütter haben dieselbe Strategie verfolgt, andere waren vielleicht ein wenig moderater. Die Mutter von Ernest Hemingway, dem berühmten amerikanischen Kriegsreporter und Romanschriftsteller, hatte ihren Sohn gekämmt wie ein Mädchen und ihn in Mädchenkleider gesteckt. Hemingways Vater war ein schwacher Typ, war Alkoholiker, war dauernd im Suff und insofern abwesend. Hemingway selber hat später zeitlebens gegen diesen Übergriff seiner Mutter gekämpft, hat in seinen Romanen das Supermännliche gesucht, war begeisterter Verehrer des spanischen Stierkampfes, ein unersättlicher Frauenheld, ein Großwildjäger. Er zelebrierte sich in einer aufgeblasenen Männlichkeit, übertünchte damit schwerste Depressionen, soff sich beinahe zu Tode und gab sich am Ende aus Angst vor dem Altwerden und dem Verlust seiner Männlichkeit mit einer Schrotflinte einen Schuß in den Mund.

Initiation

Wenn Mütter den Jungen die Männlichkeit abzwacken, sobald sie in die Welt hinausstreben, können diese nie eine gute männliche Identität aufbauen. Deswegen haben alle Kulturen sogenannte Initiationsriten erfunden, Rituale, die die Buben den Müttern entreißen und in die Obhut der Männer geben. Nelson Mandela, der ehemalige Präsident von Südafrika, erzählt in seiner Biographie von seiner Initiation ins Mannsein. Ein Teil davon bestand darin, daß mehrere Jungen nackt nebeneinanderstehen mußten. Sie sollten beschnitten werden, das heißt, ihre Vorhaut wurde über die Eichel nach vorne geschoben und dann mit einem Messer abgeschnitten. Ein Ritual, das Männer wohl seit Menschengedenken vollziehen. Die Prüfung bestand nun darin, diesen Schnitt über sich ergehen zu lassen, ohne mit der Wimper zu zucken. Mandela erzählt, daß er dabei ein ganz klein wenig gezuckt und nach dem schmerzhaften Schnitt nicht laut, schnell und kräftig genug gerufen habe: »Jetzt bin ich ein Mann!« Deshalb sei er zeitlebens nicht sicher gewesen, ob er die neue Stufe nun wirklich erreicht habe.

Wir haben heute diese Initiationen in die Männerwelt nicht mehr. Parzival wird später in der Geschichte in die männliche Obhut genommen, zum Ritter geschlagen und dadurch in die Männerwelt initiiert, aber wir Männer, die wir im Vollbesitz unserer körperlichen und geistigen Kräfte einer modernen Zivilisation angehören, wir wurden nie durch ein solches Ritual aus den Fängen der Mutter befreit.

Wir haben vielleicht eine solche »Rest-Initiation« durchgemacht, wie sie die Kirchen für Jugendliche bereithalten, ließen uns widerwillig konfirmieren oder als Katholiken von einem Bischof am Haarwirbel berühren, um in religiösen Belangen mündig zu werden. Einige von uns haben vielleicht Drucker gelernt und sind am Ende der Ausbildung gegautscht, in einen Brunnen getaucht worden, einige sind Zimmerleute geworden und nach alter Tradition auf die Walz gegangen, viele haben die Rekrutenschule besucht und lernen müssen, sich in einer Männerclique zu behaupten und zu kämpfen, aber die großen Rituale, die uns Erfahrungen aussetzen, welche uns von Mutter lösen und den Männern anheimstellen, sie sind vergessen.

Wir haben auf andere Weise unsere Männlichkeit auszuloten

begonnen, einige Mutproben bestanden, haben uns vielleicht an Hängegleitern von Bergspitzen heruntergewagt, sind mit Fallschirmen aus einem Flugzeug oder an Gummiseilen von Brücken gesprungen, sind vielleicht Skipisten hinuntergerast, daß Mutter nur den Kopf schüttelte. Aber die rituelle, bewußte, offizielle Trennung von der Mutter, diese männliche Initiation, die tief in der Seele die Abhängigkeit durchtrennt, ist an uns nie vollzogen worden. Niemand hat uns gezeigt, wo König Artus für uns zu finden ist. Später wird noch Wichtiges zum Thema zu sagen sein.

Ein Sohn nach ihrem Gutdünken

Es gibt Mütter, die sind gegenüber allen Männern und allem Männlichen so feindlich eingestellt, daß sie die Männlichkeit nicht mal bei ihrem Sohn anerkennen können. Bei ihm schon gar nicht. Was immer der Grund dafür war, der Sohn wird es später mal herausfinden müssen. Das Schlimme ist, daß ein Sohn, dessen Männlichkeit von der Mutter nicht anerkannt wurde, der real oder psychisch in Mädchenkleider gesteckt wurde, später so viel Mühe hat, den Mann, den phallischen Mann, den ganzen Mann in sich zu finden.

Es gibt auch Mütter wie Herzeloyde, die anerkennen zwar die Männlichkeit ihrer Söhne, aber sie möchten sie halt so formen, daß sie ihnen paßt, möchten sich einen Sohnemann nach ihrem Gutdünken schaffen. Nur, dieses Wunschbild besteht ganz bestimmt nicht in einem selbständigen, wilden Mann mit eigenem Kopf, der seinen eigenen Weg geht, der sich nicht manipulieren, nicht beherrschen läßt.

Früher oder später begegnet jeder Junge wie Parzival dem Männlichen draußen in der Welt, keine Mutter kann das verhindern. In jedem Lebensabschnitt gibt es solche Begegnungen, die eine neue Chance bieten, sich von der Mutter zu lösen. In der Trotzphase beginnt es, und es hört bei den meisten nie auf, weil Mannwerden eine Lebensaufgabe ist. Ist der Vater da, dann wird das alles weniger schwierig. Aber wenn er nicht da ist, brauchen wir Idole, Ideale, von der Gesellschaft, den Medien vermittelte Männerbilder. Superman ist ein Bild dafür: In Wirklichkeit ein schüchternes Muttersöhnchen, das sich nicht einmal getraut, sich der schönen Journalistin zu offenbaren, träumt sich Clark Kent in seinen wilden Phantasien zum Supermann, der fliegen kann, kämpfen kann, die Welt von Bösewichten befreit und immer wieder die Frauen rettet. Männer, die von ihren Müttern zum Sohnemann gemacht wurden, haben oft diese beiden Seelen in der Brust: den Schüchternen und den Großartigen. Manche begeistern sich irgendwann auf ihrem Lebensweg für Idole wie Arnold Schwarzenegger, Silvester Stallone, John Wayne, diese einsamen Helden, welche die Frauen zwar von Drachen befreien, die dann aber allein wegreiten in die untergehende Sonne, weil sie unfähig sind für eine Partnerschaft.

Zurück zur Begegnung von Parzival mit den vier Rittern. Den meisten von uns ist es irgendwann ergangen wie Parzival: So will ich werden! Herzeloyde bricht zusammen, als ihr klar wird, daß ihr Sohn drauf und dran ist, in die Welt hinauszureiten, um seine Männlichkeit zu suchen. Sie versucht zu retten, was zu retten ist. Gibt ihm, wie geschildert, einen alten Klepper und ein Narrenkleid. Der wird schon zurückkommen. Viele Mütter machen es genauso. Sie wollen nicht, daß der Sohn wird wie der Alte. Er soll nicht dasselbe mit ihr tun wie der: sie verlassen, sie verletzen, sie unbefriedigt zurücklassen, sie mißbrauchen, emotional oder gar körperlich.

Parzivals Vater hat seinen Mann gestellt, hat die Gefahr gesucht, ist in den Kampf gezogen und darin umgekommen. Dem Sohn soll das nicht passieren. Herzeloyde will ihn vor diesem

Männerlos schützen, schützen vor dem Tod, der ihn für immer von ihr trennen würde. Und dadurch macht sie ihn zum Mädchen. Wenn die Mutter ihren Sohn davon abhält, seine Aggression zu leben, dann macht sie ihn in den Augen der andern Jungen zum Narren. Zum Weichling. Wer kennt das Gefühl nicht, ein Weichei zu sein? Ein Schlappschwanz. Eine Pfeife. Ein Nichtsnutz. Sind wir das der Mutter zuliebe?

Jungen, denen die Mutter die Aggression, das Bösesein, abgewöhnt hat, werden von den andern nicht ernst genommen. Sie stehen immer außerhalb. Sie sind, nennen wir es beim Namen, kastriert worden. Es war eine Kastration, als Mutter sagte, wir sollten immer lieb sein, ein Lieber sein.

Wie singen wir seit Generationen?

»Hänschen klein
geht allein
in die weite Welt hinein.
Stock und Hut,
stehn ihm gut,
ist gar wohlgemut.

Aber Mutter weinet sehr,
hat ja nun kein Hänschen mehr!
Da besinnt
sich das Kind,
kehrt nach Haus geschwind ...«

So ist das mit unseren Müttern. Sie weinen, erzeugen Schuldgefühle und ziehen uns zurück ins Mütterliche. Stock und Hut, der Phallus und der rechte Kopf, würden uns zwar gut stehen, allein das Herz ist noch bei Mutter. Hänschen Klein ist es so ergangen, Parzival, vielen von uns ist es so ergangen: hinaus in die Welt als liebe Söhne, als Narren, als Ungefährliche. In den Narrenkleidern der Mutter.

Um wirklich deutlich zu machen, was ein richtiger Sohnemann ist, gibt Herzeloyde ihrem Parzival noch gute Ratschläge mit auf den Weg.

> »Sie bat ihn: Bleib noch diese Nacht!
> Du sollst dich nicht von hinnen kehren,
> eh' du vernahmst der Mutter Lehren.«

Als inzwischen geübte Interpreten haben wir natürlich sofort bemerkt, daß dieser Wunsch »Bleib noch diese Nacht!« eher zu einer Geliebten paßt als zu einer Mutter.

Wer kennt sie nicht, die Anweisungen der Mutter?

> »Du mußt mit Anstand dich betragen,
> und niemand deinen Gruß versagen.«

Sei lieb und anständig. Haben sie uns das nicht bis zum Überdruß gesagt, unsere Mütter, sei lieb, sei anständig?

> »Wenn dich ein grauer weiser Mann
> Zucht will lehren, wie er's kann,
> so folg ihm allerwegen
> und murre nicht dagegen.«

Mit diesem zweiten Rat gibt Herzeloyde nun doch ein wenig nach: Wenn du also schon lernen willst, was ein Mann ist, dann frag den alten, weisen Mann. Das ist an und für sich ein guter Rat. Aber will Herzeloyde damit nicht einen Entwicklungsschritt ihres Sohnes verhindern: die kraftvolle Eroberung der Welt?

»Eins achte ferner nicht gering:
Wo eines guten Weibes Ring
du kannst erwerben und ihr Grüßen,
so nimm's, es wird dir Leid versüßen.
Küsse keck das holde Weib
und drück es fest an deinen Leib.
Denn das gibt Glück und hohen Mut,
sofern sie züchtig ist und gut.«

Dieser dritte Rat scheint uns sehr eigenartig. Hatten wir doch bis anhin den Eindruck, die Mutter wolle den Jungen für sich behalten, so schickt sie ihn nun direkt in die Arme einer andern Frau. Das ist allerdings nur auf den ersten Blick ein Widerspruch. Wenn sie ihn schon nicht halten kann, dann schickt sie ihn zur Frau, in den Dienst der Weiblichkeit. Er soll das Weibliche verehren, »denn das gibt Glück und hohen Mut«. Kann ein Mann in Narrenkleidern das Weibliche angemessen ehren? Müßte er dazu nicht zuerst Mann sein?

Sohnemänner ziehen durchs Leben und dienen den Frauen, wie sie ihren Müttern gedient haben. Mit den Narrenkleidern haben ihre Mütter eine Sicherheit eingebaut, damit ihre Söhne ihnen treu bleiben. Mit seinen Narrenkleidern kann der Junge die Frau nicht nehmen, er kann sie nicht erwecken zum Frausein. Er bleibt ewig der Knabe, der Sohn. Soweit die Strategie der Mütter.

»Oh Welt von Leid, was da geschah!
Als ihren Sohn sie nicht mehr sah –
Dort ritt er hin, wann kehrt er wieder? –
Fiel Herzeloyd zur Erde nieder.«

Natürlich wollen die Mütter nur das Beste für ihre Söhne. Sie wollen sie schützen vor den Gefahren dieser Welt. Narren werden nicht getötet. In Wirklichkeit aber und in der Tiefe der Seele wollen sie den Sohn für sich behalten, als ihren Mann. In Wirklichkeit fragen sie nur eins: Wann kehrt er wieder?

Wenn Jungen in die Welt hinausgehen, wissen sie nichts vom Mannsein. Parzival wußte nicht mal seinen wirklichen Namen. Von Sigune, der ersten Frau, der er begegnet, wird er nach seinem Namen gefragt.

»Er sprach: Wie man zu Haus mich hieß?
Bon fis, cher fis, bea fis.«

»Guter Sohn, lieber Sohn, schöner Sohn.« Das ist unsere Identität, wenn wir in unserer Kindheit nur mit dem Weiblichen aufgewachsen sind, wenn wir Mutters Liebling, Mutters Freude, Mutters Trost waren. Guter Junge, lieber Junge, schöner Junge.

Manchmal haben Männer Glück und treffen auf eine Frau, die das Männliche in ihnen »herausliebt«. Sigune, Parzivals erste Begegnung, sagt ihm den richtigen Namen und erklärt ihn:

»Parzival bist du genannt.
Das Wort will ›mittendurch‹ besagen.«

Mittendurch. Nicht gut, nicht lieb, nicht schön, sondern mittendurch. Wie Männer nun mal sind.

Wir sehen, das ist nicht gerade die ideale Mitgift, welche viele unserer Mütter da uns Söhnen mit auf den Weg gegeben haben: eine Mitgift, die uns ewig an sie binden soll. Die uns Söhnen die wahre Identität verheimlicht. Die uns zum Narren macht.

Nun muß aber auch gesagt werden, daß wir uns damit oft ganz gut arrangieren. Wir ziehen das Narrengewand sogar gerne an, weichen der Aggression ganz gerne aus, drücken uns gerne um Entscheidungen. Anstatt mittendurch zu gehen, männlich zu handeln, ziehen wir es oft vor, uns im Narrengewand der Unbewußtheit zu verstecken, was nichts anderes heißt, als uns in einer Depression zu verkriechen oder in einer Sucht: Arbeitssucht, Spielsucht, Sexsucht, TV-Sucht. Hauptsache, wir müssen uns nicht stellen, wir müssen nicht den ganzen Krempel ans Licht des Bewußtseins holen, darüber nachdenken, was uns dazu fehlt, Mann zu sein: aktiv zu werden und um das zu kämpfen, was wir für richtig halten.

So sind wir oft Komplizen der Mutter. Kuscheln zu ihr auf dem Ofenbänkchen, hängen ganz gern an ihrem Rockzipfel, kriechen zu ihr unter die Decke. Denn die Welt draußen, da hatte die Mutter ganz recht, ist sehr gefährlich.

Das Pferd – unser Trieb

Nun hat das Männliche Parzival aber trotz aller Verführungskraft der Mutter in die Welt hinausgelockt, und Herzeloyde hat das scheinbar akzeptiert, sie hat ihn ausgerüstet für die Reise. Sie gab ihm ein Pferd – aber eben, was für eins: einen alten, klapprigen Gaul, ein »gar schlechtes« Pferd. Was gab uns unsere Mutter? Ein tolles Pferd? Das Pferd ist Sinnbild des Triebes, der Kraft, des Instinktes. Herzeloyde hat ihren Bub gleich nochmals betrogen mit diesem Pferd: Ein Narr auf einem schwachen Klepper, alles andere als männlich, wie er so daherkommt. Was hat uns unsere Mutter an Trieben erlaubt? Wie hat sie auf unseren Haupttrieb, auf unsere Sexualität reagiert? Wie hat sie unseren Penis beim Wickeln genannt? Zipfelchen? Wollte sie wirklich, daß wir Männer werden?

Es gibt auch Männer, die wurden von ihren Müttern nicht übermäßig geliebt, nicht verhätschelt, nicht unter der Decke versteckt, im Gegenteil. Es gibt Männer, die zu früh selbständig werden mußten. Gerade wenn mehrere Söhne da sind, kann es sein, daß der eine im Licht steht und zum Sohnemann gemacht wird, während der andere zu früh aus dem Nest der Mutterliebe vertrieben wurde. Viele zu früh Vertriebene werden dann Wilde, Abenteuerliche, Böse. Sie beziehen auf Umwegen Mutterliebe, indem sie zu dem werden, um den sich alle Welt Sorgen macht. Wer möchte tauschen? Ob überbehütet, ob zu früh vertrieben, beide haben ungünstige Startbedingungen, um ihre phallische Männlichkeit zu entwickeln, dem einen fehlt es an Gefühlen, dem anderen an Aggression.

Der Rucksack

So sind viele von uns Männern einst wie Parzival in die Welt hinausgezogen mit folgendem Gepäck im Rucksack: dem falschen Kleid, dem falschen Namen und seltsamen Ratschlägen. Und unter dem Hintern ein lahmer Gaul. All das taugt nicht gerade viel. Im Gegenteil, es treibt uns in die Misere. Wir sind verunsichert, denn wir wollten ja Ritter sein. Manche verstecken sich daher vor der harten Männerwelt, manche plustern sich auf in eine falsche Männlichkeit. Wir denken, alle Männer hätten ihre Männlichkeit, nur wir selber nicht, nur wir selber seien Versager. Und wir glauben, alle Welt könne sehen, daß wir keine Männer sind.

Tief in uns drin herrscht darüber eine Riesenwut. In dieser Wut enthalten sind immense Vorwürfe an unsere Mutter. Um die Wut zu überspielen, bauen wir ein Stützkorsett um uns herum mit allen möglichen Hilfen: Ich fahre einen Mercedes, ich bin ein Mann. Ich bin Chef von zwanzig Leuten, ich bin ein Mann. Ich habe den Mount Everest bestiegen, ich bin ein Mann. Ich habe vierzig Frauen gevögelt, ich bin ein Mann. Ich hab' einen Sohn gezeugt, ich bin ein Mann. Ich habe einen Bart, ich bin ein Mann – und dabei sind wir heimatlos in diesem Korsett. Wir kennen unseren wirklichen Namen nicht.

Wer seinen wirklichen Namen nicht kennt, findet nie den richtigen Platz in der Welt. »Schön, lieb und gut«, sind wir wirklich so, oder ist auch das nur eine Maske, wie unser männliches Stützkorsett? Wir tun niemandem was zuleide, tun keiner Fliege was, aber darunter sind wir halt doch auch Konkurrenten, sind aggressiv, böse. Und noch weiter unten, in den Tiefen der Seele, sind wir echt gefährlich, getrieben, außer Kontrolle, sind wir Vergewaltiger, denn dort unten sitzt diese große Wut. Und zuunterst ist die Angst, die alles mobilisierende Angst, zurückzufallen in die Symbiose, von Mutter gefressen zu werden, unsere Identität zu verlieren. Je größer die Sehnsucht nach Mutter, weil die Welt uns so angst macht, um so größer die Angst, in ihr zu versinken.

Aus dieser Angst kommt auch die Wut auf alles, was mit dem Weiblichen zu tun hat. Der Haß auf die Frauen, der Haß auf das Weibliche im Mann, und zwar in uns selbst wie im andern Mann. Und dazu der immense, aber meist gut versteckte Neid auf alle Männer, die so sind, wie wir auch gerne wären. Das sind die Kernkomponenten, das, was wir aus der Symbiose mit unserer Mutter mit ins Jungenleben genommen haben, unser Rucksack: Angst, Wut, Neid, Unsicherheit und ein ewiger Kampf um Distanz. Mehr oder weniger intensiv, je nachdem, wie stark uns unsere Nabelschnur noch mit der Mutter verbindet.

Wie durchschneiden wir die Nabelschnur, dieses Gummiband, das uns zur Mutter zurückzieht? Das verhindert, daß wir uns als Männer weiterentwickeln, herausentwickeln aus dem Sohnemann, und den Krieger in uns entdecken und leben, und später auch den König? Wie werden wir diese alte Hypothek los?

Die Nabelschnur durchschneiden

Wir können von außen Hilfe holen, in einer Psychotherapie, in einer Männergruppe, aber letztlich müssen wir uns selber ganz machen. Wir müssen lernen, das, was wir bei Mutter ersehnen, uns selber zu geben: das Gefühl der Geborgenheit, seelisch und körperlich. Dazu müssen wir lernen, allein mit uns zu sein und uns dabei wohl und sicher zu fühlen. Wir müssen uns prüfen und einige grundlegende Fragen aufrichtig beantworten:

- Halte ich es aus mit mir alleine, oder muß ich dauernd Leute um mich haben oder dauernd etwas tun?
- Halte ich es aus allein, wenn ich innerlich nervös, depressiv, verstimmt bin, oder muß ich dem entfliehen?
- Koche ich auch für mich alleine etwas Gutes, oder lohnt sich das nicht, »nur« für mich?
- Treibe ich mich ständig zu sportlichen Hochleistungen, oder kann ich mir auch ein warmes, herrlich duftendes Bad einlaufen lassen?
- Kann ich in mir verschüttete Seiten entwickeln, aus mir selber beziehen, was ich normalerweise durch eine Frau bekomme: die Sinnlichkeit meinem Körper gegenüber, ein Gefühl dafür, wie ich körperlich mit mir umgehe?
- Wenn ich onaniere, rubble ich mir auf Teufel-komm-raus einen runter, oder gebe ich mir Raum und Zeit und Streicheleinheiten?

Wenn ich alleine mit mir klarkomme und das Alleinsein genießen kann, dann kehrt innerlich Ruhe ein. Das, was uns sonst immer dazu treibt, zu arbeiten, uns nützlich zu machen, etwas zu unternehmen, das läßt nach. Und wenn wir sie zulassen, kommen unsere weiblichen Anteile hoch, und wir können sie willkommen heißen. Als Teil von uns selbst, nicht mehr projiziert als eine Eigenschaft, die wir den Frauen zuordnen, den Müttern, den Geliebten, den Schwestern. Wir können weibliche Teile in uns leben.

In indischen Tantraschulen lernen Männer die vierundsechzig männlichen Künste. Dazu gehören der Schwertkampf und die Jagd ebenso wie das Zurückhalten des Samens beim Orgasmus. Dazu gehören aber auch Künste wie Kochen, Nähen, Tanzen, zudem die Kunst der Verführung. In uns schlummern alle diese Kräfte, Männliches und Weibliches. Als wir klein waren, haben wir alle weiblichen Eigenschaften ausschließlich an die Frauen delegiert, an die Mutter, Großmutter, an Tanten, an Schwestern. Das war in einem gewissen Maß nötig, um unsere eigene Identität zu entwickeln. Wir mußten unsere weiblichen Seiten verdrängen, um herauszufinden, wer wir sind, daß wir Buben sind.

Wenn wir heute als Erwachsene das Weibliche in uns aufnehmen können, löst sich paradoxerweise unsere Unsicherheit als Mann. Ein ganz anderer Umgang wird möglich unter uns Männern, mit der Partnerin, mit den Frauen allgemein. Aber Vorsicht: Nicht jetzt zum Softie werden und anstelle des Männlichen das Weibliche installieren, sondern beide Qualitäten in uns aufnehmen, in uns stehen lassen. So sieht eine Versöhnung mit uns selber, in uns selber aus. Dann können wir von der Mutter all das mitnehmen, was uns an ihr gefallen hat.

Aber zuerst müssen wir mal unsere männliche Identität festigen. Wir müssen zuerst das Männliche entdecken und Krieger werden. Daher muß Parzival Mutproben bestehen, bis er den klapprigen Gaul tauschen kann für ein tüchtiges Roß, das ihn weit tragen wird. Bis zu König Artus.

Vorwürfe und Versöhnung

Bevor wir uns auf die Suche nach dem König in uns machen können, müssen wir nicht nur Männliches und Weibliches in uns entwickeln. Wir müssen uns auch mit unseren realen Müttern auseinandersetzen. Und dies ist eine Sache, die nicht in zehn Minuten erledigt ist.

Alle Vorwürfe, die sich in uns angesammelt haben, müssen auf den Tisch. Bevor wir diese Vorwürfe an unsere Mutter wirklich auf den Tisch legen können, müssen wir sie überhaupt erst zusammentragen, müssen wir uns erst klarmachen, was alles noch immer falsch läuft in unserem Leben, wo überall unsere Mutter ihre Finger im Spiel hat, wo ihr Einfluß bis in unsere Ehen reicht, bis in die Betten, in denen wir mit Frauen schlafen.

Und um das zu bewerkstelligen, braucht es ein Eingeständnis, das mancher jetzt erst mal weit von sich weisen wird. Das Eingeständnis lautet: »Ich bin Mutter.«

Blitze und dröhnender Donner sollten eigentlich diesem erschreckenden und unmöglichen Gedanken das entsprechende Pathos geben: Wir sind unsere Mutter! Unsere Verhaltensweisen, unsere Stimmungen, unser Lebensgefühl, sogar Teile unserer Körperhaltung, unserer Interessen haben wir von unserer Mutter übernommen. Wir sind Mutter. Natürlich sind wir auch Vater, das werden wir noch sehen, aber wir sind erst mal Mutter.

Mancher Leser mag hier einwerfen, wir seien vielleicht ähnlich wie unsere Mutter, in gewissen Dingen, und das sei ja nur natürlich, aber der Satz »Wir sind unsere Mutter« sei grundfalsch, wir können ja gar nicht unsere Mutter sein. Sie war eine zierliche, schwache Frau, wir sind große und starke Männer. Lassen wir den Satz mal stehen und schauen, was passiert. Wir sind unsere Mutter. Ich bin meine Mutter.

Zumindest einmal im Leben liebt jeder Mann: Er liebt seine

Mutter. Abgöttisch. Mit ihr hat jeder Mann die erste und wichtigste Liebesgeschichte. Warum das so ist, ist bereits ausführlich erklärt worden.

Als wir auf die Welt kamen, waren wir in vieler Hinsicht ein unbeschriebenes Blatt. An Mutter entdeckten wir Gefühle, Sinnlichkeit, fanden heraus, was wir ausdrücken dürfen und was nicht. Dadurch wurden wir ihr immer ähnlicher in unserer Seele. Das kann sehr weit gehen: Nehmen wir als Beispiel eine Mutter, die trinkt. Natürlich braucht der Sohn deswegen noch lange nicht Trinker zu werden – und schon scheint der Satz widerlegt. Aber die Wahrscheinlichkeit ist groß, daß der Sohn in irgendeine Sucht gerät. Kann aber auch sein, daß er später mit suchtkranken Menschen arbeitet oder daß er eine Partnerin wählt, die sich als süchtig herausstellt. Oder daß er einer wird, der im Leben nie einen Tropfen Alkohol anrührt, sich nie in einen Rausch sinken lassen kann. Es ist das Energiefeld »Trinksucht« der Mutter, das der Sohn später in irgendeiner Form auslebt. Er kann es genauso ausleben wie die Mutter, oder er kann es an jemand anderen delegieren, an die Patienten, an die Freundin, an den Freund. Solange dieses Energiefeld bestimmend bleibt in unserem Leben, sind wir Söhne vom gleichen Energiefeld bestimmt wie die Mutter. Auch wenn wir es nicht so ausleben wie sie, leben wir in der Reaktion auf sie, unfrei, von ihr bestimmt.

Weil wir all diese Eigenschaften von Mutter in unser Unbewußtes gepackt haben, staunen wir, wenn wir es einmal von dieser Seite anschauen: Wir sind unsere Mutter. Es muß nicht ein so klares Symptom sein wie das Saufen. Es können ganz subtile Sachen sein, die wir von ihr übernehmen: Denkmuster zum Beispiel: »Ich bin nicht gut genug«, Glaubenssätze wie: »Die Welt ist böse«, »Reichtum ist Sünde«, »Sex ist ekelerregend«. »Werde nicht so wie dein Vater. Männer sind böse, gewalttätig und wollen nur das eine.« Gerade in unserer Sexualität sind wir Mutter. Im Koitus können wir höchstens so weit in Wonne gelangen, wie wir es mit Mutter konnten, wie sie es zuließ, als wir an ihrer milchspendenden Brust Befriedigung fanden. Bis wir uns ganz von ihr abgenabelt haben.

Wenn die Mutter ihr Leiden nicht ausdrückt, nicht darüber redet, nicht ins Leben nimmt, dann wird ihr der Sohn dieses Leiden abnehmen wollen, es übernehmen, weitertragen und weitergeben, »bis ins siebte Glied«, wie die Bibel das so schön sagt. Oder der Junge wird versuchen, sie zu heilen, und er wird später andere Frauen zu heilen versuchen.

Es ist so: Wir sind unsere Mutter, beziehungsweise sind wir in der Reaktion auf unsere Mutter. Wir haben unsere Vorstellungen von Weiblichkeit von ihr. Das, was wir über Frauen denken, fühlen, unsere Beziehungsformen. Wenn Mutter immer ablehnend war, kann es sein, daß wir selber ablehnend sind oder unersättlich auf der Suche nach Zuneigung, daß wir uns oral befriedigen, uns dickfressen, übermäßig trinken, rauchen, kiffen.

Erst wenn wir anfangen zu sehen, wo wir Mutter sind, wo wir noch immer ihr Leben leben anstatt unseres, können diese Vorwürfe, kann diese Wut auf den Tisch kommen. Wenn wir mal innehalten können in unserem ewigen Muttersein und die schmerzhafte Frustration unserer ewigen Liebessehnsucht nach der Mutter anerkennen können, dann kommen wir an diese Wut heran. Eine Wut gegen die Mutter, gegen die Lebensmuster, die sie uns angehängt hat, gegen das, was sie uns nie gegeben hat, wie sie uns um unsere Männlichkeit betrogen hat, um unsere Aggression, unser Durchsetzungsvermögen.

Es gibt Therapien, da schlagen Männer auf Kissen und stellen sich vor, es sei die Mutter. Es gibt auch im Alltag viele Möglichkeiten, an diese Wut heranzukommen:

Du kannst in einen Sandsack hauen, kannst Holz spalten und dabei die Wut dem Beil mitgeben, du kannst tüchtig in die Stimme gehen und zum Beispiel im Auto auf der Autobahn so richtig losbrüllen und deiner Mutter endlich mal alle Schande sagen. Oder du kannst ihr einen Brief schreiben und all die Vorwürfe, alles, was du ihr noch nie gesagt hast, unter Tränen der Wut niederschreiben.

All diese Dinge können Wunder wirken, wobei man den Brief zum Beispiel besser nicht abschickt. Denn wir kämpfen in unserem Leben schon lange nicht mehr mit der realen Mutter – oder doch? –, wir kämpfen mit dem Mutterbild in uns und dem Mutterbild, das wir auf Frauen projizieren. Es tut gut, diesem mal gehörig die Leviten zu lesen. Wenn wir hochkommen lassen, worin wir uns als das Opfer dieser Mutter spüren, dann können wir die Vorwürfe genauer anschauen, mit ihnen umgehen und uns befreien von der Abhängigkeit.

Wut kann etwas Wunderbares sein, sie rauszulassen kann durchputzen. Die Wut sitzt im Solarplexus, in der Magenkuhle. Drum sagen wir: »Ich hab' 'ne Wut im Bauch.« Es sind blockierte Energien, die den Energiefluß zwischen Bauch und Herz, die Verbindung von Sexualität und Gefühl, verhindern. Und wenn wir die Wut nun endlich nach Jahren mal rauslassen, dann werden Bauch und Herz verbunden, und diese Verbindung muß bestehen bleiben, damit die Lebensenergie gelebt werden kann.

Wenn wir das geschafft haben, die inneren Mechanismen erkannt sind, die Wut gespürt ist, die Vorwürfe ausgedrückt sind, dann sind wir ein rechtes Stück weiter in unserer Ablösung von der Mutter, aber es fehlt noch etwas, um uns von ihr endgültig zu lösen: Es braucht noch die Versöhnung.

Nun wird mancher Leser sagen, okay, die Versöhnung kann

sie haben, ich will mich sowieso nicht mehr mit ihr auseinandersetzen, ich lasse sie gehen. Das ist keine Versöhnung, das ist ein Versuch, sie billig loszuwerden. Versöhnung kann nur stattfinden, wenn vorher gestritten wurde, wenn gekämpft wurde um die Freiheit, ein Mann zu sein.

Wie kann die Versöhnung passieren? Hilfreich ist, wenn man sich vorstellt, daß Mutter auch mal ein kleines Mädchen war. Wenn ich Mutter als kleines Mädchen sehe und mir ihre Nöte vorstelle, dann sehe ich sie von der Erwachsenenperspektive, als Vater. Und dann kann ich vielleicht dieses kleine Mädchen mit Mitgefühl annehmen, verstehen und trösten in seinem Schmerz.

Ob das die Mutterproblematik löst? Die Mutterwunde heilt? Der Grundsatz stimmt. Aber natürlich braucht eine Aufarbeitung einiges mehr als nur gerade einige Wutanfälle, doch einen Anfang braucht's! Der große Schweizer Psychologe Carl Gustav Jung hat mal gesagt, die Mutter sei auch ein Symbol, ein Symbol für die Natur, auch für die Natur in uns, und die findet sich im Unbewußten. Es geht also darum, Unbewußtes, Verdrängtes ans Tageslicht zu holen und zu integrieren, und das ist im Grunde ein lebenslanges Unterfangen. Aber die größten Probleme, die unglücklich machen, die zersplittern, die in Beziehungen zu Frauen dauernd dreinfunken, die können mit Zeit und Geduld gelöst, erlöst werden. Und wenn's schwierig wird, darf man ruhig die professionelle Hilfe eines Therapeuten hinzuziehen, denn das Fischen im Meer des Unbewußten lohnt sich!

Wir haben es bereits erwähnt: In den Tiefen des Unbewußten sind Schätze verborgen. Eine richtige Wut löst das verrostete Schloß. Jedesmal, wenn wir solche unbewußten Muster, Mutterbilder, Verstrickungen ans Licht bringen, holen wir ein Mehr an Lebensenergie aus dem Keller. Und ein Mehr an Freiheit, wir selber zu sein.

In einer »Männerbande« war mal ein Mann dabei, Raphael*, ein Riesenbaby, gutaussehend, aber zu gut genährt. Raphael erzählte von seinen Eltern, wie gut er es mit ihnen habe, und er schilderte ganz stolz, daß die Mutter ihn, obwohl er dreißig ist und eine eigene Wohnung hat, noch immer unangemeldet besucht, ihm die Wohnung aufräumt und die Wäsche macht. Raphael war in die Männergruppe gekommen, weil es mit den Frauen irgendwie nicht so richtig klappte. Sie blieben nie lange, liefen ihm bald davon. Raphael hatte es ein wenig mit Sadomaso und stand auf hautenge Latexanzüge.

Im Laufe einer Männergruppe bauen die Jungs zusammen eine Schwitzhütte. In der Schwitzhütte geht's jeweils um das Mutterthema. Man kriecht nackt in die dunkle Hülle, die von glühenden Steinen erhitzt wird, und man kommt in die Hitze, der Schweiß rinnt einem in Bächen vom Leib, es wird eng wie im Mutterbauch, und nun wirst du aufgefordert, deiner Mutter alles zu sagen, was du ihr nie zuvor gesagt hast. Irgendwer beginnt zaghaft, ein anderer macht mit, es kommt ein Gebrabbel auf, das sich mit der Zeit immer mehr in ein Gebrüll verwandelt. Zwanzig Männer hocken eng im dunklen Dampfkochtopf, sie atmen schwer, und immer lauter schreien sie ihre Wut und Verzweiflung ins Dunkel der Höhle. Auch der dicke Raphael ist dabei in die Wut und auch ein wenig in die Panik gekommen, denn plötzlich hat er gemerkt, wie die Mutter ihm immer noch ins Leben pfuscht und wie ihn das beengt.

---

* Alle Namen geändert.

Auf dem Höhepunkt des Schwitzens werden die Männer aufgefordert, ihre Mutter mit einem Schrei fortzuschicken und gehen zu lassen. Sie sollen dabei die Nabelschnur spüren, die sie noch immer mit der Mutter verbindet, und sie sollen in der Phantasie diese Nabelschnur durchschneiden. Jeder nimmt nun ein Stück Erde und schmiert es dem Nachbarn auf den Bauchnabel, quasi als Wundverband von Mutter Erde.

Dann geht das Ritual aber weiter. Mutter wird nochmals herbeigerufen, diesmal als kleines Mädchen. Dies ist nun die Verzeihungsrunde, in der sich Mutter als Kind zeigt und ihre eigene Wunde sichtbar macht, die erklärt, warum Mutter so gehandelt hat. Da beginnen die Männer zu verstehen, daß sie jetzt phallische Männer sind und daß sie dieses Mädchen annehmen können, es beschützen und ihm quasi ein guter Vater sein können. Danach schicken sie auch das Mädchen wieder weg und kriechen nach einem Dankesritual aus dem Schwitzzelt, aus dem Mutterbauch hinaus.

Die meisten sind ziemlich fertig danach, liegen überhitzt und schwer atmend im Laub, im Bach, im Schnee und reden mit der neuen Mutter, der sie da auf dem Bauch liegen. Sie haben jetzt nämlich eine andere Mutter, eine größere, Mutter Erde, die sie nährt und trägt und der sie sich mit Hingabe öffnen können, denn sie hilft durchs Leben. Auch Raphael hat da auf dem Waldboden gelegen, und ihm war klar, was jetzt geschehen mußte.

Er hat gelernt, seine Wäsche selber zu waschen und die Wohnung selber aufzuräumen. »Von jetzt an«, hat er seiner Mutter später gesagt, »besuche ich dich, nicht mehr du mich.«

Die Sexualität des Jungen

Um den seelischen Prozeß der Mannwerdung zu verstehen, lohnt es sich, zwischendurch ein paar harte Facts anzuschauen, Ergebnisse der wissenschaftlichen Forschung.

Mann gegen Frau schon im Mutterleib

Die grundsätzliche Entscheidung über das Geschlecht fällt bei der Befruchtung, wenn sich die 23 Chromosomen des Spermiums mit den 23 Chromosomen der Eizelle verbinden. Dabei geht es einzig um das Geschlechtschromosom, das bei Spermium und Eizelle einen ganz wesentlichen Unterschied aufweist: Es gibt Spermien, die ein X-Geschlechtschromosom enthalten, und es gibt solche mit einem Y-Geschlechtschromosom. Dagegen besitzen alle Eizellen ein X-Geschlechtschromosom. Entsteht nun bei der Befruchtung eine XX-Kombination, entsteht ein weibliches, bei einer XY-Kombination ein männliches Wesen. Das – schnellste – Spermium des Mannes entscheidet also grundsätzlich über das künftige Geschlecht.

Der Embryo ist aber trotz seiner Geschlechtsanlage erst einmal ein Zwitter. Und die Natur bevorzugt eher die Frau: Wird zur gegebenen Zeit kein Testosteron ausgeschüttet, so entwickelt sich der Embryo oft trotz männlicher Gene zu einem Mädchen. Es gibt Skirennfahrerinnen, Leichtathletinnen, die sind genetisch männlich. Im Zweifelsfall werden die Gene analysiert. Vor den Spielen von 1968 in Grenoble hatte das Olympische Komitee, vermutlich beunruhigt durch die zunehmende Angleichung von vermeintlich weiblichem an männliches Verhalten, bestimmt aber mißtrauisch gemacht durch den starken Bartwuchs osteuropäischer Kugelstoßerinnen, den sogenannten »Sextest« eingeführt. Frauen, die an Olympischen Spielen teilnehmen wollen, müssen seither mit einem medizinischen Test nachweisen, daß sie die richtigen Chromosomenpaarungen haben. Das kostete 1968 der österreichischen Skirennfahrerin Erika Schinegger die Starterlaubnis. Zwei Jahre zuvor war sie, 18jährig, Abfahrtsweltmeisterin geworden und galt für Grenoble als Favoritin. Der Chromosomentest aber zeigte: Erika Schinegger war genetisch ein Mann. Schon bald wurde Schinegger durch eine spektakuläre Operation auch äußerlich zum Mann, gewann als Erik Schinegger einige Rennen, wurde dann aber recht unschön aus der österreichischen Herrenmannschaft herauskomplimentiert.

Schüttet die Mutter – auf ein Signal des männlichen Fötus hin – große Mengen Testosteron aus, wird beim Embryo die Entwicklung von männlichen Geschlechtsmerkmalen eingeleitet. Hoden entwickeln sich erst auf dieses spezielle Signal hin. Mannwerdung ist von Anfang an kompliziert: In der 6. Woche läßt das sexbestimmende Gen des Y-Chromosoms Hoden entstehen, die schon ab der 12. Woche selber Testosteron produzieren. Beim männlichen Embryo muß sich der Hoden also aktiv gegen die Entwicklung weiblicher Strukturen wehren. Das Männliche konstituiert sich gegen das weibliche Milieu, in dem es lebt.

Im Mutterleib kann man einen »Kampf« zwischen Mutter und Fötus beobachten: Die männlichen Gene tendieren dahin, ein Kind möglichst kräftig werden zu lassen, auch wenn dies zu Lasten der Schwangeren geht. Die weiblichen Gene steuern dem entgegen. Dieses Phänomen resultiert aus der Möglichkeit des Partnerwechsels: Ein Mann kann nie wissen, ob er bei derselben Frau noch einmal zum Zeugungszug kommt, daher »kümmern« sich seine Erbanlagen darum, den einen Sprößling so fit wie möglich zu machen und dadurch die Überlebenschance seiner Gene zu erhöhen. Die Frau dagegen kann und darf dem Fötus nicht das Maximum an Ressourcen zur Verfügung stellen, weil sie fit bleiben muß für mögliche weitere Schwangerschaften. In ihrem Erbgut dominieren Gene, die dem männlichen Drang nach Größe entgegensteuern.

Die frühkindliche Sexualität

Bis zur Wende vom 19. zum 20. Jahrhundert wußte man nichts von einer kindlichen Sexualität. Erst Sigmund Freud, der Begründer der Psychoanalyse, entdeckte sie und schuf seine Theorie der Triebentwicklung. Neuerdings wissen wir, daß die Sexualität schon vor der Geburt wirksam ist. Nach Theresa Crenshaw haben Jungen sogar schon im Uterus häufig Erektionen, fast die Hälfte kommt mit einer Erektion auf die Welt, Mädchen mit einer Lubrikation der Scheide.

Der amerikanische Sexualforscher Alfred Kinsey schrieb 1966, daß der Orgasmus beim Kleinkind bis auf das Ausbleiben der Ejakulation in erstaunlicher Weise dem Orgasmus eines Erwachsenen entspricht. »Ein Kind wird bei sexueller Reizung ruhig, wird von anderen Betätigungen abgelenkt, beginnt rhythmische Beckenstöße, spannt seine Muskeln an, wenn der Orgasmus sich nähert, und gerät schließlich in konvulsive Bewegungen, oft mit heftigen Arm- und Beinbewegungen im Augenblick des Orgasmus, wobei es manchmal weint. Nach dem Höhepunkt verliert sich die Erektion schnell, und das Kind versinkt in die friedliche Ruhe, die typischerweise dem Orgasmus des Erwachsenen folgt. Die Erektion tritt bei den Knaben vor der Pubertät viel schneller ein als beim Erwachsenen, obwohl die Geschwindigkeit, mit der der Höhepunkt erreicht wird, schwankt, wie das ja auch beim Erwachsenen der Fall ist.« Allerdings hängt das sexuelle Verhalten bei Kleinkindern stark mit anderen Gefühlen zusammen: Stoßweise Bewegungen des Beckens wurden bei acht Monate alten Jungen beobachtet, aber nur, wenn sie sich ganz sicher fühlten.

Eltern und Erzieher in unserer westlichen Welt setzten zumindest bis zur sexuellen Revolution in den 60er Jahren alles daran, um die Sexualität der Kleinkinder im Zaum zu halten. Aber: »Die sexuellen Entwicklungen der Kindheit nicht zu beachten heißt, einen äußerst dynamischen Aspekt der Persönlichkeit des Kindes auszuklammern«, schreibt Crenshaw. »Damit schaffen Sie einen Riß in der Beziehung und versagen sich selbst hervorragende Möglichkeiten, eine konstruktive, beschützende Rolle bei der sexuellen Reifung Ihres Kindes zu spielen.«

Kinder werden von Geburt an mit Sexualität bombardiert, von innen früher als von außen. Neugierde, Erregbarkeit und Masturbation, das Herumspielen an sich selber, sind die Mechanismen der kindlichen Sexualität. Exzessive Masturbation des Kindes müssen wir allerdings als eine Reaktion auf mangelnde Liebe und Geborgenheit und damit als einen Hinweis auf seelische Vereinsamung verstehen. Um sie zu beruhigen, befriedigten Kindermädchen im 19. Jahrhundert ihre Pflegekinder durch Masturbation. Ob dem nun heimliche Lüste oder nur ein gesunder Pragmatismus oder ein minder starker Wert der Sexualität zugrundelag – das muß hier offen bleiben. Jedenfalls finden wir in anderen Kulturen ähnliches: Waika-Indianer in Venezuela zum Beispiel beruhigen ihre männlichen Kinder, indem sie ihnen Penis oder Hoden streicheln.

Das Masturbieren des kleinen Kindes bringt Erwachsene häufig in heftigen inneren Aufruhr wegen ihrer eigenen ambivalenten Gefühle der Onanie gegenüber. Verbotene Lüste, Scham, Unsicherheit, Unwissenheit vermischen sich zu einer seltsamen Grundstimmung, mit der dem kleinen Kind begegnet wird. Lange überwogen in bürgerlichen Kreisen noch die Verdrängung und das Verbot, bis die 68er Bewegung eine Gegenströmung erzeugte und gerade die Bedeutung des sexuellen Ausdrucks der Jungen betonte. So wird ein Kind zu einer Projektionsfläche gesellschaftlicher und elterlicher Sexualmoral.

Die Mutter als Vorbild späterer Liebesbeziehungen

In den ersten Monaten nach der Geburt bleibt die Symbiose Mutter-Kind bestehen, soweit das Leben außerhalb des Uterus dies zuläßt. Die Beziehung zur Mutter geht allmählich vom körperlichen Einssein in körperliche Nähe über, und hier wurzelt die einzigartige, unvergleichliche, fürs ganze Leben unabänderlich festgelegte Bedeutung der Mutter als erstes und stärkstes Liebesobjekt des Mannes, als Vorbild aller späteren Liebesbeziehungen. Das richtige Maß an Mutterliebe ist daher von ausschlaggebender Bedeutung. Ein Zuviel an Liebe hindert daran, ein Mann zu werden, ein Zuwenig kann krank machen.

Diese allererste erotische Beziehung zu seiner Mama vermittelt dem Jungen eine Vorstellung vom Nirwana, von einem paradiesischen Zustand des Versorgt- und Behütetwerdens. Sie hinterläßt unauslöschliche Spuren in der Psyche des erwachsenen Mannes.

In der symbiotischen Beziehung von Mutter und Kind im ersten Lebensjahr hat der Junge kein Gefühl für seine eigenen körperlichen und psychischen Grenzen. Damit er sich allmählich von der Mutter trennen kann, muß einerseits die Mutter loslassen können und andererseits jemand da sein, der »auf der andern Seite zieht« und das Kind mit einer zweiten Geborgenheit aus der Symbiose zu locken vermag. Mädchen werden oft länger in der engen Beziehung zur Mutter gehalten als Jungen, die meist früher und plötzlicher aus der Symbiose gestoßen werden. Durch diese Trennungserfahrungen bekommen Jungen daher leichter ein Gefühl für sich selbst als Mädchen. Der Nachteil besteht darin, daß sich Jungen weniger lang in der Mutter spiegeln können. In dieser frühen Trennungserfahrung können die tiefsten Ängste vor Beziehungen und Abhängigkeiten ihre Wurzel haben, wenn der Vater fehlt.

Ohne einen hautkontaktreichen und zärtlichen Dialog mit der Mutter fehlt dem Jungen aber eine wichtige Basis für die zukünftige Lust- und Liebesfähigkeit. Hier werden die Grundlagen gelegt für Eigenschaften wie Wahrnehmungs- und Empfindungsfähigkeit, Selbstwert, Intimität, Beziehungsfähigkeit und Gegenseitigkeit, Toleranz, Respekt und Verantwortungsgefühl. Der Sohn muß eine innere Mutter in sich spüren können, die ihm das Urvertrauen schenkt, mit der übermächtig erscheinenden Einsamkeit als Individuum fertig zu werden. Von seiner Mutter erfährt er, was von Zärtlichkeit, Körperlichkeit, Intimität, Genuß und Lust zu halten ist. Mit ihr macht er seine ersten und prägenden Erfahrungen von sinnlicher und erotischer Nähe und Geborgenheit.

Im Spannungsfeld zwischen Vater und Mutter

Sigmund Freud hat den Ödipuskomplex entdeckt und die ödipale Phase als zentrale Phase der psychosexuellen Entwicklung beschrieben. Vereinfacht gesagt richtet der Junge in der ödipalen

Phase (im 3.–5. Lebensjahr) einen Teil seiner sexuellen Phantasien auf die Mutter (»Wenn ich groß bin, heirate ich meine Mutter!«). Aus dem Wissen, daß die Mutter zum Vater gehört, entstehen Gefühle von Konkurrenz, Neid und Angst vor Rache gegenüber dem Vater und Gefühle der Minderwertigkeit gegenüber der Mutter. Dieser dramatische Konflikt (Lust auf die Mutter, Kastrationsangst vor dem Vater) muß durch den Jungen gelöst werden. In der Bewältigung des Ödipuskomplexes durch die Identifikation mit dem Vater und durch die Anerkennung des Vaters als Mann der Mutter wird der Junge frei in der Wahl anderer Geschlechtspartnerinnen. Im Alter von drei bis fünf Jahren ist daher für den Jungen eine männliche Bezugsperson, die ihn bei diesem Prozeß unterstützt, enorm wichtig. Spätestens hier müßte ein warmer, zärtlicher Vater ins Spiel kommen.

Nach der Ablösung von der Mutter wird die Sexualität des Jungen ausschließlich seinen Penis bewohnen, jenen Teil von ihm, der seiner Mutter fehlt. Der kleine Junge wird sich daher seiner Identität und seiner Männlichkeit am ehesten über sein Geschlecht und die sexuelle Aktivität bewußt. »Ich Penis, ich Mann.«

Die psychische Entwicklung des Kindes hängt also in hohem Maße von der Paarbeziehung der Eltern ab. Ist der Vater in der entscheidenden Entwicklungsphase da? Und kann er dem Jungen eine echte Alternative zur Mutter bieten? Die meisten Jungen in unserer »vaterlosen Gesellschaft« müssen ihre männliche Identität entwickeln, ohne eine Beziehung zu ihrem Vater zu haben, die an die Intensität der Beziehung zur Mutter auch nur annähernd heranreicht. Sie müssen sich aus eigener Kraft gegen weibliche Impulse abgrenzen. Diese frühe defensive Haltung wird bei erwachsenen Männern als angemessen männlich bezeichnet, sie widerspiegelt aber eigentlich eine tiefverwurzelte Angst vor Verweiblichung.

Die amerikanische Soziologin Nancy Chodorow schreibt dazu: »Die Beziehungsperson ist die Mutter. Es fehlt die Vater-Sohn-Beziehung, statt dessen übernimmt der Junge oft nur die jeweils geltenden kulturellen Stereotype der männlichen Geschlechtsrolle. Die Entwicklung eines stabilen männlichen Selbstgefühls ist aus diesem Grund immer problematisch und für den Jungen mit Unsicherheit, Abgrenzung und Verdrängung seiner emotionalen Bedürfnisse verbunden.« Die Abwesenheit des Vaters verhindert also die gesunde Verarbeitung des Ödipuskomplexes. Einerseits steht dem Sohn niemand im Weg, die Mutter in Besitz zu nehmen, wenn der Vater nicht da ist: Vater ist aus dem Feld geräumt, Mutter gehört mir. Andererseits wird er dadurch zu lange von der mütterlichen Atmosphäre beeinflußt. So ganz ohne Vater – oder gleichwertigen Ersatzvater – wird man einfach kein Mann.

Freud ist davon ausgegangen, daß alle Menschen ursprünglich bisexuell angelegt sind und die Entwicklung der Geschlechtsidentität davon abhängt, ob die weibliche oder die männliche Geschlechtsanlage stärker ist. Er hat aber mit seiner Penisneid-Theorie, die besagt, daß kleine Mädchen sich im Vergleich mit Knaben so vorkommen, als fehlte ihnen was, die patriarchale Vorstellung gefördert, daß das männliche Geschlecht das vollkommenere sei. Inzwischen gibt es die Theorie von der Protoweiblichkeit, die das Weibliche an den Anfang des menschlichen Lebens setzt: Jeder Mensch kommt von der Mutter und lebt in der ersten Zeit von und mit ihr. Das menschliche Leben entsteht in diesem Sinn aus dem Weiblichen. Deshalb ist auch der Junge ursprünglich weiblich und entwickelt sich vor allem mit Hilfe des Vaters aus der Identität mit der Mutter heraus. Jeder Mann verfügt aus diesem Grunde auch über einen weiblichen »Erfahrungsschatz«. Daher, schreibt die französische Philosophin Elisabeth Badinter, kann ein Vater genauso einfühlsam, liebevoll und kompetent wie die Mutter sein, wenn er seine Weiblichkeit zum Zuge kommen läßt.

Das Verhalten, das wir als männlich betrachten, besteht großteils aus Abwehrmanövern gegen das Weibliche. Die erste Pflicht eines Mannes ist es, keine Frau zu sein. Daher haben die meisten von uns einen Mutterkomplex. Später übertragen wir die Abwehr des Weiblichen auf unsere Frauen: Wir verweigern uns der Beziehung, dem Kontakt, dem Gespräch, wir schauen lieber Fernsehen und Fußball, verkriechen uns im Computerzimmer und im Internet oder stürzen uns in dringende Arbeit. Hauptsache, das Weibliche ist abgewehrt.

Im Spannungsfeld zwischen der tiefliegenden Sehnsucht nach der Mutter und der Abwehr des Weiblichen bleiben viele von uns ein Leben lang gefangen. Um uns von dieser Spannung zu entlasten, hat sich im Verlauf unserer kulturellen Entwicklung ein Gewerbe ausgebildet, das uns Männern einen bequemen Ausweg bietet: das Sexgewerbe.

Wer im Internet nach Pornobildern sucht, Live-Shows anschaut oder sich zu Hause eine Porno-DVD reinzieht, wer ins Milieu geht, in ein Striplokal oder zur Nutte, der macht von diesem Ausweg Gebrauch: Er rührt an seine Sehnsucht nach der Großen Mutter und hält – indem er die Leistung bezahlt – gleichzeitig die Abwehr des Weiblichen aufrecht.

Porno und Milieu: die Nutte als Große Mutter

Pornos

Das Tollste an den Pornos wie an den Nutten ist die Tatsache, daß wir Männer uns dabei nicht bemühen müssen. Wir werden bedient. Ein Wunschtraum jeden Mannes. Die Frauen kommen sofort zur Sache, und zwar zur richtigen Sache. Normalerweise wollen Frauen ja immer erst eine Beziehung aufbauen, mit uns reden, uns mehrmals treffen, bevor sie endlich mit uns ins Bett steigen. Im Porno ist das wunderbar, hier kommen sie von sich aus aufs Thema. Es geht um Sex pur.

Die Frau im Porno, die Stripperin auf der Bühne, die Hure in ihrem weichen Bett, sie stellen für uns die Große Mutter dar. Wir sehen ihre Titten und sind weg vom Fenster. Im Grunde feiern wir mit ihnen einen Gottesdienst an der Großen Mutter.

Das tönt vielleicht ungewohnt, aber der Satz macht Sinn. Die ersten Gottesvorstellungen der Menschheit waren nicht Zeus, der Blitzeschleuderer, auch nicht Donar, der germanische Donnergott mit dem Riesenhammer, und schon gar nicht der christliche Gottvater mit weißem Bart, die ersten Gottesvorstellungen waren dicke Weiber mit Riesentitten. Muttergöttinnen aus der Steinzeit wie die Venus von Willendorf aus Österreich oder die berühmte Venus von Lespugne in Frankreich, auch kleine Stein-

oder Mammutzahnskulpturen, sie alle haben einen Bombenarsch, wogende Brüste und Schenkel zum Dazwischenversinken.

Bei den Ägyptern und später bei den Griechen und Römern haben die Muttergottheiten von dieser Fülle ein wenig verloren, aber sie waren immer noch Göttinnen, und bestimmt verschaffte sich mancher Jüngling und mancher Mann in seinen schwülen Phantasien ein Erlebnis mit einer Liebesgöttin. Erst im Christentum wurden die Göttinnen von den männlichen Kräften entschieden in eine Ecke gestellt, reduziert auf eine unbefleckte, völlig von der Sexualität getrennte Muttergottes, die heilige Maria. Ihr Sohn Christus war nicht von einem Mann gezeugt, sondern von einem Geist, kein Penis hatte sie je penetriert. Maria ist quasi die Spitze des Eisberges, die liebliche Seite des Weiblichen, alles andere wurde zurückgedrängt ins Meer des Unbewußten. Oft tauchen erst im Porno die alten Sehnsüchte wieder auf. Es sind elementare Eigenschaften der Frau, die wir Männer bei der Nutte und im Porno hochleben lassen: Unterwerfung, Fülle, Ekstase, Orgasmus.

Im Porno feiern wir Männer die namenlose Göttin der Wollust. Wir möchten beschauert werden von ihrer Wonne, von ihrer weiblichen Urkraft. Mit ihren tänzerischen Bewegungen, wenn sie mit dem Hintern wackeln, wenn sie fließen und wenn sie kommen, stöhnen, schreien in ihrem Orgasmus, dann stellen diese Frauen die reine Ekstase dar, den puren Eros. Die Betonung liegt auf darstellen. Ihre Kunst besteht im verzweifelten Versuch, einen guten Orgasmus vorzutäuschen. Die Rolle des Mannes ist, sich schwer arbeitend auf den Höhepunkt zu treiben und sie zu ihrem vorgespielten Orgasmus zu bringen. Sehr schnell schafft er das im Video, und gemeinsam schwelgen die beiden ein paar Sekunden mit schmerzverzerrtem Gesicht in jenen Gefühlen, die Orgasmus genannt werden.

Obwohl die Ekstase in den Pornos nicht wirklich erlebt, sondern schlecht gespielt ist, flippen wir aus und investieren weltweit Abermilliarden in Pornohefte, Pornofilme, Videos, Pornoseiten auf dem Internet. Es ist zwar billigstes Dorftheater, aber wir werden ergriffen von diesen Bildern von Frauen, die sich dem Manne völlig hingeben, sich in sexuelle Ekstase verwandeln, in pure sexuelle Energie. Es ist, als wiederholten diese Darstellungen ein ewiges Versprechen, daß wir Menschen zu solcher Ekstase geboren und fähig sind.

Wir reden hier von der ganz normalen harten Pornographie, in der der sexuelle Verkehr zwischen Mann und Frau in allen Details gezeigt wird. Wir reden nicht vom destruktiven Porno wie zum Beispiel den Snuff-Videos, wo Frauen vor laufender Kamera echt gequält und manchmal sogar wirklich getötet werden. Wir reden nicht von Pornographie mit kleinen Mädchen oder Buben oder Tieren, wo Männer nicht Sexualität und Hingabe feiern, sondern ein krankes Selbstwertgefühl ausleben und sich über die Ohnmacht des Opfers auf pervertierte Art ein eigenes Machterlebnis verschaffen. Wer solche Pornos braucht, benötigt psychotherapeutische Hilfe, und vor solchen Leuten muß man die Gesellschaft schützen.

Wir reden hier auch nicht von einem Helmut Newton, der seine Frauen auf Stöckelschuhe stellt, was ihnen zwar den Arsch hochschiebt und sie bereit macht zur Begattung, was ihre Brüste aber wie Waffen vorstreckt, sie mit waffenartigen Utensilien ausstattet und sie zu Amazonen pervertiert. Wir reden auch nicht von Schleimern wie einem David Hamilton, der kleine Mädchen mit Weichzeichner und nacktem Po fotografiert, der damit Zärtlichkeit suggeriert, aber in Wirklichkeit Mißbrauch betreibt und sein eigenes, schmalbrüstiges Männerbild an noch schwächeren Mädchen aufrichtet. Wir reden vom ganz normalen, wüsten, billigen, dummen, schmutzigen

Porno, wo's dampft und spritzt, dem Hardcore der unteren Schublade, wie Millionen Männer ihn Nacht für Nacht einsam rubbelnd konsumieren.

Im Porno spielen die Frauen für uns den Traum des Mannes: Sie fordern nicht die Beziehung, nicht die Romanze, sie fordern nur das eine. Im Porno ist die Frau insofern Traumfrau, als sie genau das tut, was du willst. Sie ist wie die Mutter in unserer Babyzeit, vollkommen in ihrer Hingabe, aber noch besser als die Mutter, denn sie gibt sich hin, ohne emotionale Ansprüche zu stellen. Sie frißt dich nicht. Du identifizierst dich logischerweise mit dem Mann, der sie da vögelt mit diesem Riesenschwanz, dieser durchtrainierten Potenz.

Früher hatte die Frau keinen Orgasmus beziehungsweise war er ein Zeichen von Lasterhaftigkeit. Thema war allenfalls die Angst vor einer Schwangerschaft. Heute liegt der Wert der Sexualität auch im Orgasmus der Frau. Sie dahin zu bringen, das gibt uns das Gefühl, wir seien gute Männer. Wenn's nicht klappt, bin ich kein Mann, dann werde ich verachtet. Diese Angst umschiffen wir wunderbar im Porno. Die Frauen in diesen Wichsheftchen sind häufig jung, haben Brüste wie Füllhörner, sie wecken in uns die Sehnsucht nach der Dienerin. Sie machen uns mächtig, potent, und am Ende spritzen wir ihnen in unseren schwülstigen Phantasien auf die Brüste und ins Gesicht.

Viele Männer wollen, daß die Frauen ihr Sperma schlucken, selber haben sie es aber noch nie geschluckt. Sie ekeln sich davor. Wenn solche Männer von den Frauen das verlangen, wovor sie sich selber ekeln, dann hat das etwas Verachtendes an sich. Wir beschmutzen sie, erniedrigen sie, sie, die wir vorher so begehrt haben. Kann dieses Begehren am Ende nur durch ihre Erniedrigung ertragen werden? Waren wir vorher durch das Begehren zu Unterlegenen geworden? Der Frau ausgeliefert? Und zahlen wir ihr das jetzt heim? Kommt hier auch die große Angst vor der

Verschmelzung ins Spiel? Wenn wir sie erniedrigen, bleiben wir selber oben.

Das ist die Macht der Pornographie: Sie nimmt uns für ein paar Stunden die Angst vor der realen Frau. Das zieht uns an: Da sind Frauen, die uns ungefragt zu Willen sind. Weibliche Sexualität als Besitz des Mannes. Frau gleich Loch. Ihre sexuellen Bedürfnisse entsprechen scheinbar genau den deinen. Und du bist fähig, sie so durchzuvögeln, daß sie stöhnt und schreit. Die Frau verehrt deinen Schwanz. Das, was deine Mutter nicht gemacht hat. Die Frau hier bringt's: Endlich bekommt der Penis diese große Anerkennung. »Gib's mir«, schreit sie, und sie hält dir ihren Hintern hin wie eine Hündin. »Nimm mich!«, »Töte mich!«, und du tötest sie im Orgasmus, dem kleinen Bruder des Todes. Aber: alles ist Schein. Sie ist nur dein Selbstbefriedigungsinstrument.

Dann ist da noch diese Erotisierung der Gewalt. Wir Männer machen in diesen Filmen Liebe wie ein Dampfhammer. Wir stoßen sie, ficken sie, aggressiv, wir kommen in die Gewalt. Wir vergewaltigen sie. Testosteron pur. Aggression. Geilheit. Da ist nichts Zärtliches mehr, nichts Liebevolles, nichts Warmes, Führendes, Beschützendes, nichts Sinnliches. Im Porno geht der Sex ab wie bei Tieren. Das Männchen unterwirft das Weibchen. Beide haben ihr Programm, und wenn beide so funktionieren, ist das okay. Aber die reale Frau funktioniert nicht so. Wir können sie nicht an den Haaren in unsere Höhle schleppen.

Und da ist noch eine weitere Merkwürdigkeit in der Pornographie. Die Frau geht so total in die Hingabe, daß sie den Mann, oft auch mehrere Männer gleichzeitig, vollkommen in sich aufnimmt. Sie läßt einen in die Vagina, sie öffnet dem anderen den Anus, sie saugt den Penis des Dritten im Mund. Mit allen Körperöffnungen gibt sie sich dem Manne hin, gibt sie sich den Männern hin. Alle Tore werden geöffnet, sie läßt sich im Kern berühren. Hier wird das bereits Gesagte bestätigt: Wir feiern im Porno unbewußt und weit ab von gesellschaftlicher Anerkennung, aber aus tiefster Sehnsucht einen Gottesdienst an der Muttergöttin. Wir möchten sie zum Tanzen bringen, in Ekstase versetzen. Das ist es, was wir Männer im Grunde dabei suchen. Denn das macht uns zu Männern.

Nun gibt es weiß Gott genug Kritik an der Pornographie. Alice Schwarzer zum Beispiel, Feministin und begnadete Kritikerin von Frauen- und Männerrollen, findet, Pornographie sollte nicht länger als »Verstoß gegen die guten Sitten« definiert sein, sondern als »Verstoß gegen die Menschenwürde«. Sie sagt, Pornographie sei die verharmlosende oder verherrlichende, deutlich erniedrigende sexuelle Darstellung von Frauen und Mädchen in Bildern oder Worten, die folgende Elemente enthalten: Die als Sexualobjekt verwendeten Mädchen oder Frauen würden vergewaltigt, gefesselt, geschlagen, verletzt, mißhandelt, verstümmelt oder auf andere Weise Opfer von Zwang und Gewalt, aber so dargestellt, als ob sie die Erniedrigung, die Verletzung, den Schmerz genießen würden. Dadurch propagiere Pornographie Frauenhaß, sie mache Gewalt sexy und die Männer, die sich solche Bilder anschauen, würden ihre eigenen Frauen mit denselben Augen sehen, wie sie die erniedrigten Frauen im Porno anschauen: als Menschen zweiter Klasse.

Schwarzer schreibt auch, es gäbe für die Frauen kein Entrinnen aus diesem von Männern geschaffenen »Sexualsystem«, mit dem diese auch das Innerste der Frauen beherrschen. Denn die Vorstellungen, Bilder, Normen seien ja nicht nur in den Pornos, sondern auch als Wunschvorstellungen in den Köpfen von Männern. Damit vergiften sie nicht nur den Blick von Männern auf Frauen, sie vergiften auch die Bedürfnisse und Phantasien von Frauen. Alice Schwarzer hat vor allem aus der Sicht der Frauen geschrieben, mit der zusätzlichen Prämisse, Frauen seien die Opfer und Männer die Täter. Wenn wir allerdings die Armseligkeit des männlichen Erlebens in den Pornos betrachten, können wir in gewisser Hinsicht auch bei den Männern von Opfern ausgehen. Sie werden von einer skrupellosen Branche über den Tisch gezogen.

Natürlich ist die Pornographie voll von Bullshit. Ein Gottesdienst, überschüttet mit Krankem, Degeneriertem, Perversem, angefüllt mit Vergewaltigung und Prostitution, mit Missbrauch und Pädophilie und übertüncht mit viel Geschmacklosigkeit. Wie Dämonen hocken sie alle auf dieser Ursehnsucht nach der Großen Mutter. Sollte man diesen Gottesdienst deswegen verbieten? Noch mehr abdrängen in die Schatten der Gesellschaft?

Warum sind wir Männer in den Pornos und als Nachahmer oft auch zu Hause im Bett so einsam schuftende Dampfhämmer, abgekoppelt von unserer eigenen Sinnlichkeit? Warum lassen wir uns zu Treibern degradieren, welche die Frauen in ungeahnte Höhen treiben sollen? Warum sind die Orgasmen der Männer in den Pornos immer so schmerzverzerrt? Warum ist es nicht unser Ziel, auch in Wollust zu geraten, mit der Frau gemeinsam in diesen Höhen zu fliegen, zu verschmelzen, uns zusammen treiben zu lassen in den strömenden Energien des Eros?

Von der Anziehungskraft der Hure

Diejenigen unter den Männern, die mehr wollen als Sexhefte und Videos reinziehen, gehen nachts ins Milieu. Das Milieu ist in der Nacht eine Welt voller Schatten, und jeder findet darin die Bilder von der Frau, die er sucht. Einige möchten schöne Frauen sehen, einen heißen Strip, möchten einen Flirt erleben, eine Versuchung, andere möchten an der Angst schnuppern, ins Verderben gezogen zu werden, einer Femme fatale begegnen.

Manche möchten den Rebell in sich am Leben erhalten, der in die Unterwelt eintaucht, manche möchten mit einem leichten Schauer von Schuldgefühlen aufwachen am andern Morgen. Die meisten sind aber einfach einsam. Und irgendwie bedürftig.

Wer das Mannsein verstehen will, sollte sich mal auf Beobachtungstour begeben, zum Beispiel im Industrieareal hinter dem Bahnhof von Olten, dem größten Straßenstrich der Schweiz. Das Areal ist weit verzweigt, und überall an den Straßen stehen Nutten. So gegen elf Uhr abends bekommt man plötzlich das Gefühl, es sei der Verkehr von der nahen Autobahn durch das Areal geführt worden. Auto an Auto, Stoßstange an Stoßstange fließen sie hindurch, in ihren VWs und Fiats und Toyotas, manche noch die Kindersitze auf der Hinterbank, halten, die Nase an der Windschutzscheibe, nach Frauen Ausschau. Und wehe, der Abend ist regnerisch und saukalt, dann machen die Frauen Pause, und die Einsamkeit hinter dem Steuer ist grenzenlos.

Oder nachts um zwei an der Zürcher Langstraße, wenn die meisten Lokale zumachen, wenn sich die »Touristen« und »Ausgänger« nach Hause verzogen haben und die Straße nur noch den Nutten und ihren Freiern gehört, – was da abgeht: Testosteron pur, man riecht es förmlich. Und die Huren sind wie die Bären an den Flüssen Kanadas, sie schlagen mit einem Prankenschlag die Lachse im Überfluß aus dem Fluß. Kaum kommt eine wieder auf die Straße, warten die Männer schon sehnsüchtig und geben sich mit Kopfnicken Zeichen, wer dran ist, wer jetzt hinauf darf, mit ihr, auf das mickrige Zimmer, zum Fünfzehnminutenfick. Da wird abgesahnt. Männliche Energie wird abgesahnt: Geld, Samen und Trieb wird da in enormen Mengen abgeschöpft. Männer mit ihrem unsäglichen Trieb verschaffen sich Erleichterung und ein wenig Trost für ihre Einsamkeit bei Frauen, die nur verdienen wollen.

Es ist keine Minderheit an Männern, die zur Hure geht.

Männer aus allen Schichten gehen zu ihr, Männer in Krawatte, Männer in T-Shirts, mit langen Haaren, kurzen Haaren, junge Männer, alte Männer. Es ist ihnen mehrere Milliarden Umsatz pro Jahr wert. Kaum einer gesteht es. In den Bars wird kaum ein Wort darüber geredet, es werden keine Erfahrungen weitergegeben, keine Tips, keine Erlebnisse, aber einer nach dem andern geht für eine Viertelstunde mit einer Hure hinauf in ihr Zimmer. Und verschwindet danach in eine andere Bar, trinkt weiter sein Bier.

Warum sollten wir nicht zur Nutte gehen? Sie gibt das, was uns die Frau zu Hause nicht mehr gibt. Sie ist verrucht, sie bietet Sex ohne emotionalen Schnickschnack, sie stöhnt beim Bumsen, sie schreit beim Orgasmus, den sie zwar nicht hat, das spielt keine Rolle: sie bringt's. Hast gut gevögelt. Toller Kerl. – Hast wirklich gut gevögelt?

Bei Tage besehen ist das Milieu ernüchternd. Das Zimmer der Nutte ist meist ärmlich. Bei Tage besehen wird einem klar, daß auch in dieser Beziehung zwischen Nutte und Freier die Frau die Hosen anhat. Sie sagt ja oder nein, sie legt den Preis fest, sie bestimmt, wann du deinen Orgasmus hast und was an ihr du haben darfst, was du berühren darfst und was nicht. Ob du sie küssen darfst oder nicht. Es ist wie beim Autokauf: Du kaufst vielleicht zehn Autos in deinem Leben, der Verkäufer verkauft aber zehn Autos am Tag. Wer hat die Sache im Griff? Bei Tage merkst du, daß sie die Fernsehshow verfolgt, während du an ihr herumvögelst, daß es am Ende ein armes Ritual war, daß ihr Orgasmus exakt kurz vor deiner Ejakulation halt wirklich vorgespielt war, daß dein Hunderter zum Bündel der andern Hunderter gesteckt wird und daß sie dir »Schatz« gesagt hat, weil sie deinen Namen vergessen hat, sobald du ihn genannt hast. Du hast dir wie beim Porno eine einsame Selbstbefriedigung reingezogen, mit zusätzlichen taktilen Sensationen.

Bei Tage besehen sind die Kumpel an der Bar genauso Opfer wie die Frauen in den Bordellen. Aber Freier sind nun mal so: Die Erinnerungen an ihre schönen Brüste sind stärker als die klugen Einsichten im Kater danach. Die Suche geht bald wieder von vorne los. Vielleicht bringt's die nächste? Es ist, als strömten da Männer durchs Milieu, auf der ewigen Suche nach einem verlorenen Stück Glück. Auf der Suche nach der Verschmelzung mit der Großen Mutter? Oder auf der Flucht vor der realen Frau, die nun mal nicht zu haben ist ohne »emotionalen Schnickschnack«? Sind da Männer unterwegs oder einsame Kerle?

2.

Der Vater ist unsere zweite Liebe. Leider war er nicht da, als wir ihn brauchten. Darum macht Parzival eine schlechte Figur. Darum wissen wir nicht, ob wir nun erwachsene Männer sind oder nicht. Der einzige Beweis dafür, daß wir es sind, ist unser Schwanz. Ihn in Händen zu halten, gibt uns Trost und macht uns stark. Aber onanieren will gelernt sein.

Die zweite Liebe: der Vater

Die vaterlose Gesellschaft

Unsere Väter waren nicht da, als wir sie brauchten. Sie waren im Büro, bei einer anderen Frau oder beim Bier. Seit der Industriellen Revolution im 19. Jahrhundert sind unsere Väter abwesende Väter. Seit Generationen ist daher der Fluß männlicher Energie von den Vätern zu den Söhnen gestört.

Horst Petri, Psychologieprofessor und Psychoanalytiker, sieht drei zentrale Gründe für die »vaterlose Gesellschaft«: zuerst die industriellen Arbeitsbedingungen, dann den millionenfachen Vaterverlust in den beiden Weltkriegen und schließlich die 68er Bewegung, »die eine Kindergeneration gezeugt hat, von der große Teile ihre Väter diesmal ... durch den Krieg der Geschlechter verloren haben. Diese vaterverlassenen Kinder von Vätern ohne Vater stellen Teile der heutigen jungen Vätergeneration dar.« Die Jungen, die ihre Väter in den Weltkriegen verloren haben, wachsen ganz ohne Väter auf, die Kinder alleinerziehender Mütter haben vielleicht noch einen Wochenendvater. Der Großteil der übrigen Jungen hat einen Vater, der tagsüber beruflich und abends und am Wochenende sonstwie mit seinen eigenen Angelegenheiten beschäftigt ist.

Das Problem besteht darin, daß der Archetyp des Vaters, die Urenergie »Vater«, in jedem Jungen darauf wartet, aktiviert zu werden. Archetypen sind nach Carl Gustav Jung, der diesen Begriff in die Psychologie einführte, Energiefelder, die den Instinkten ähnlich sind. Er lokalisierte sie im Unbewußten. Sie liegen in einem tiefen Bereich der Seele, im »kollektiven Unbewußten«, in dem unsere allgemeinmenschlichen Anlagen darauf warten und drängen, gelebt zu werden.

Der reale Vater, wenn er da ist und eine gute Beziehung zu seinem Sohn hat, »nährt« dieses Kraftfeld in positiver Weise und reichert es an mit guten Erfahrungen. Fehlt er, so kann der Junge vielleicht mit Vaterfiguren wie Großvätern und Lehrern solche Erfahrungen machen. Fehlen auch sie, kann eine bedeutende Persönlichkeit das innere Vaterbild ausfüllen.

Viele unserer Väter haben sich für Helden gehalten. Dann sind sie auf die Nase gefallen. Darauf wollten sie uns Söhne zu Helden machen: abgehärtete Körper, Sieger, Erste, Beste, Schnellste, Intelligenteste, Helden, die alles unter Kontrolle haben. Fußballstars.

Die Väter selber sind gebrochene Helden. Sie bringen wohl Geld nach Hause, aber sie werden seelisch in der Arbeit betrogen. Sie tragen zwar das Bild von Superman in sich, aber sie sind genauso schüchterne Tagträumer wie Clark Kent, der Supermann, in seinem normalen Leben: Sie getrauen sich kaum, vom Chef eine Gehaltserhöhung zu fordern. Und wenn diese Väter abends nach Hause kommen, dann spüren die Söhne die Wahrheit. Vater ist nur scheinbar ein Supermann, hat nur scheinbar die Hosen an. In Wirklichkeit hat die Mutter die Hosen an, sie ist näher an den Gefühlen, näher an der Beziehung, näher an der Realität.

Der Psychoanalytiker Alexander Mitscherlich ging über das individuelle Fehlen des Vaters hinaus und schrieb vor bald dreißig Jahren vom »unsichtbaren Vater«. Er meinte damit nicht den Gottvater oder den im Krieg getöteten oder den geschiedenen Vater oder den Vater in einer schlechten Ehe. »Es ist vielmehr an ein Erlöschen des Vaterbildes zu denken, das im Wesen unserer Zivilisation selbst begründet ist und das die unterweisende Funktion des Vaters betrifft. Das Arbeitsbild des Vaters verschwindet, es wird unbekannt.« Seither ist der Vater als Unterweisender aus unserer Gesellschaft schon fast verdrängt worden. Der Vater, der sich hinstellt und klar und deutlich, fest und freundlich sagt, was Sache ist. Der ist nicht da.

Im Zürcher Großmünster steht oben am Turm eine Statue des Königs Karl des Großen, mit Krone, riesigem Schwert und Reichsapfel. Sie ist von außen gut zu sehen. Aber, dort oben steht nur eine Kopie der Statue. Das Original, der »tatsächliche König«, ist unten, versteckt im Dunkel der Gruft, beschädigt, verletzt, kaputt. Wir sollten das Vaterbild in uns wieder erwecken. Der Vater ist der König, und er steht fürs Herz.

Und was feiern die Medien für Vaterbilder? Woody Allen, Arnold Schwarzenegger. Oder den ewigen Jüngling Brad Pitt. Alles vaterlose Gesellen! Allenfalls ein Sean Connery kommt mit Vaterqualitäten rüber. Auch ein Nelson Mandela zeigt Vaterqualitäten. Er hat sein Volk und die Welt eindrücklich darin unterwiesen, daß Ungerechtigkeiten auf Dauer nicht aufrechterhalten werden können und daß Versöhnung nötig ist.

Nicht nur in der Familie, auch in der Arbeitswelt ist unsere Gesellschaft weit vom Vaterbild abgerückt. Es gibt nicht mehr den Patron mit väterlicher Verantwortung, sondern kalt rechnende Manager stehen an der Spitze. Die Berufe und die Unternehmen wandeln sich dauernd, Strukturen werden aufgelöst, Flexibilität ist gefordert anstelle von Stabilität. Das ist etwas für junge Helden, aber nicht für Familienväter. Die Diskrepanz ist zu groß: Die Frau zu Hause will einen Mann mit Durchsetzungsvermögen, geistvoll, handlungsfähig, aber auch den körperlichen Mann, sensibel, zärtlich, der zuhören und mitschwingen kann. Draußen im Job soll er dagegen knallhart sein. Die Frau wünscht sich den phallischen Mann, in dem der Liebhaber mit dem Krieger verbunden ist, die Wirtschaft fordert den emotionslosen Krieger.

Viele Väter bleiben für ihre Söhne abstrakte Figuren. Sie haben zwar kontrolliert und bestraft, die Rolle gespielt, welche die Frau ihnen zugewiesen hat oder die sie von ihren Eltern übernommen haben, aber sie haben sich nicht in die Karten gucken lassen, waren nicht greifbar, nicht persönlich. Die Psychoanalytikerin Margarete Mitscherlich schrieb in den 70er Jahren: »Zu Hause erlebt man ihn oft als unselbständig, sowohl materiell wie intellektuell, und gleichzeitig als überkritische Instanz, die zu Unrecht Autorität fordert.« Natürlich haben wir Söhne das unbewußt kapiert. Aber es hat uns nur noch mehr verunsichert. Darum haben wir heute eine Welt voller Konkurrenz, sind wir im Dauerkampf, müssen den anderen niedermachen, um selber groß dazustehen.

Da der Vaterarchetyp »Nahrung« braucht, wird es problematisch, wenn ein Junge keine positiven Vaterfiguren hat, um sich mit ihnen zu identifizieren. Macht er grundsätzlich schlechte Erfahrungen mit seinem Vater, wird das innere Bild vom Vater negativ sein. Es wird aber auch negativ, wenn er sich von schlechten Vaterfiguren beeindrucken läßt, von Machtmenschen oder Diktatoren. Wenn solche das innere Vaterbild »nähren«, trägt der Junge in seiner Seele gefährliche Vorbilder für seine Männlichkeit. Die ganze Hitler-Jugend hat großartige Vaterbilder auf ihren Führer projiziert. Gurus können je nach ihrem Charakter das positive oder das negative Vaterbild nähren. Osho, der Guru im indischen Poona, zu dem in den 70er Jahren Tausende junger Europäer gereist waren, sagte seinen Jüngern in weiser Selbsterkenntnis: »Was ihr bei mir sucht, ist der Vater.«

Die Bedeutung des Vaters bei der Ablösung

An der Mutter entdeckt der Junge seine Gefühle, findet heraus, welche er ausdrücken darf und welche nicht. Wenn ein Junge entdeckt, daß er männlich ist, daß er einmal ein Mann sein wird, beginnt er sich von seiner Mutter und allem, was mit ihr verbundenen ist, abzugrenzen. Der Vater wird in diesem Moment sehr wichtig, weil er zeigen kann, daß Zärtlichkeit keine weibliche, sondern eine menschliche Eigenschaft ist. Viele Männer haben Angst vor Berührung unter Männern, weil sie das von ihrem Vater nicht gelernt haben. Vater ist aber auch wichtig, weil die Beziehung von Vater und Mutter für den Jungen Modellcharakter hat, weil er an ihrem Beispiel lernt, wie eine Beziehung zwischen Mann und Frau sein soll.

Wenn der Vater nicht da war und kein positiver Ersatz vorhanden ist, den er idealisieren kann, wird der Junge es schwer haben, eine natürliche Autorität aufzubauen. Er wird entweder ein Weichei, oder er wird zum kleinen Diktator. Oder er wird lebenslanger Rebell, Meuterer und wird dauernd Mühe haben mit Macht, Hierarchien, Strukturen.

Ein Junge, der sich zum Mann entwickelt, muß sich als kleiner Junge mit dem Vater identifizieren können, ihn toll finden, ihn nachahmen können. Etwas später wird der Junge dann mit dem Vater ringen, mit ihm kämpfen, zuerst in der sogenannten ödipalen Phase, wenn er akzeptieren muß, daß der Papa die Mama zur Frau hat, und später bis zum Gehtnichtmehr in der Pubertät. Wichtig ist, daß es nach dem Kämpfen zur Versöhnung kommt. Immer wieder von neuem. Der Junge lernt: Konflikte sind lösbar.

Nun waren unsere Väter aber leider nicht da. Der eine wird zwar sagen, doch, doch, mein Vater war sehr wohl da, nur war er immer im Betrieb oder hat Arbeit nach Hause mitgenommen.

Aber er hat nicht mit dem Sohn geredet, nicht mit ihm gespielt, hat ihm seine Innenwelt nicht gezeigt, seine Gefühle nicht mitgeteilt, seine Ängste, seine Schwächen, seine Gedanken darüber, was ein Mann ist. Und wenn er sich dafür keine Zeit nimmt, dann ist er für den Sohn als Vater nicht da.

Ein abwesender Vater muß nicht körperlich abwesend sein. Es kann auch heißen: in der Arbeit ertrunken, im Geiste bei der Geliebten, erstickt in Sorgen, draußen in seiner Welt. Vielleicht ist er abgespalten von seinen eigenen Gefühlen: Kann sein, er berührt seinen Jungen nicht, weil er fürchtet, ihn weich zu machen, in ihm das schwule Potential zu wecken. All das macht Männer zu abwesenden Vätern.

Wenn diese väterliche Zuneigung, wenn Vaters »Das hast du prima gemacht« fehlt, dann wird der Sohn später nach Anerkennung gieren, nach Lob, wird die anderen immer als Konkurrenten betrachten. Er sucht noch immer den guten Vater, der ihn lobt, ermutigt, auch Grenzen setzt. Der ihm endlich sagt, das hast du toll gemacht.

Der Vater ist der erste Mann, der in unsere Symbiose mit der Mutter eindringt und uns aus dieser Symbiose herauslockt, uns als Vorbild für unsere Männlichkeit dient. Wenn er nicht oder selten da ist, wenn er uns nicht dazu verlockt, die Welt zu erobern, dann läßt er den Buben im Weiblichen zurück. Jedenfalls bleibt dem Jungen dann die Mutter als hauptsächliches Vorbild. Das kann uns zu Softies machen, zu Männern, die ihre weibliche Seite stärker entwickelt haben als ihre männliche. Daher müssen wir aus diesem Dunstkreis des Mütterlichen heraus, um Männer zu werden.

Die Mutter kann den Vater nicht ersetzen, nur er kann dem Sohn zeigen: Guck mal, auch ein Mann kann Gefühle haben und sie zeigen. Auch ein Mann kann körperlich sein, sinnlich, zärtlich. Männer sind etwas Besonderes, etwas anderes als die

Frauen, aber genauso menschlich: mal hart, mal weich, mal lieb, mal bös und berührbar auf allen Ebenen.

Kann der Sohn den Körper des Vaters spüren, ihn riechen, seine Stimme hören, seine Art der Bewegungen, die Gefühle, sogar sein Denken aufnehmen, dann hilft ihm der Vater, sich zu entwickeln, wie es von der Natur gedacht und vorgesehen ist. Nur sind leider viele Väter nicht so.

Der abwesende Vater bewirkt nach Erkenntnissen der Psychoanalyse folgende Symptome: Störung der Geschlechtlichkeit – ohne das Vorbild des Vaters eine wirklich gute Sexualität zu entwickeln ist schwer –, Schwierigkeit mit der Impulskontrolle – das heißt Jähzorn–, Aggressionen ohne Feinabstufung, aber auch Beeinträchtigungen wie Ziellosigkeit oder übermäßige Träumerei.

Wir sind enttäuscht von den Vätern. Sie haben uns verlassen. Doch machen wir es besser mit unseren Söhnen? Leben wir mit ihnen, so wir welche haben, diese Mischung zwischen Kampf und Versöhnung? Oder sind auch wir als Männer nur schemenhaft zu erkennen? Als Träger der Männlichkeit nur schwer zu greifen? Unberührbar?

Parzival II: Schlecht gerüstet für die Vaterwelt

Wie war das mit dem Vater in unserer Geschichte von Parzival? Er war ja ebenfalls abwesend, im Krieg gefallen, aber der Junge ist trotz aller Vorsichtsmaßnahmen der Mutter mit der väterlichen Kraft in Verbindung gekommen. Keine Mutter kann verhindern, daß ihr Junge seine Männlichkeit sucht, dazu besteht ein innerer Drang. Aber es wurde schon erwähnt: Ohne die richtigen Vorbilder wird dies schwierig werden. Parzival muß mit ungünstigsten Voraussetzungen in die Welt der Männer ziehen, ausgerüstet mit Mutters Gaben, daß Gott erbarm: einem klapprigen Gaul und in Narrenkleidern. Wir erinnern uns, sein Name war: guter Sohn, lieber Sohn, schöner Sohn.

Nachdem Parzival den vier Rittern begegnet ist, hat er nur noch ein Ziel: den Hof des großen Königs Artus. König Artus ist eine bedeutende Persönlichkeit, die noch Jahrhunderte später als positives Vaterbild dient. Eigentlich übernimmt sich da der naive Junge, sein Ziel wird er nur schwer erreichen. Aber dieses große Ziel ist nötig, um ihn von seiner Mutter wegzulocken. Einmal unterwegs, draußen im Leben, wird er vielen Vätern begegnen, hellen und dunklen, aber auch Müttern und Frauen, die ihn fördern oder hindern werden auf seinem Weg zum Mann, genau wie im richtigen Leben. Manchmal tun sie beides gleichzeitig. Schon die erstes Begegnung ist von dieser Art. Die Herzogin Sigune, die sich als Cousine mütterlicherseits herausstellt, nennt ihm seinen wahren Namen und klärt ihn über seine Herkunft auf, bringt ihn also ein ganz schönes Stück weiter auf der Suche nach seiner männlichen Identität. Handkehrum bremst sie ihn wieder, sie will ihn, wie die Mutter, vor Gefahren bewahren, indem sie ihm den falschen Weg weist. Was ihr nicht gelingt. Mütter wie Ersatzmütter können ihre Söhne nicht vor schwierigen Erfahrungen behüten. Mit guten Ratschlägen allein ist noch keiner lebenstüchtig geworden.

Parzival, der immer in der mütterlichen Geborgenheit lebte, immer »liebe Menschen« um sich hatte, ist in seiner Naivität »furchtlos-kühn«. Ein Junge, der in der Mutterwelt gelebt hat, kann sich in zwei Richtungen entwickeln: Er kann vor jeder Herausforderung zurückschrecken, oder er kann sie ohne realistische Lagebeurteilung annehmen. Beides führt ihn meist in den Schlamassel. Einfältig handelt er in jedem Fall. So auch Parzival. Vor der Stadt Nantes, in der Artus hofhält, trifft er auf den »Roten Ritter«, den Neffen von König Artus, der seinem Onkel einen Kelch geraubt hat und König Artus und sein Gefolge zum Kampf um den Kelch herausfordert. Parzival soll dem König die Herausforderung melden.

König Artus jammert über den Verlust des Kelches,

»ich muß schon so mit Kummer leben,
ohn alle meine Schuld«,

und Parzival in seiner Einfalt anerbietet sich, den Roten Ritter zu erledigen und den Kelch zurückzubringen – ein Jüngling, rosa im Gesicht und mit Narrenkleidern am Leib. Lächerlich. Er wird keine Chance haben. Artus jedenfalls glaubt nicht an Parzival. Und trotzdem läßt er ihn schließlich gehen.

Eine seltsame Geschichte. Ein Vater – und König Artus ist eine Vaterfigur für Parzival –, der nicht an seinen Sohn glaubt und ihn trotzdem in den Kampf schickt. Sind Väter so?

In gewisser Weise haben die meisten Väter uns Söhne nicht für voll genommen. Sie haben nicht an uns geglaubt. Und wir haben uns von unseren Vätern abschrecken lassen, Kopf und Kragen zu riskieren, weil die meisten von uns nicht die naive Unbekümmertheit Parzivals hatten. Dabei hätten wir Wunder vollbringen können, wenn uns der Vater gesagt hätte: »Du kannst das, du schaffst es.« Statt dessen war unser Vater von sich selber als Held enttäuscht, jammernd wie Artus, »muß mit Kummer leben, ohne alle Schuld«, und glaubte nicht an uns und unsere Heldenkraft. War es nicht so?

Vielleicht hatte unser Vater Angst, daß wir zu erfolgreich würden? Daß der überstarke Sohn den Vater verdrängt? Die Geschichte ist voller Geschichten von Vätern, die ihre Söhne nicht mächtig werden ließen. Der griechische Gott Chronos hat seine Söhne aufgefressen, und er wäre ewig Gott geblieben, hätte Zeus seinen Vater nicht überwältigt, ihm Hoden und Schwanz abgeschnitten und ihn am Ende erschlagen. Manche Väter lassen ihre Söhne nicht groß werden. Die Söhne müssen sich wehren.

Artus nun war leidend, ein Vater, der nicht an seinen Sohn glaubt, ihn aber trotzdem hinausgehen läßt, in Narrenkleidern, in einen aussichtslosen Kampf. Uns selber überschätzend, eilen wir den vorausgesagten Niederlagen entgegen, und unsere Väter sind überzeugt, wir haben keine Chance. Warum tun sie das? Und warum tun wir das? Warum haben die amerikanischen Väter ihre Söhne in den Dschungel von Vietnam geschickt, aus dem 60 000 von ihnen nicht zurückgekommen sind? Schlecht ausgebildet, schlecht vorbereitet, schlecht motiviert, hatten sie keine Chancen, und diejenigen, die zurückkamen, waren traumatisiert, krank. Warum tun Väter so etwas? Und warum lassen sich Söhne schicken?

Wir Söhne wollen unsere Väter heilen. Wir wollen sie heilen, indem wir die Heldentaten vollbringen, die sie nicht vollbracht haben. Irgendwie versuchen wir verzweifelt, das, was unsere Väter schlecht gemacht haben, besser zu machen als sie. Und so versuchen wir eine Männlichkeit aufrechtzuerhalten, wie wir sie vom Vater, von außen auferlegt bekommen haben, angezogen haben wie eine Rüstung anstelle der echten Männlichkeit, die der Vater hätte berühren, hätte wecken müssen, die aber schon er vermißte.

Und mit dieser falschen Männlichkeit gehen wir in den Tod. In Vietnam sind die Söhne für ihre Väter gestorben. In Afghanistan, in Kaschmir, in Israel, in Palästina, überall sterben die Söhne für ihre Väter. Auch wir, die wir nicht in den Krieg ziehen, versuchen, Helden zu sein, um unsere Väter davor zu bewahren, ihr Scheitern, ihre Hilflosigkeit, ihre Schwäche, ihre Verwundbarkeit eingestehen zu müssen. Werden wir von unseren Söhnen dasselbe verlangen?

Die Vaterwunde

Zum Glück gibt es das Glück. Parzival ging vor das Stadttor und forderte den behelmten und gepanzerten Reiter zum Kampf heraus. Aber es waren ungleiche Gegner. Der Rote Ritter stieß den Jungen um,

»stieß ihn mit verkehrtem Schaft
der Held, daß von des Stoßes Kraft
er samt dem Gäulchen, das ihn trug,
sich in den Blumen überschlug. –
Da sprang er (Parzival) voller Zorn empor,
zog seinen Wurfpfeil rasch hervor,
und wo durch Helm und durch Visier
man auslugt aus dem Hersenier (Halsschutz),
da schnitt durchs Aug der Pfeil im Saus
und fuhr zum Nacken ihm heraus,
daß tot der Held zur Erde fiel.«

Junge, Junge, da hatte Parzival unwahrscheinliches Glück mit seinem kleinen Wurfpfeil gegen die Lanze des Roten Ritters. Es scheint, daß viele von uns dieses Glück hatten, als sie in die Welt hinausgingen. Ohne dieses Glück hätte manche Karriere gar nicht erst begonnen.

Und trotzdem. Viele kommen nicht weiter. Es ist wie beim Rennen der Spermien um die Befruchtung des Eis: Alle rennen los, aber nur eines schafft es bis zum Ende. Nur wenige von uns Männern gelangen schließlich in einen Bereich, in dem sie ihre Träume verwirklichen, eine sinnvolle Arbeit machen, ein sinnvolles Leben führen können. Die meisten haben das Gefühl, sie hätten sich unterwegs verirrt. Die allermeisten von uns haben tief drin das Gefühl, es sei etwas schiefgegangen. Selbst wenn sie

Heldentaten vollbracht haben, reich geworden sind, große Stars geworden sind, später fühlen sich viele kaputt, obwohl sie alles haben. Der große Zweifel, die große Leere holt sie ein.

Die meisten von uns haben solch eine Vaterwunde, mehr oder weniger tief geschlagen durch die Abwesenheit unseres Vaters und durch sein Nicht-an-uns-Glauben. Und bei den meisten Männern ist diese Wunde nicht verheilt. Sie schmerzt bei jeder Berührung. Ein Chef, der uns piesackt, ein Konkurrent, der uns über den Tisch zieht, ein Mann, der uns die Frau wegnimmt, immer wieder schrammt da einer über die Wunde, und wir bleiben seltsam untätig dabei, sind zu schüchtern, haben Schlaghemmungen, kein Selbstvertrauen. Wer kennt Situationen im Traum wie die: Geht einer auf uns los, wir möchten ihm die Faust ins Gesicht schlagen, aber die Faust ist so schwer, der Arm kraftlos, kein Strom da, keine Power? Das sind Zeichen, daß unsere Vaterwunde noch nicht verheilt ist. Anstatt uns frei zu wehren, unsere Kraft frei auszuleben, dem Rivalen in die Fresse zu hauen, hassen wir uns selber, empfinden Aggressionen und Wut gegen uns selber, haben Selbstmordphantasien.

Wiederholungszwang nennt die Psychoanalyse das Phänomen, daß wir uns immer wieder in solche Situationen bringen. Immer wieder lassen wir uns von anderen Männern in unserer Vaterwunde berühren. Wir lassen uns auch vom nächsten Chef unter der Knute halten, vom nächsten Konkurrenten übers Ohr hauen, vom nächsten Rivalen demütigen. Und dann sollen uns unsere Frauen trösten, wir möchten zu Mutter kriechen, ein Pflaster bekommen, wir jammern und wollen besänftigt werden. Aber das bringt es nicht. Dem Rivalen in die Fresse hauen ist nicht die Reaktion des phallischen Mannes, es ist die Reaktion des naiven Knaben Parzival, der seine Männlichkeit erst noch erproben muß. Aber um diese Phase kommen wir nicht herum.

Wer Glück hatte mit seinem Vater, konnte seine Hörner in der Pubertät abstoßen. Wir anderen müssen später da hindurch. Wenn unser Vater uns in unserer Männlichkeit nicht genügend geweckt hat, werden wir so lange in Reaktion sein auf ihn und aggressiv oder defensiv auf unsere Vaterwunde reagieren, bis unsere Männlichkeit eine feste Struktur hat.

Was not tut: Wir müssen Gleiches mit Gleichem heilen, wir müssen die Vaterwunde mit Männlichkeit behandeln. Wir müssen in die Kraft hineingehen. Nicht wieder die Opferrolle übernehmen, uns nicht immer und immer wieder die Selbstachtung abkaufen lassen.

Einige kämpfen zwar wie die Löwen, wenn sie in ihrer Vaterwunde berührt werden, wehren ab, schlagen um sich, aber sie sind noch nicht in der Kraft. Sie sind genauso in der Reaktion auf den Vater wie diejenigen, die in die Opferrolle gehen. Der ewige Rebell, der Süchtige, der Jasager, der Neinsager, sie leben nicht das eigene Leben.

Die Vaterwunde zeigt sich selten direkt und offen als Gefühl, daß der Vater fehlt oder gefehlt hat. Die meisten von uns erleben diese Wunde indirekt: Sie verspüren gewisse Sehnsüchte nach Abenteuer oder nach Freiheit, Ausbruchwünsche aus den Zwängen, den Drang zur Suche nach sich selber, nach Vaterfiguren, Idolen, Gurus, Lehrern, Therapeuten. Das Hauptsymptom dieser Wunde aber ist das Gefühl des Verlorenseins, ausgedrückt in Depressionen, Ängsten, in schwankender Selbstachtung. Man kommt irgendwie nicht zurecht im Leben. Manche sind bezüglich ihrer sexuellen Identität verwirrt.

Was tun?

Der erste Schritt ist, diese Wunde zu erkennen. Den Schmerz zu spüren. Wir müssen uns eingestehen, daß da was fehlt. Uns auf die Suche machen nach dem, was fehlt. Der gute Vater? Wenn dem bei uns so ist, bleibt uns nichts anderes übrig, als selber ein gutes Vaterbild in uns aufzubauen. Jammern und dem Vater die Schuld in die Schuhe zu schieben, bringt uns nicht weiter.

Da hilft es, wenn wir in die Phantasie gehen, mit Kopf und Herz und allen Sinnen. Wie soll er zu dir sein? Was könnte er dir geben? Wenn du ihn in deine Arme nimmst, wie riecht er? Wie klingt seine Stimme? Wie spürst du seine Kraft? Wie fühlt es sich an, von ihm geliebt zu werden?

Wenn du das in der Vorstellung hinkriegst, daß dein Vater positiv hinter dir steht, und sein Vater hinter ihm, wenn du also – vielleicht in einem kleinen Ritual – dieses Gefühl in dir bestätigen kannst, einen guten inneren Vater zu haben, dir selber ein guter Vater zu sein, dann fließt heilende Energie in diese Vaterwunde und läßt sie allmählich vernarben.

Allein werden wir es vielleicht nicht schaffen, wir brauchen dazu andere Männer, eine gute Männerfreundschaft, in der wir uns zeigen können, wie wir nun mal sind. Der männliche Raum in einer Freundschaft, die männliche Energie wirken nährend, heilend. Mal mit einem Freund über die Väter reden, über ihre Fehler, aber vor allem auch über den positiven Vater, darüber, wie wir ihn uns wünschten.

Viele Männer haben aber keinen Freund. Sie sagen: Mein bester Freund ist meine Frau. Und sie gehen mit ihrer Vaterwunde zu ihrer Frau. Sie kommen nach Hause, jammern über den Chef, wie kastriert sie sich fühlen, wie impotent, zur Schnecke gemacht... Frauen können uns zwar bedauern, aber das löst unser Problem nicht, für Frauen hat der Vater eine andere Funktion als für uns. Die Vaterwunde muß durch Männer geheilt werden. Beim Bier in der Kneipe können wir einen Anfang machen. Jedenfalls müssen da Männer unter Männern sein. Am besten in einer Freundschaft, in der man sich gegenseitig seine Hilflosigkeit eingestehen kann.

Etwas vom Schlimmsten, was einem Mann passieren kann, ist Hilflosigkeit der Frau gegenüber: Wenn wir ihr nicht gegenübertreten können, wenn wir uns ohnmächtig fühlen gegenüber der Frau, sexuell vielleicht nicht funktionieren, ihr sexuell nicht die Waage halten können, kein befriedigender Liebhaber oder nicht fähig sind, ihr gegenüber unsere Emotionen zuzulassen. Hier meldet sich der fehlende Vater. Er konnte uns nicht zeigen, wie der Mann sich der Frau gegenüber verhält.

Natürlich gehört es zum Menschsein, sich zwischendurch mal hilflos zu fühlen, an seine Grenzen zu kommen. Es geht nicht darum, immer knallhart unser Ding durchzuziehen, cool, rational, einseitig unsere Männlichkeit zu leben. Aber die Hilflosigkeit sollten wir nicht irgend jemandem offenbaren, sondern am besten einem Freund. Bei der Frau, bei der Freundin ist Vorsicht am Platz. Sofort wird der Mann dabei zum kleinen Jungen. Die Frau bekommt Angst, der Mann ist nicht mehr Mann. Klar, Zweifel dürfen sein, auch mal Verzweiflung, aber nicht Hilflosigkeit. Da geht die Achtung der Frau weg und dann auch der Selbstrespekt des Mannes. Die Frauen sind meist bereit, ihren Mann in Krisenzeiten aufzufangen, aber auf die Dauer mögen sie es nicht, Babysitter zu spielen. Als sich Jane Fonda vom CNN-Besitzer und Medien-Milliardär Ted Turner trennte, sagte sie, sie liebe ihren Ted noch immer, aber seine Vorstellung von Partnerschaft sei, daß sie rund um die Uhr für ihn dazusein hätte, und das sei keine Beziehung, sondern Babysitten. Mit der Hilflosigkeit, mit der Vaterwunde sollten wir zum Freund gehen, in den Freundeskreis, in die Männergruppe, Hauptsache

»men only«, und Hauptsache, wir können uns einem andern Mann öffnen.

Ein wunderbares Heilmittel und ein Geschenk des Himmels ist es, wenn wir selber einen Sohn haben oder vielleicht einen Patenjungen, sogar der Enkel hilft uns dabei noch weiter. Hier können wir etwas besser machen, als es der eigene Vater gemacht hat. Dadurch können wir so etwas wie eine Nachreifung in der eigenen Seele bewirken. Durch »richtiges« Bevatern dieser Kinder kann die eigene Wunde vernarben. So lernen wir mit der Zeit, für uns einzustehen, wie wir für unseren Sohn einstehen, wie unser Vater für uns hätte einstehen sollen.

Es ist nun mal so: Wenn der Vater abwesend war, dann müssen wir das, was eigentlich seine Aufgabe gewesen wäre, selber übernehmen. Heilen müssen wir uns selbst. An den eigenen Haaren aus dem Sumpf ziehen, wie es weiland der Lügenbaron von Münchhausen von sich behauptete. Mit dem Unterschied, daß wir das in der Seele wirklich tun können, weil wir dort eigentlich zwei sind: ich, der erwachsene Mann, und der kleine Junge, das innere Kind. Klar können Therapeuten uns helfen, die Wunde bewußtzumachen, anzuschauen, den Schmerz zu spüren, die Folgen zu erkennen. Aber den Umgang damit, die Heilung, bewirken wir am Ende selber. Wir müssen uns selber Vater sein, müssen bei jeder Gelegenheit das gute Vaterbild in uns entwickeln und hervorholen, müssen den kleinen, verletzten Jungen in uns an der Hand nehmen und ihn trösten und sagen: Guck, jetzt bin ich dein Vater, und schau mal, wie groß und stark wir zusammen sind. Oder wir müssen ihm sagen: Guck mal, wir sind jetzt innerlich stark, wir lassen uns nicht mehr über den Tisch ziehen vom Chef, nicht mehr übers Maul fahren von der Frau, nicht mehr in den Sumpf zurückziehen von unserer Lust nach Rausch und Abschalten. Sondern wir packen's. Jetzt. Ich beschütze dich.

Daß wir erst dann ein entspannteres Verhältnis zu unseren Mitmännern entwickeln können, wenn wir in uns ein gutes Vaterbild haben, sollte inzwischen klar geworden sein. Erst dann sind wir nicht mehr so stark dieser Gesellschaft ausgeliefert, die immer mehr fordert, und haben Rückgrat, um uns dem zu widersetzen. Dann hätte es auch mehr Persönlichkeiten unter den Managern, und sie sähen uns »Mitarbeitende« wieder mehr als Menschen denn als Kostenfaktor, den man kaltschnäuzig streichen kann. Wenn geliebte Söhne oben säßen. Wenn …

Aber die guten Väter bilden eine Minderheit. Genauer gesagt, die Väter, die in uns ein gutes Vaterbild entstehen lassen. Solange dies der Fall ist, müssen wir Männer als Erwachsene positive Vaterfiguren in uns wecken, hineinlieben, indem wir uns bemühen, gute Väter zu werden nicht nur für unsere Söhne, sondern auch für uns selber. Indem wir uns innerlich an der Hand nehmen, uns bevatern und so ein Stück unserer Vaterwunde heilen.

Versöhnung

Und unsere realen Väter, von denen wir uns betrogen fühlen? Müssen wir uns mit ihnen versöhnen? Auch wenn sie furchtbar waren? Auch wenn sie uns geschlagen haben, bestraft haben, uns nie haben gewinnen lassen, immer besser sein mußten, uns nie haben zeigen können, daß es noch etwas anderes gibt als Leistung und Erfolg? Auch wenn sie ihre wahren Gefühle vor uns versteckt haben, ihre Versagensängste, ihre Depression, ihre Süchte, ihre Selbstverachtung, ihre Hoffnungslosigkeit und Verzweiflung, ihre riesigen Schuldkomplexe? Müssen wir uns versöhnen mit jemandem, der uns bloß ein hohles Männerbild übergeben hat, mit einem Mann, für den wir uns schämen?

Es geht im Grunde nicht um den Alten dort draußen, wenn hier von Versöhnung die Rede ist, es geht um das Vaterbild und um das innere Männerbild, das der reale Vater in uns hätte erwecken sollen. Wenn wir uns mit dem, was wir mitbekommen haben, nicht versöhnen, dann bleibt da immer dieser Groll, dieser Haß, dieses Gefühl von Mangel oder eben diese Sehnsucht nach dem Vater und die tiefe Trauer, weil er uns fehlte. Eine innere Versöhnung muß stattfinden, sonst fehlt uns die umfassende väterliche Qualität.

Eine Versöhnung kann stattfinden, indem ich zum Beispiel eine innere Vorstellung meines realen Vaters erzeuge und diesen inneren Vater umarme. Ich kann mich auch mit dem realen Vater auf der realen Ebene versöhnen, wenn nicht zuviel Geschirr zerschlagen wurde. Ich kann ihm einen Brief schreiben, vom Herzen aus schreiben, kann ihm die furchtbaren und die wunderbaren Gefühle beschreiben, die mich überkommen, wenn ich an ihn denke. Ob ich den Brief am Ende abschicke oder nicht, ist nicht so wichtig, Hauptsache, ich biete meinem inneren Vater diese Versöhnung an.

Sollen wir unserem realen Vater alles einfach verzeihen? Nun: Wir reden hier von Fehlern in der Vergangenheit. Wie lange wollen wir diese Vorwürfe noch mit uns herumschleppen? Rachsüchtig sein? Beleidigt sein? Sehnsüchtig seinen Segen erhoffen, seine Anerkennung? Wir sind erwachsene Männer und können uns das heute selber geben. Natürlich sollen wir seine Fehler sehen, aber auch seine positiven Seiten, und sehen, daß auch er einen Vater gehabt hat und sich vielleicht einen besseren gewünscht hätte. Es ist nun Zeit, die Vorwürfe, das Beleidigtsein aufzugeben.

Sicher wäre es schön, unser Vater wäre wie Odysseus. Auch Odysseus war ein abwesender Vater, war auf Abenteuerfahrt statt bei Frau und Kindern, und sein Sohn Telemachos war heillos überfordert damit, seine Mutter und den Hof vor den anstehenden Freiern zu schützen. Aber als Odysseus nach langen Irrungen endlich doch noch nach Hause kam, stellte er sich vor seinen Sohn hin und sagte: »Ich bin der Vater, den deine Jugend vermißte und der dir Schmerz zufügte.« Worauf sich Telemachos schluchzend in seine Arme warf.

Aber wenn Odysseus auch nicht unser Vater ist, können wir doch unseren Vater zu Odysseus machen: Stell dir vor, dein Vater kommt zu dir und entschuldigt sich. Und du weinst und umarmst ihn. Stell es dir vor! Stell es dir vor, auch wenn's zunächst verdammt weh tut!

Die alten griechischen Helden- und Göttergestalten sind seelische Bilder, archetypische Bilder, sie enthalten seelische Wahrheiten, die uns nähren können, wenn wir Kontakt mit ihnen aufnehmen. Zeus ist zuständig für die phallische Kraft und ist als Göttervater auch ein Vaterbild. Ares steht für die Aggression, Dionysos für die Ekstase, Apoll für das klare analytische Denken, Pan für die Geilheit. Die Griechen stellten sich diese psychischen Energiefelder als Götter vor, um sie dann benennen zu können, um so im Gebet auch Macht über sie zu bekommen. Viele Völker haben ihr Gefühl des Verlassenseins auf diesem Planeten mit der Produktion von Götterbildern aufgefüllt. Das ist ein legitimes Vorgehen, das seelisch sehr wirksam ist. Wir können dieses Vorgehen auch ganz für uns allein anwenden. Reden wir von nun an mit unserem idealen Vater, machen wir uns ein Bild von ihm. Wir sollten den idealen Vater beklagen als einen, der nicht da war. Und dem realen Vater sollten wir zumindest in unserer Seele vergeben, indem wir seine Vergangenheit erforschen und sein Leiden, seine Einsamkeit zu verstehen versuchen.

Wir müssen uns fragen, was wir noch von ihm erwarten; dabei finden wir vielleicht heraus, daß unsere Wünsche und Erwartungen die Fähigkeiten eines Vaters aus Fleisch und Blut bei weitem übersteigen. Und wir werden den Mythos des idealen Vaters nicht länger auf unseren realen Vater übertragen, nicht länger unerfüllbare Erwartungen an ihn haben. Wir werden mit dem ewigen Klagen und Leiden aufräumen und mannhaft den Schmerz und die Einsamkeit spüren und zulassen.

Das versöhnt uns mit unserem Vater. Und wir können diesen vermißten Vater plötzlich auch positiv sehen. Okay, er hat viel Scheiße gebaut, aber auch er ist von seinem eigenen Vater mit großen Hypotheken bezüglich Männlichkeit ins Leben geschickt worden, und der wiederum von seinem Vater. Und ich brauch' es ihm ja nicht gleichzutun, nicht mir gegenüber, nicht meinem Sohn gegenüber. Ich kann jetzt die positive Seite meines Vaters leben. Ich bin mir selber Vater genug.

Da war zum Beispiel in einer Männergruppe Joe dabei. Ein gutaussehender junger Mann. Er beklagte sich darüber, daß sein Vater abgehauen war, er war früh verstorben. Beim Reden in der Gruppe, beim Erzählen über die Väter begann Joe zu weinen. Zum Thema Vater gibt es für Männergruppen eine wunderbare Übung. Einer der Männer legt sich auf den Bauch, ein anderer setzt sich ihm auf den Hintern und drückt ihn mit den Händen auf den Schultern zu Boden. Er spielt den Vater, den negativen Vater, den Unterdrücker.

Joe nun legte sich auf den Boden. Ein 90-Kilo-Mann setzte sich auf ihn drauf, und Joe mußte versuchen, den schweren Koloß abzuschütteln. Er merkte schnell, wie ohnmächtig er war. Wenn wir ohnmächtig sind, werden wir wütend. Ohnmacht und Wut, die wir nicht in Aktion

umsetzen können, sind im Solarplexus gespeichert, dem Energiezentrum oberhalb des Bauchnabels. Nun begannen die andern Männer, Joe anzufeuern, er solle seine Wut hervorholen, solle seine Kraft hervorbringen, und Joe konzentrierte sich auf den Solarplexus und befreite seine Wut, holte sie ins Herz, und es dauerte ein paar Sekunden, da war der Unterdrücker in hohem Bogen abgeworfen.

Nach solch einem Abwurf stellt sich der Sohn von Angesicht zu Angesicht vor den Vater, und in diesem Blick muß der Junge einen Satz suchen, der sich nun im Herzen breitmacht. Joe sagte: »Hier stehe ich als Mann.«

Am Ende der Vaterübung setzt sich die Gruppe im Kreis nieder, und jeder stellt sich vor, rechts neben ihm sitze der positive, ideale Vater, und sie spüren seine Wärme und seine Körperlichkeit, und sie legen ihre Hand auf das Knie des Mannes auf der linken Seite. So entsteht ein Kreis von Söhnen und Vätern, und jeder ist zugleich Sohn und zugleich Vater, und jeder spürt diese positive Kraft des Vaters, die er sich immer gewünscht hat: die Anerkennung, die heilende Hand und vor allem den Segen. Und jeder spürt, daß er Teil ist einer unendlichen Reihe von Ahnen, der großen Kette des Seins. Joe wurde in diesem Moment, so schrieb er später, von einer Vision überrascht. »Ich fühlte einen kühl-warmen Energiestrom durch mich hindurchlaufen, und plötzlich sah ich die Augen meines Vaters vor mir. Sie waren sehr ausdrucksstark, kräftig, freundlich und badeten mich in einem herrlichen Licht. Erst jetzt wurde ich geboren. Diesmal als Mann.«

Wenn der Schwanz wichtig wird: Auf der Suche nach der männlichen Identität

Vielleicht sollten wir nochmals ein wenig die Erkenntnisse der Wissenschaft zu Rate ziehen, um zu sehen, was mit uns Männern auf dem Weg zur Männlichkeit so alles passiert.

In der Psychoanalyse nennt man die Zeit zwischen etwa dem 5. Lebensjahr und der Pubertät »Latenzzeit«: Der Junge scheint in dieser Zeit weniger am Thema Sexualität interessiert als vorher. Leistungen werden wichtig für ihn, er will zeigen, was er kann. Sexualtabus werden jetzt etabliert. Sie hängen vor allem mit dem gestörten Verhältnis hiesiger Eltern zur Masturbation zusammen. Man hat beobachtet, daß in anderen Kulturen Eltern diese Vorbehalte nicht kennen.

Die Latenzzeit ist eine Übergangszeit, eine scheinbare Ruhephase nach den unschuldig-lustvollen Stürmen der frühen Kindheit. Kleine Kinder erleben Lust am ganzen Körper. Damit die Jungen loskommen von der Mutter, ist es wichtig, daß sie sich auf ihren Schwanz konzentrieren, das ist es, was sie von außen gesehen hauptsächlich zum Mann macht.

In der Latenzphase hatten die meisten von uns viele homoerotische Erlebnisse und noch mehr Phantasien über das andere Geschlecht, von dem wir aber tüchtig Distanz hielten. Gleichgeschlechtliche Freundschaften gewannen enorm an Bedeutung;

nicht selten knisterten sie vor erotischer Spannung. Das kann unter Gleichaltrigen den Weg frei machen zu sexuellen Experimenten. Sexuelle Spiele unter Jungen finden fast ausschließlich in freundschaftlichen Beziehungen statt, denn es braucht Vertrauen dazu. Solche Spiele werden nicht nur erschwert durch die Angst, der andere könne einen »Größeren« haben, man könnte beim Vergleich gedemütigt werden. Erotische Annäherungen werden vor allem erschwert durch das Tabu der Homoerotik, der Angst, schwul zu sein. Daher sind ihre erotischen Erfahrungen oft aggressiv eingefärbt. »Eiergrapschen« heißt das unter Jungen. Auch Erektionen sind bei spielerischen Raufereien keine Seltenheit.

Jungen versus Mädchen

In der Latenzzeit zeigen Jungen Mädchen gegenüber ein ausgesprochen abwehrendes Verhalten. Sie ziehen einen zunehmend tieferen Graben zwischen sich und den »Weibern«. Und wehe demjenigen, der diesen Graben nicht respektiert und mit dem anderen Geschlecht Umgang hat. Jungen benötigen die Geschlechtertrennung viel stärker als Mädchen, weil sie sich von der Mutter und vom Weiblichen allgemein abgrenzen müssen, um ihre männliche Identität zu entwickeln. Das Zusammensein mit anderen Jungen bestärkt die männliche Identität, während die Mädchen sie bedrohen.

Für Jungen in diesem Alter ist Nähe immer irgendwie schwul, aufregend und vor allem irritierend. Daher wird ein Junge die Nähe eines Mädchens erst zulassen können, wenn er sich in seiner Männlichkeit sicherer fühlt. Jungen sind im Grundschulalter kaum in der Lage, sich liebevoll und einfühlsam oder gar in erotischer Weise einem weiblichen Wesen zu nähern. Ein Großteil der Sechs- bis Zehnjährigen hat wenige oder gar keine Kontakte mit dem anderen Geschlecht, es sei denn mit Geschwistern. Nur etwa ein Fünftel hat im Alter von zehn Jahren relativ häufige Kontakte über die Geschlechtergrenzen hinweg. Trotzdem: Fragt man Erwachsene, ob es eine Liebelei in ihrem Grundschulalter gegeben habe, verklärt sich ihr Blick. Sie erinnern sich an Liebesbriefe und Händchenhalten. Aber sie spielten Verliebtsein mehr, als daß sie es tatsächlich empfanden. Quatsch machen, sich necken, sich ärgern standen im Vordergrund. Trotzdem stecken die Kinder in diesem Alter voller Sehnsucht.

Es gibt deutliche Unterschiede im Verhalten von Jungen und Mädchen in diesem Alter: Jungen spielen eher an öffentlichen Orten, draußen, kontrollieren größere Räume, entfernen sich weiter, spielen in größeren Gruppen, ihr Spiel ist rauher, sie haben mehr – meist groben – Körperkontakt, raufen und toben. Der Übergang zum aggressiven Verhalten ist fließend. Hackordnungen werden erkämpft, Dominanz und Konkurrenz – »typisch männliche« Eigenschaften – sind wichtig. Themen, die sie für weiblich halten, werden vermieden: Gefühle, Zärtlichkeit, Beziehungen. In der Schule profilieren sich die Jungen gerne als Störenfriede.

Allein traut sich der Junge in der Latenz wenig zu, alles geschieht aus der Gruppe heraus. Je geringer das männliche Selbstbewußtsein in einer Jungengruppe ist, desto stärker wird sie die Mädchen herabsetzen und sich ihnen gegenüber aggressiv verhalten. Meinungsführer reiten oft aggressive Attacken mit sexistischen Parolen. Der Junge muß sich als richtiger und überlegener Kerl beweisen. In der Jungenclique ist derjenige angesehen, der laut, durchsetzungsfähig, egoistisch, faul, frech, schmutzig und mutig ist.

Die Peergroup

In der Latenzzeit nimmt die Sozialisierung eine wichtige Stelle ein, sie bedeutet einen weiteren Schritt weg von der Mutter, auch einen Schritt weg von der Familie. Früher gab es die Großfamilie, in der die Jungen Erfahrungen außerhalb der engeren Familie machen konnten, ohne gleich den großen Schritt in die Fremde zu tun. Bis zum Beginn der Neuzeit bestanden die »Peers«, die Freunde und Kollegen, aus den Geschwistern, verwandten Kindern, Nachbarskindern. Heute werden schon die Kleinkinder mit fremden Gleichaltrigen zusammengebracht, Spielgruppen, Kindergarten- und Schulklassen sind altershomogen, meist auch die Cliquen. Das bedeutete, daß das Lernen und Nachahmen durch den Kontakt mit älteren Kindern weniger häufig stattfindet.

Die Peergroups, die Cliquen, sind in der Latenzzeit meist getrennt: Es gibt Jungencliquen und Mädchencliquen. Sie spielen eine enorm wichtige Rolle bei der Entwicklung der Persönlichkeit. Wichtige Verhaltensmöglichkeiten wie Solidarität und Abgrenzen werden geübt, wobei Solidarität und Loyalität zu den Cliquenmitgliedern oberstes Gebot ist. Abgrenzung wird vor allem gegenüber den Eltern eingeübt.

Die Peergroup hat hauptsächlich drei Funktionen: Sie gibt dem Jungen einen eigenen Status im Kontrast zu den Eltern und der Erwachsenenwelt. Sie dient dem Heraustreten aus der von der Mutter dominierten Familie, der Junge lernt andere Menschen, andere Normen, Werte, Weltanschauungen und Verhaltensweisen kennen. Und sie stellt drittens ein Feld dar für das Einüben männlichen Verhaltens, für den Umgang mit Konflikten und das Ausprobieren von Kommunikation. Hier leben Jungen auch aggressives Verhalten aus, sie müssen sich beweisen. Sie üben sich in männlichen Umgangsformen, den Stereotypen männlichen Verhaltens in unserer patriarchalen Gesellschaft. Das Pendel muß weit ausschlagen zum männlichen Pol, damit der Junge die Anziehung der mütterlichen Welt überwinden kann.

Gleichzeitig lernen die Jungen aber auch von männlichen Erwachsenen, indem sie sich mit gewissen Männerbildern identifizieren. Das kann ein guter Lehrer sein, ein Trainer im Sportclub, Schauspieler einer Fernsehserie. Der Junge lernt verschiedenste Möglichkeiten des Mannseins kennen. Für vaterlose Jungen und solche, die sich mit ihren Vätern nicht identifizieren konnten, ist die Latenzzeit eine große Chance, diesbezüglich etwas nachzuholen – wenn sie das Glück haben, in eine gute Clique zu geraten.

Identitätssuche

Die Latenzzeit ist geprägt durch Unsicherheit. In der Tiefe ihres Wesens spüren die Jungen, wie sie anfangen, sich zu verändern, daß sie Mann werden. Und gleichzeitig wissen sie nicht, wie dies vor sich gehen wird. Der Kontakt zu den Eltern wird häufig schwieriger, besonders zur Mutter. Der Junge muß sich ständig von ihr abgrenzen. Der Angst, von ihr zurückgehalten zu werden, steht die Angst gegenüber, sie könnte ihn verlassen oder ausstoßen, wenn er sich von ihr abgrenzt. Und der Vater, der in dieser Zeit so wichtig wäre für den Jungen, ist bekanntlich nicht da.

Ihre männliche Identität zu entwickeln und zu festigen, heißt für viele Jungen, daß sie mit immer weniger Zärtlichkeit auskommen müssen – sie dürfen sie ja auch nicht wollen –, und sie müssen den Kontakt zu inneren Gefühlen wie Angst, Trauer, Rührung und Schmerz verlieren. Anderes wird gewonnen: Beziehungen außerhalb der Familie, Autonomie, Selbstbestätigung.

Der erste Schuß und das Onanieren

Wie's beginnt

Wer erinnert sich noch an seinen ersten Schuß? Bei den meisten Jungen ist der erste Schuß eine sogenannte Pollution, eine unwillkürliche Samenentleerung: Der Samen geht im Schlaf ab. Die Pollution braucht nicht mit Sex, Lust und Erektion zusammenzugehen. Man erkennt sie an den eingetrockneten Flecken am Morgen.

Eigentlich schade. Der erste Schuß kommt über Nacht, und danach bist du ein Mann. Onaniert hast du ja früher schon, aber jetzt hat das eine andere Qualität. Jetzt kommt etwas. Und mit der Ladung, die da kommt, ändert sich die Empfindung.

Sexualwissenschaftler sagen, die Jungen hätten vorher schon Orgasmen, sogar oft hintereinander, aber jetzt kommt das Ejakulat dazu und nach dem Orgasmus eine gewisse Müdigkeit. So zwischen elf und zwölf Jahren findet das statt, bedeutend früher als noch vor hundert Jahren, damals geschah es um das 17. Lebensjahr. Bei Mädchen kommt die Menarche, die erste Blutung, etwa ein halbes Jahr bis eineinhalb Jahre früher. Bessere Ernährung, größeres Körperbewußtsein und allüberall die Konfrontation mit der Sexualität in den Medien scheinen das zu bewirken.

Was beim Jungen den ersten Samenerguß auslöst, weiß man im Grunde noch immer nicht. Körpergewicht? Hirnreife? Der Hypothalamus, ein Teil des Stammhirns, erteilt eines Tages den Befehl an die Hoden, und die fangen an, massenweise Testosteron zu produzieren. Dann beginnt der große Wandel. Der Sextrieb kommt, die Aggressivität, die Pubertät scheint auf am Horizont.

Der Testosteronausstoß wird um das Dreißigfache erhöht. Du glaubst durchzudrehen, dauernd denkst du an Sex. Noch eben warst du eines dieser seltsamen Wesen, nicht Frau, nicht Mann, sondern nur großartig, und nun, über Nacht, wirst du zu einem Werwolf, vom Sex besessen, und du beginnst zu stinken wie der Teufel.

Die Hoden werden größer, der Schwanz wächst, Achsel- und Schamhaare sprießen, die Stimme bricht. Schon das alles kann erschrecken, aber dann kommt noch dieses erstaunliche Wachstum hinzu. Zuerst die Hände und die Füße, dann die Arme und Beine, dann der Rumpf. Man fühlt sich linkisch, es ist dermaßen peinlich, so groß zu sein.

Hast du schon mal?

Die wenigsten Männer können sich an den ersten Schuß erinnern. Es gab Gespräche unter Freunden, hast du schon mal, hat der schon? Bei den Filipinos gibt es das kleine Ritual, daß Jungen ihren ersten Schuß in die Hand wichsen und dann den Freunden zeigen. Ein unheimlich stolzer Moment, der gebührend gefeiert wird.

Wenn ein Mädchen seine erste Blutung hat, wird das bei den meisten Urvölkern gefeiert als Zeichen dafür, daß sie jetzt Frau ist. Es gibt ein Fest, die Mädchen werden durch die Frauen in der Sexualität unterwiesen, für die Mädchen ist das der Anschluß an die Frauenwelt.

Für uns Jungs war das anders. Der Samenerguß ist nicht etwas Regelmäßiges, geheimnisvoll nach dem Mondrhythmus Erscheinendes wie die Menstruation, der Samenerguß ist herstellbar. Der erste Erguß hat keine solche Wichtigkeit wie die erste Regel der Frau. Das Mädchen kann von nun an schwanger werden, der erste Schuß ist meist noch nicht bewußt verbunden mit Zeugungsfähigkeit.

Der erste Schuß kann erschrecken – jetzt muß ich Mann werden. Peter Pan, der ewige Junge, sagte, das Schlimmste, was ihm passieren könne, sei, erwachsen zu werden.

Für die meisten Jungs wird es so sein, daß sie denken, hoppla, jetzt werde ich erwachsen. Mütter sagen in solchen Momenten angesichts der eingetrockneten Flecken vielleicht: »Bring mir keine Kinder nach Hause.« Aber die meisten Mütter verdrängen das. Ist ja auch peinlich. Das Inzesttabu wird aktiviert.

In dieser Zeit will der Junge nichts mehr wissen von den Eltern, mit Vater hat er nur Streit, von Mutter läßt er sich nichts sagen, will nichts mit ihr zu tun haben, schon gar nicht mehr mit ihrer Zärtlichkeit, Intimität und Nähe. Die Jungen verschließen sich total, geben nichts mehr preis von ihrem Innenleben und machen das Maul nicht auf. Sie sind einer Zerreißprobe ausgesetzt, müssen einen Aufstand machen gegen ihre Sehnsucht nach Geborgenheit an Mutters Rockzipfel.

Dafür beginnen manche in dieser Zeit fast suchtmäßig zu onanieren. Sie onanieren im Freundeskreis, veranstalten Wettwichsen, wer zuerst kommt. Es finden auch Wettpissen statt, Hochpissen, Weitpissen, alles ganz normal.

In dieser Zeit schütten die Hoden fünf- bis siebenmal pro Tag gewaltige Mengen an Testosteron aus, man hat spontane Erektionen, im Schwimmbad, beim Turnen, dauernd dieser unangenehme Trieb, es bleibt einem nichts anderes übrig als Wichsen. Das Emotionale entgleist total, der Körper geht auseinander, du bist dauernd geil, alles schreit nach Sex, alles erinnert dich an Sex. In diesem Aufruhr muß man den Helden spielen, man muß das ja alles unter Kontrolle kriegen, cool sein, und gleichzeitig brodelt ein Vulkan in einem.

Bei jeder Gelegenheit wird man rot. Wie das kontrollieren? Man ist völlig geil, so geil, daß man im Versandkatalog die Seiten mit der Unterwäsche sucht, die Illustrierten nach Fleisch durchforstet, am Kiosk Pornohefte klaut. Die Jungs heute gehen tüchtig ins Internet. Das Problem dabei ist: Da schleifen sich verhängnisvolle Mechanismen ein.

Wie war das bei dir? Da hattest du vielleicht eine Traumfrau in der Klasse, die sich aber nach älteren Jungen umdrehte. Du hast sie nicht gekriegt, also hast du sie in der Phantasie genau so gemacht, wie du sie haben wolltest, du hast sie nuttig gemacht, du hast sie zum Sexualobjekt gemacht.

Eine Frau als Subjekt wäre ein Gegenüber, eine Partnerin, die reagiert, ja sagt, nein sagt, die von sich aus etwas einbringt. Eine Frau als Objekt behandelst du wie einen Gegenstand. In der Phantasie kannst du mit ihr machen, was du willst. Nur, die Frauen sind in der Realität nicht so, nicht mal die Nutten sind so.

In der Phantasie ist die Frau jederzeit bereit, sie sagt dir schmutzige Sachen, »Gib's mir!«, »Fick mich!«, du kommst sehr schnell auf die höchste Geilheit, dampfig, schweißig, dreckig. Je dreckiger die Phantasie, um so geiler ist sie. In der Phantasie versagst du nie, und die Mädchen stellen nie Ansprüche. – Was ist das Problem dabei? Du lernst die falschen Dinge.

Onanieunterricht

Wir lernen den Umgang mit unserer Sexualität, die sexuelle Reaktion, über das Masturbieren. Wir lernen: möglichst schnell, möglichst still und ohne Atem zum Orgasmus zu kommen. Na klar, wenn dein Bruder im selben Zimmer schläft oder die Schwester im Zimmer nebenan, wenn sonst jemand in der Wohnung ist, machst du keinen Piep beim Wichsen. Und das schleicht sich ein: möglichst schnell, möglichst leise, und so machst du es dann mit den Mädchen.

In der Sexualtherapie wird das Masturbieren als Hauptvehikel aufgebaut, um den Sex richtig zu lernen. Männer, die zu früh kommen beim Sex (Ejaculatio praecox), lernen ihre Masturbation bewußt als Training einzusetzen. »Stop and go« heißt die Methode: Du onanierst bis nahe an den Höhepunkt, an den Punkt ohne Wiederkehr heran.

Die meisten Männer sind sich in diesem Bereich hoher Erregung nicht genau bewußt, was sie empfinden. Dieser Punkt ohne Wiederkehr liegt im Nebel, sie merken zu spät, wann sie ihn erreichen. Wenn du ein guter Liebhaber werden willst für dich und deine Partnerin, dann spiele mit diesem Ding, übe das Lieben ein, onaniere und lerne dabei diesen Punkt kennen.

Erkenne die Ankündigung dieses Punktes: die höchste Aufladung, die starke Erektion, die Eichel dunkelblau glänzend, der Hodensack schrumpfig und an den Körper herangezogen. Kurz bevor dieses Pulsieren kommt, da mußt du lernen, bewußt zu werden – oops, aufpassen, jetzt aufhören! Aufhören und entspannen.

Die meisten verspannen sich beim Onanieren mit steigender Erregung: Bauch, Oberschenkel, Hintern werden angespannt. Aber jetzt, vor dem Punkt ohne Wiederkehr, mußt du dich entspannen, einen tiefen Atemzug tun, die Augen aufmachen und aus der Phantasie, aus der Empfindung aussteigen.

Die hohe Schule besteht darin, in diesem Moment den Beckenboden anzuspannen. Der Beckenboden besteht aus den Muskeln, die den Rumpf abschließen, sie

liegen wie eine Hängematte zwischen Steißbein, Schambein und den Sitzbeinen. Jetzt besteht also die Kunst darin, beim Aufhören diesen Beckenboden anzuspannen, den Anus wie einzuziehen und mit einem tiefen Atemzug die Erregung vom Schwanz ins Herz hinaufzuziehen. Das ist ein ganz spezieller Genuß, wenn einem das mit der Zeit gelingt. Wenn die Erregung ins Herz kommt, wird aus der Geilheit ein Fühlen von Freude, ein Jauchzen oder eine Trauer oder diese Sehnsucht nach Liebe und Verschmelzung.

Jetzt haben wir diese Energie im Herzen, und wir haben noch nicht gespritzt. Jetzt wird der Eros abklingen, weil die Aufmerksamkeit ins Herz gegangen ist, weg vom Schwanz, wo nicht mehr gerubbelt wird. Jetzt können wir wieder von vorne beginnen, können die Erregung immer und immer wieder aufbauen, im Grunde endlos, solange wir die Energie jeweils kurz vor dem Höhepunkt mit einem Atemzug ins Herz hinaufholen, in diesen Teil, der bei uns Männern beim Sex leider meist zu wenig aufgeladen wird. Beim Onanieren kann man dieses Verhalten wunderbar trainieren.

Im Grunde müßten die älteren Männer den Jungen in dieser Zeit, in der sie erste Erfahrungen sammeln, Unterricht geben. Sie in die Sexualität einweihen und ihnen zum Beispiel sagen, daß es nicht darum geht, so schnell wie möglich zu kommen, sondern darum, so lange wie möglich und so entspannt wie möglich zu genießen.

Viele Jungs onanieren mit sehr hartem Griff auf den Schwanz, packen sich sehr hart an und überreizen dabei ihr Glied. Und später empfinden sie bei der Frau nicht den gewohnten Druck, sie haben dann das Gefühl, ihr Schwanz sei zu klein für die Vagina. Oder, wenn die Frau geboren hat und die Spannkraft in ihrem Beckenboden nicht mehr so stark ist, dann fühlt sich der Mann nicht gut gehalten im Vergleich zu seiner Faust. Er hat sich die Sensibilität abtrainiert.

Manche Jungs onanieren, indem sie die Beine überkreuzen und die Schenkel zusammenpressen, um damit mehr Spannung in den Beckenboden zu bringen. Auch das ist kontraproduktiv. Beim Liebemachen ist man in einer ganz anderen Position, bei der diese Spannung nicht aufgebaut wird. Kann sein, daß sie dann beim Liebemachen etwas Grundsätzliches vermissen.

Aber das Prägendste am unbewußten Onanieren sind die Phantasien. Sie liegen meist im Dunkeln, in einem abgewerteten, geilen, schmutzigen Bereich, in dem das Gegenüber zum Objekt degradiert ist. Viele Männer übertragen solche Phantasien auf den Sex mit der Frau. Wer aber ein guter Liebhaber werden möchte, sollte lernen, seine Phantasien beim Onanieren loszulassen. Er sollte sich auf die Empfindungen konzentrieren, im ganzen Körper, nicht nur im Schwanz. Er sollte sich in Fahrt bringen, sich bewegen, dehnen, atmen, stöhnen, den ganzen Körper aufladen, die Energie in den ganzen Körper verteilen. Dann braucht es gar keine Phantasie.

Während die eine Hand am Schwanz ist, soll die andere die Passage Sex-Bauch-Herz streicheln. Dann wird der Sex anders, als die meisten Männer erzählen und erleben, dann wird der Orgasmus nicht nur im Schwanz stattfinden, es wird nicht mehr dieses Rubbel-rubbel-schnell-schnell-Onanieren sein, wie es sich die meisten schon als Jungen beigebracht haben. Auch wir Männer können nämlich sehr lange in einer hohen, entspannten Erregung dahinfließen, jede Zelle unseres Körpers dabei aufladen und dabei die Geilheit in wunderbare Lebensenergie verwandeln.

Aufklärung

Wenn der erste Schuß da ist, folgen oft die peinlichen Versuche der Eltern, den Sohnemann aufzuklären. »Du, hör mal«, sagt der Vater. Ein heikler Moment. Aus einem bestimmten Grund: Der Sohn ist jetzt – zumindest grundsätzlich – ebenfalls zeugungsfähig und somit klar ein Konkurrent. Tief im Unbewußten möchte der Vater jetzt seinen Sohn kastrieren, sagt die Psychoanalyse. Tja, zumindest berühren wir hier ein großes Schweigethema.

Welcher Vater hat seinen Sohn in diesem bedeutenden Moment als Mit-Mann, Mit-Glied im Kreis der Männer anerkennen können? Hier hat unsere Kultur etwas verloren, was die sogenannt primitiven Kulturen noch immer haben: die Initiation. Ein Ritual, in dem andere Männer, die Ältesten der Gemeinschaft, in dieses gespannte Verhältnis Vater-Sohn eingreifen, den Sohn herausnehmen und ihm einen Platz in der Männerrunde anbieten.

In diesen Kulturen denkt man, ein Junge, der nicht initiiert ist, der weiß gar nichts mit einer Frau anzufangen. Er fällt entweder ins Aggressive, schlägt sie, quält sie, vergewaltigt sie, oder er fällt ins regressive Element, er macht sie zu seiner Mutter.

In unserer Kultur fehlt diese Initiation, der sogenannte Mannhaftigkeitsritus. Das Thema Sex wird nicht auf den Tisch gebracht. Husch, husch wird vom Vater oder von der Mutter ein Aufklärungsbüchlein hinübergeschoben zum Sohn, wenn überhaupt. Neuerdings macht das die Schule, aber rein theoretisch, weit weg von den Empfindungen, überdeckt von Technik. Es wäre schon toll, wenn die Väter darüber reden könnten, wenn sie nicht so verklemmt wären, wenn sie wenigstens erzählen könnten, wie es ihnen ergangen ist, was schwierig war damals, was sie sich gewünscht hätten. Die meisten labern aber darum herum, anstatt von sich zu erzählen. Stellt sich noch die Frage, ob der Sohn das überhaupt hören will. Vielleicht ist es nicht der richtige Zeitpunkt, vielleicht ist es kein Moment gegenseitigen Vertrauens.

Wichsen verboten!

Wichsen, so der allgemeine Tenor, ist fast das Schlimmste, was es gibt, es ist eins der stärksten Tabus, die wir noch haben. Obwohl Millionen Männer jeden Abend beim Porno oder unter der Decke onanieren. Im Fernsehen, im Film wird alles gezeigt, was es an Sex gibt, aber onaniert wird nie. Die eine Szene in »American Beauty«, wo sich der Vater in der Dusche hinter dem Plastikvorhang undeutlich einen runterholt, geht schon fast über die Grenze. Onanie wird noch immer als unreife Sexualität hingestellt. Dabei ist das Onanieren ein eigenständiger sexueller Ausdruck und ein eigenständiges sexuelles Erleben neben dem Sex mit einem Partner.

Alfred Kinsey hatte in den 60er Jahren Paare getrennt über ihre sexuellen Praktiken befragt. Neunzig Prozent der Männer gaben an, daß sie regelmäßig onanierten. Nur acht Prozent von ihnen glaubten aber, daß auch ihre Frauen onanierten, und nur ein Drittel der befragten Frauen glaubte, daß auch ihr Mann onanierte. Bei den Frauen lagen die Onanie-Werte etwas tiefer, sie haben aber inzwischen stark aufgeholt. Okay, das war in den 60ern. Ist es heute anders? Keinesfalls. Alle onanieren, und niemand redet darüber. Und schon gar niemand zeigt seinem Partner, wie er onaniert. Dabei wäre das eine wunderbare Spiel- und Lernmöglichkeit für Paare, zu sehen, wie sich der andere berührt, was ihm Lust bereitet, was er besonders gern hat.

Alles, was mit Onanie zu tun hat, ist mit Scham verbunden, so wurden wir erzogen. Das Wort »Masturbation« kommt vom lateinischen manus, Hand, und stuprare, schänden, entehren. Masturbation ist also eine Unzucht mit der Hand. Das Wort »Onanie« ist aus einer Geschichte in der Bibel abgeleitet, die nichts mit Masturbation zu tun hat. Onan sollte, so wie die Tradition es verlangte, die Frau des verstorbenen Bruders schwängern, die schöne Tamar. Offenbar hat er sie gebumst, hat aber – Coitus interruptus – den Samen auf den Boden fließen lassen, weil er sie nicht schwängern wollte. Gott soll über diese Sünde des Onan mächtig sauer gewesen sein. Noch heute dient die Sexualität in der katholischen Sexuallehre dem Zeugen von Kindern innerhalb der Ehe. Zu nichts anderem. Schon gar nicht zum Schwelgen im Genuß.

Onanie als Sucht

Fünf- bis siebenmal wird, wie schon erwähnt, der noch androgyne, aber pubertierende Körper mit Hormonen überflutet, der Junge wird überfordert von diesem Übermaß an Energie. Manche Jungs wichsen in dieser Zeit derart, daß ihnen die Schwengel fast abfallen. Sie machen ihn wund, weil sie ihn so oft rubbeln. Es geht dabei nicht mehr um Lust, sondern um innere Spannungen, um Aggressionen, die manche durch krampfhaftes Onanieren abzubauen suchen. Nur, die Entspannung hält nicht lange an.

Philip Roth gibt in seinem Buch »Portnoys Beschwerden« ein plastisches Beispiel: »Während einer Landpartie schnitt ich aus einem Apfel das Kerngehäuse heraus, sah zu meinem Erstaunen, wie er aussah, und rannte fort, in den Wald, um mich auf die ausgehöhlte Frucht fallen zu lassen, wobei ich mir vorstellte, daß die kühle, samtige Öffnung sich zwischen den Beinen jenes mythischen Wesens befinde, das mich immer Big Boy nannte, wenn sie um das flehte, was kein Mädchen in der gesamten Geschichte der Menschheit je bekommen hatte. ›Stoß ihn hinein,

Big Boy‹, rief der ausgehöhlte Apfel, den ich auf diesem Ausflug vögelte wie verrückt. ›Big Boy, Big Boy, o gib's mir, gib mir alles, was du hast‹, flehte die leere Milchflasche, die ich im Keller versteckt hatte, um dort nach der Schule meinem Vaselingesalbten die Zügel schießen zu lassen. ›Komm, Big Boy, komm‹, schrie das toll gewordene Stück Leber, das ich, in meiner Tollheit, eines Nachmittags in einem Fleischerladen kaufte und, ob Sie's glauben oder nicht, hinter einer Reklametafel vergewaltigte – auf dem Weg zur Bar-Mizwa-Stunde.«

Das Onanieren kann auch dazu dienen, die Einsamkeit, die Versagensängste, Enttäuschungen, Demütigungen zu vertreiben. Wenn er onaniert, fühlt der Junge sich als Superman, fühlt die Macht im Schwanz, diese überwältigende göttliche Kraft. Zumindest in früheren Zeiten wurde diese Kraft als göttlich verehrt. Die Griechen trugen zu gewissen Feierlichkeiten gewaltige Phalli durch die Straßen. Im Christentum wurde uns das abgewöhnt. Aber göttlich ist die Kraft trotzdem. Und im Wichsen wecken wir diese Kraft in uns.

Auf der einen Seite muß der Junge in diesem Alter cool sein, auf der andern wird er innerlich fast zerrissen. Da kann Onanieren stabilisierend wirken. Wenn es kommt, fühlt der Junge, ich bin ein Mann. Wenn Jungen in diesem Alter dauernd onanieren, ist das nicht unbedingt problematisch. Für die meisten ist es eine Phase, ein Teil ihrer Entwicklung.

Ein Problem entsteht meist erst, wenn der Junge Angst bekommt, er sei süchtig; verstärkt wird der Eindruck von Sucht, weil es im Geheimen stattfindet und der Junge für seinen Testosteronschub kein anderes Ventil findet. Oder wenn er Schuldgefühle entwickelt. Es liegen noch immer die Drohungen von früher in der Luft: Der Schwanz fällt ab, du wirst schwindsüchtig, verlierst Rückenmark. Versucht er dann krampfhaft, es zu lassen, wird aber immer wieder »rückfällig«, kommt er in Schwierigkeiten. Sein Selbstvertrauen wird dauernd erschüttert. Manche fühlen sich nach dem Onanieren ernüchtert, einsam, weil sie wieder in die »Sucht zurückgefallen«, weil sie elende Wichser sind.

Onanie als Genuß

Die Masturbation, die im Grunde eine Lehrmeisterin für die Liebe sein könnte, wird daher abgewertet und versteckt betrieben. Es wird im Klo gewichst, in der Umkleidekabine, unter der Decke, schnell, schnell ins Taschentuch oder in die schmutzigen Socken. Warum ist das »Image« der Onanie so unter aller Kritik?

Weil sie zu eigennützig ist? Weil wir dabei am ehrlichsten sind mit uns: keine Helden, sondern bedürftig? Weil es so ärmlich ist, so armselig, sich im Versteckten einen runterzuholen?

Onanieren tut man, wenn man im Knast ist, beim Militär, wenn man alleine ist und eine Frau bumsen möchte, wenn man Druck ablassen muß. Ein Notbehelf also. Wäre es sinnlich, wäre es erotisch aufgeladen, ekstatisch, dann wäre es mit Sicherheit schwul – glauben wir.

Wir glauben: Ein Mann muß eine Frau ficken. Nicht onanieren. Männer beweisen sich ihre Identität über den Sex mit einer Frau. Wenn ich onaniere, bin ich der, der keine Frau hat. Ich bin alleine, Alleinsein ist ein Versagen, ist peinlich. Ist Onanie deswegen in die Heimlichkeit verdammt?

Wenn wir einer Frau im Porno beim Onanieren zusehen, dann finden wir das heiß. Es ist sinnlich, erotisch, sie atmet, sie stöhnt, sie nimmt sich Zeit. Und wenn ein Mann rubbelt? Dann finden wir das peinlich.

Was wäre, wenn ein Mann es ebenfalls genießen würde? Wenn er sich Zeit nehmen, der Wellenform der Energie folgen würde, ein paarmal spielen würde mit dem Punkt ohne Wiederkehr. Wenn er sich dabei nicht die Einsamkeit vertreiben würde, sondern das Alleinsein genießen könnte? Wenn er dabei seinen sexuellen Trieb in Sinnlichkeit, in Gefühle wie Freude oder Traurigkeit umwandeln würde und diese Gefühle zu seinem Wohle aushalten und annehmen könnte? Als einer, der sich bewegt, stöhnt, sich selber schön darstellt, sich vielleicht mit Öl einreibt, sich im Spiegel schön findet und sich dabei sogar in die Augen schaut. Wo er die eigene Erregung findet und sie akzeptiert. Als einer, der zuläßt, daß er auch mal die Kontrolle verliert. Können wir einen onanierenden Mann so akzeptieren wie die onanierende Frau? – Einen solchen Mann schön zu finden, sich selber in einem solchen Bild schön zu finden, na ja!, das macht schon angst.

Dabei könnte, wie gesagt, das Onanieren das beste Training sein, ein guter Liebhaber zu werden, und: Wir könnten besten Sex mit uns alleine haben.

3.

Jetzt aber hinaus in die Welt und herausfinden, was ein Mann ist. Zuerst die Narrenkleider ablegen wie Parzival und nicht mehr dauernd von Mutter reden. Ein Mädchen suchen. Vorher aber die große Prüfung bestehen. Doch: Wo ist sie geblieben, wer nimmt sie ab, wer ist der Prüfer? Dann endlich ein Mädchen, wow! Nur, die Mädchen sind ja ganz anders!

Die Pubertät und was danach kommt

Die Zeit der sexuellen Reifung

In der Pubertät erfolgt der definitive Abschied von der Kindheit. Je nachdem, wie gut der Junge bisher bemuttert und bevatert wurde, wird er der Welt begegnen: neugierig, experimentierfreudig und lernfähig oder arrogant, größenwahnsinnig, als großer Held oder aber ängstlich, schüchtern, kleinmütig, mißtrauisch. Pubertät, das ist die Phase der sexuellen Reifung, die beim Jungen etwa vom 10. bis zum 15. Altersjahr dauert. Mal beginnt sie früher, mal später, mal dauert sie länger, mal weniger lang. Äußerlich tut sich einiges: eine etwa zehnfache Vergrößerung der Hoden, ein Verdoppelung der Penislänge, das Sprießen der drahtigen Schambehaarung.

Das Schlimmste, was Pubertierenden heute passieren kann, ist, ein Looser zu sein, den äußeren Ansprüchen nicht zu genügen, bei den Gleichaltrigen durchzufallen. Vieles läuft dabei über Klamotten, denn innerlich hat man wenig vorzuweisen, alles ist durcheinander, ist im Umbruch.

Viel Testosteron muß abgebaut werden, viel Aggression muß raus. Der 17jährige Autor Benjamin Lebert schrieb in seinem Debüt-Roman »Crazy«: »Anstatt zu schlafen, gilt es, eine Feuerleiter hinaufzuklettern, zu saufen, was das Zeug hält, mal eben ein bißchen zu vögeln und nebenbei erwachsen zu werden.«

Kein Wunder, ist ein Junge in dieser Zeit instabil, zeigt Stimmungsschwankungen, Launenhaftigkeit, Leistungsschwankungen. Er sehnt sich nach Freiheit und Unabhängigkeit, und gleichzeitig hat er häufig Angst vor dem Neuen. Versagensängste lassen ihn beim Vergleich mit Erwachsenen und Gleichaltrigen verzagen oder treiben ihn in heldenhafte, gefährliche Abenteuer. Es ist eine widersprüchliche Zeit der Selbstentwertung, aber gleichzeitig auch der Allmachtsphantasien und des Wunsches nach Grenzerfahrungen, was manchmal zu einem irrationalen Mut zum Risiko führt. Kein Wunder, daß jeder fünfte Pubertierende phasenweise verhaltensauffällig ist: Er ist depressiv oder neigt zu Gewalttätigkeit, zu übermäßigem Alkohol- oder zu Drogenkonsum. In einer Studie der Uni Bremen bei Zwölf- bis Siebzehnjährigen hatten von 1 035 Befragten dreißig einen Selbstmordversuch hinter sich, fast jeder zehnte gab an, den Suizid erwogen zu haben.

Die Pubertät ist die Zeit des jungen Helden, des Tatenvollbringers, der sich beweisen muß. Wie das geschieht, variiert von Generation zu Generation. Die Hip-Hop-Szene zeigt den Wandel der Zeit: Früher mußte einer Rebell sein, wild, ein Rocker. Heute mußt du cool sein. Trägst Klamotten wie die Jungs aus der Bronx, aber es sind teure Designerklamotten aus den In-Läden der noblen Einkaufsstraßen. In diesem Alter haben Jungs ein oft erstaunliches Faktenwissen über Technik, Sport, Mode und Sex, aber sie verstehen ihre innere Labilität nicht, sie verstehen nicht, was in ihrer Psyche vor sich geht.

Statistisch gesehen bricht ein Pubertierender alle vier Tage für sechs Minuten einen tüchtigen Streit mit seinen Eltern vom Zaun. Die Eltern sind das wichtigste Liebesobjekt, die Ablehnung der Eltern und ihres Weltbildes ist für die Ablösung nötig, die jetzt ganz besonders aktuell ist. Das Benehmen reicht von der demonstrativen Gleichgültigkeit über die Herabsetzung der Eltern bis hin zu Aufsässigkeit und Rebellion gegen die bisherigen Normen. Je stärker das Band zwischen Eltern und Junge, desto stärker ist im allgemeinen die Auseinandersetzung. Angepaßte Jungs in diesem Alter sind angenehm für die Eltern, aber meist steckt eine Aggressionshemmung dahinter, und es ist zu erwarten, daß der ganze Ablösungsknatsch später einmal auf den Tisch kommt, zu einer Zeit und an einem Ort, wo pubertäres Verhalten Probleme macht: in der Lehre, im Beruf, in der Beziehung.

Aufklärung wäre gefragt

In der Pubertät wäre sexuelle Aufklärung gefragt. Gemäß Untersuchungen fühlen sich fünfundachtzig Prozent der Eltern zuständig für die sexuelle Aufklärung der Kinder, aber diese wenden sich mit ihren Fragen nicht an sie. Das hat damit zu tun, daß die Jungs die Vorstellungen der Eltern oft grundsätzlich ablehnen, es hat aber auch mit dem Inzesttabu zu tun. Sie wollen nicht mit den Eltern über etwas reden, das sie mit ihnen nicht tun dürfen. Daher entsexualisieren viele Kids ihre Eltern und können sich nicht vorstellen, daß Vater und Mutter miteinander Sex haben.

Die beste Aufklärung, die Eltern ihren Kindern mitgeben können, ist ihr Vorbild, der direkte Umgang der Eltern untereinander. Berührung, Umarmung, Küsse, miteinander zärtlich sein, miteinander reden. Der Vater zeigt dabei dem Jungen, wie man mit einer Frau umgeht, mit ihr flirtet, mit ihr streitet, sich gegen sie behauptet. – Aber bitte nicht wie die 68er-Eltern, die ihre Kinder beim Liebemachen zuschauen ließen! – Natürlich haben auch die Medien einen ungefragten, großen Einfluß. Das altbekannte »Bravo« leistet gute Arbeit und ist für Kids fast ein Muß. Aus Berlin kommt ein völlig neuer Ansatz: Peer education. Geeignete Jugendliche werden von Erwachsenen aufgeklärt und tragen ihr Wissen in ihre Gruppen hinein. Ein erfolgversprechender Ansatz.

Wie die Pubertät ausgeht, hängt entscheidend davon ab, wie die Eltern mit den Stimmungsschwankungen, der Frechheit, Überheblichkeit, Arroganz und Aggression ihres vorher doch einigermaßen anständigen Sohnes umgehen. Eltern werden in dieser Phase massiv angegriffen in ihren Wertvorstellungen und in ihrer Moral. Sie werden in einer Weise in Frage gestellt, die sie extrem fordert. Manche Väter versuchen den verdammten Bengel zu brechen. »Der soll mich kennenlernen!« »Solange der seine Füße unter meinen Tisch stellt . . .!« Die wenigsten beherrschen die schwierige Kunst, in Ruhe stehenzubleiben, wenn der Sohn tobt, ihn anzuhören, wenn er sie fertigmacht, im richtigen Moment nachzugeben beziehungsweise auf dem Nein zu beharren, ohne zu donnern.

Eltern dürfen auch mal ausrasten in dieser Zeit. Hauptsache, sie können ihrem Jungen das Gefühl geben, daß er so sein darf, daß er innerhalb gewisser Grenzen spinnen darf und trotzdem in Liebe getragen ist.

Wenn der Sohn in dieser Zeit aus der Angst des Vaters und aus dessen Verzweiflung heraus Prügel bezieht, körperlich oder emotional immer wieder geschlagen wird, wird er sich nach innen wenden, wird sich verweigern und sich nicht mehr zeigen. Es bringt eh nichts. Der Vater ist ein Arsch. Entweder sich anpassen und ein Jasager werden oder sich verweigern, zum ewigen Rebellen werden.

Was in dieser Zeit mit den Jungen geschieht, hat William Golding in seinem Roman »Der Herr der Fliegen« eindrücklich beschrieben. Eine Schulklasse pubertierender Jungs stürzt mit einem Flugzeug ins Meer ab. Die Buben können sich auf eine Insel retten, alleine, ohne Erwachsene. Nun entwickeln sich aus der

Gruppe zwei Banden, die eine folgt dem Trieb, die andere dem rationalen Denken. Beide Banden wollen die Macht. Die Bande der Jäger entwickelt sich zurück zu Wilden. Sie leben eine Männlichkeit, die aus dem Bauch kommt, mit wüsten Ritualen und einer brutalen Hackordnung. Die andere Bande wird vom Intellekt bestimmt, handelt kontrolliert, berechnend. Und sie stürzen sich in einen Krieg gegeneinander mit grausamen Folgen.

Die Rolle des Vaters

Dieser Machtkampf zwischen Bauch und Kopf, zwischen den phallischen Kräften in den Lenden und denjenigen des Geistes, läuft in jedem Jungen während der Pubertät ab. Ein verständnisvoller Vater wird seinen Sohn unterstützen in seinem ständigen Kampf, diese beiden Kräfte zu integrieren, sie in Grenzen zu halten, aber ihnen auch genügend Raum zu geben.

Die Kraft dieser sich im Umbruch befindlichen Jugendlichen, ihre Rebellion gegen die alten Werte geben der Gesellschaft neue Impulse. Auch der Vater erhält durch sie einen neuen Kick, eine Chance, etwas in sich zu bewegen.

Der Sohn verlangt in dieser Zeit, den Kampf nicht mehr zwischen Bub und Papa zu führen, sondern zwischen zwei Männern. Er will als Mann, als gleichwertiges Gegenüber anerkannt werden. Aber viele Väter schaffen das nicht. Viele haben Angst vor dem Vulkan im Sohn, oft auch körperliche Angst. Viele Väter können nicht annehmen, daß ihr Sohn sie nicht mehr anerkennt, daß er sie Scheiße findet, daß er in seiner Rebellion alles anders machen würde als der Vater. Das macht es für den Jungen nicht einfach.

Wir waren selbst solche Rebellen, wir sind oder werden vielleicht Väter von Söhnen, die gegen uns rebellieren werden. Was können wir besser machen? Wir können ernsthaft hinhören, wenn die Vorwürfe kommen, aber dem Sohn auch seine Grenzen klarmachen, wenn er verletzend wird. Kritik ist erlaubt, Schreien liegt drin. Auch wir sind ja seinerzeit durch diesen Sturm gegangen, daran sollten wir uns nun erinnern. Offen bleiben, nahe beim Sohn bleiben, aushalten. Nicht immer gleich unterbrechen, abbrechen, ausbrechen, sondern aushalten. Sicher, das sind Idealpositionen eines abgeklärten Vaters, der wir nicht sein werden in einer solchen Situation. Aber sie können uns als Ziele dienen.

Nun ist es auch an der Zeit, in uns zu gehen und uns zu fragen: Wo habe ich Angst, meinen Sohn als Mann wahrzunehmen? Als ein Mann, der mich kritisiert, der mich in meiner eigenen verletzten Männlichkeit in Frage stellt. Wie stelle ich mich diesem Mann? Und welches Vorbild gebe ich so meinem Sohn?

In der Pubertät bietet sich dem Vater nochmals die Chance, seinem Sohn gute Bilder der Männlichkeit mit auf den Weg zu geben und gleichzeitig für sich diese Männlichkeit wiederzuentdecken, sich zurückzuerinnern: Hat mein Vater diese Chance genutzt? Versuchte er, eine hohle Autorität durchzuhalten? Hat er sein Herz offengehalten für meine Nöte? Mußte ich mich als Junge am Ende verschließen, abwenden, weil da eh kein Durchkommen zum echten Vater war, weil ich mich völlig unverstanden fühlte in meinem Prozeß?

Klar haben auch wir unseren Vätern alles an den Kopf geworfen, waren schlampig, rüttelten an seiner Autorität, ärgerten ihn, haben ihn vielleicht auch lächerlich gemacht. Wie war es damals genau, wie war die Reaktion meines Vaters? Kalt und hart? Hat er mich geschlagen oder lächerlich gemacht, oder war er einfach nicht da, einmal mehr nicht da? Niemand zu Hause, an dem man rütteln konnte? Oder war da einer, der uns als werdenden Mann anerkannt und unter Männern willkommen geheißen hat?

Bei einigen Vogelarten läuft das so: An einem gewissen Punkt der Aufzucht der Jungen kommt der Vater und schmeißt die Jungen aus dem Nest. Damals, ganz am Anfang unserer Existenz, mußte der Vater neben der Mutter stehen und uns aus der Verschmelzung mit ihr herauslocken. Jetzt, da der Junge Mann wird, muß er ihn in einem gewissen Sinn aus dem Nest werfen, seine Selbständigkeit fördern. Wenn er seinem Jungen ein gutes Männerbild mitgeben kann, wird dieser sich trauen, das Nest zu verlassen. Das wäre das ideale Bevatern: Der Sohn geht mit dem Segen des Vaters neugierig in die Welt hinaus. Nicht ängstlich, nicht mißtrauisch, sondern auf sich selber vertrauend.

Selbst bei optimaler Bevaterung sind wir verwundbar in dieser Zeit, unsicher, fühlen uns nicht aufgenommen in die Welt der Männer. Wann bin ich ein Mann? Wir schauen uns um: Ich bin ein Mann, wenn ich den Führerschein habe, ein Kind gezeugt, in der Armee gedient, im Kraftraum gute Muskeln antrainiert habe, einen großen Schwanz habe. – Aber all das hat der Junge zwischen zehn und fünfzehn Jahren noch nicht. Das verwirrt ihn, und er möchte sich manchmal gerne unter die Bettdecke verkriechen, weil er nicht weiß, wie er sich entscheiden soll.

Das Männerbild von Jungs in der Pubertät

Das Männerbild, wie es Jungen untereinander vermitteln, sieht etwa so aus: Der Junge muß erstens unbedingt heterosexuell sein, muß also den Mädchen nachpfeifen, er muß sich gut in Technik auskennen, muß den PC und die wilden Websites kennen, und drittens muß er kampfbereit sein, seinen Body ausgebildet haben, muß Kraft zeigen, Aggression, wie es in jeder billigen Fernsehserie vorgemacht wird. Diesen Bildern streben viele Jungs heute nach, um sagen zu können: Ich bin ein Mann.

Unsere Väter und Vorväter hatten ein anderes Männerbild: Ich bin Erzeuger, Beschützer, Versorger, also bin ich ein Mann. Diese drei Aufgaben hatte der Mann in allen traditionellen Kulturen: Erzeuger, Beschützer, Versorger. Das hat sich in den letzten Jahrzehnten geändert. Ob wir Männer zeugen oder nicht, entscheidet heute die Frau, indem sie die Pille nimmt oder eben nicht. Früher galt es auch bei uns als erstrangiger Beweis der Männlichkeit, einen Stammhalter zu zeugen. Nicht weit südlich von uns gilt das immer noch: in Süditalien, auf dem Balkan, in der Türkei. Auch die Zeiten, in denen die Versorger- und die Beschützerrolle als Beweis der Männlichkeit galten, sind vorbei. Frauen verdienen heute tüchtig mit und machen ihre eigenen Karrieren. Wir Männer haben kräftig beigetragen zu dieser Situation: Es waren Männer, die die Pille erfunden haben, es waren Männer, die die Wirtschaft so eingerichtet haben, daß das durchschnittliche Einkommen des Mannes alleine nicht ausreicht, eine Familie zu ernähren. Was also macht die heutigen Jungs zu Männern? Was steht am Ende der Pubertät, in was haben wir uns damals verwandelt?

Irgendwie schafften wir die totale Umstellung vom Jungen, der gerne rauft, zum Jungmann, der mit einer Frau schlafen möchte. Irgendwie kamen wir an die Männlichkeit heran, die uns stark genug machte, um ein Mädchen rumzukriegen, auch wenn es noch nicht die Männlichkeit war, die uns zum echten Liebhaber und Krieger machte. Auch wenn diese Männlichkeit noch nicht auf unserem eigenen Mist gewachsen war, weil wir damals die Vorstellungen unserer Clique übernahmen, was denn männlich ist. Wir begannen zu rauchen, tranken Alkohol, kotzten furchtbar. Wir unterdrückten Schmerzen und mit ihnen Leiblichkeit, Sinnlichkeit, Empfindsamkeit und ersetzten sie durch Härte.

Noch immer neigen wir dazu, Schmerzen wegzuschieben.

Schmerzen sind etwas für Frauen. Menstruationsschmerzen, Migräne, Geburt: alles Frauenschmerzen. Klar setzen wir Männer uns dem Schmerz aus, riskieren Verletzungen und winden uns im ersten Moment dramatisch auf dem Fußballplatz, wenn wir den Knöchel verstauchen, aber danach drücken wir den Schmerz weg. Würden wir das nicht tun, wären wir weibisch. Noch immer ist das so: Egal, was passiert, du hältst alles unter Kontrolle.

Kontrolle zu entwickeln, uns die Natur untertan zu machen, das war im Laufe unserer Evolution wohl nötig, damit es uns gelang, uns aus dem archaischen Denken des Matriarchats zu befreien, in dem ebenso einseitig die Werte des Mütterlich-Weiblichen herrschten wie heute die männlichen. Aber nun sollten wir uns an den nächsten Schritt machen: Nicht nur das »gute« Männliche, auch das »gute« Weibliche spüren, kultivieren und leben. Und mit dem destruktiven Männlichen und dem destruktiven Weiblichen rechnen. Darum ist es so wichtig, daß wir einen festen männlichen Boden in unserer Seele erschaffen: damit wir stark genug sind, auch die weiblichen Seiten in uns anzuerkennen und gleichwertig mit den männlichen zu kultivieren.

Nur, in der Pubertät sind wir davon noch meilenweit entfernt. Vorläufig sind wir in den vier großen Imperativen gefangen, die der amerikanische Soziologe Robert Brannon etwa so beschrieben hat: Erstens: Weiblich heißt weibisch. Wir dürfen daher nichts Weibliches anerkennen, nicht draußen bei den anderen Jungs und schon gar nicht in uns selber. Zweitens: Wir müssen jemand Wichtiger sein, in irgendeiner »männlichen« Disziplin Erfolg, Macht und Bewunderung genießen (Saufen, Rauchen, Musik oder Sport). Drittens: Wir müssen eine feste Eiche sein. Nichts haut uns um. Wir müssen unabhängig sein und uns nur auf uns selbst verlassen. Viertens: Zum Teufel mit allen, wir sind stärker als sie und suchen jede Herausforderung zum Kampf, um das zu beweisen.

Problematisch wird dieses Männerbild der pubertären Jungen, wenn es sich nicht weiterentwickelt. Viele ältere Jugendliche und junge Männer spielen nächtelang Computerspiele, in denen sie jeden zerteilen, der ihnen in den Weg kommt. Einigen reicht es nicht, das nur im Kopf zu machen, sie wollen es körperlich ausagieren. Sie gehen als Skinheads und »klatschen Schwule«, sie gehen als Hooligans und zertrümmern die Schädel der gegnerischen Mannschaft. In der Gruppe sind sie stark, wie früher die Jungs in der Clique. Sie sind irgendwie in der Phase der Umwandlung vom Buben zum Mann steckengeblieben. Im Grunde wünschte man sich, diesen Jungs würde es ergehen wie unserem Freund Parzival im großen Ritterroman unserer Ahnen.

Parzival III: Begegnung mit einem weisen alten Mann

Wir erinnern uns, wie Parzival mit einem Schleuderspeer den Roten Ritter besiegt hat. Der schmächtige Junge schlägt den feurigen Mann, nimmt ihm die Rüstung ab, legt sie über das Narrenwams, das ihm die Mutter seinerzeit angezogen hatte:

> »Was meine Mutter mir gegeben,
> das soll nicht von mir kommen,
> mag's schaden oder frommen.«

Die männliche Rüstung ist also nur übergestülpt. Im Gegensatz zu vielen Kids, denen in ihrer Sturm-und-Drang-Zeit positive männliche Leitbilder fehlen, begegnet Parzival dem alten König Gurnemanz. Noch verletzt vom Kampf mit dem Roten Ritter ist er losgeritten in die Welt hinaus und am Abend erschöpft zu dessen Schloß gelangt:

»Das war der greise Fürst des Lands,
der Herr von Graharz, Gurnemanz,
ein weiser Meister wahrer Zucht;
sein Leben war der Falschheit Flucht.«

Wenn wir Glück hatten, trafen wir in der Pubertät auf solch einen Gurnemanz: einen Jungen, der ein paar Jahre älter war, einen älteren Führer einer Jugendgruppe, den Trainer eines Sportclubs, einen Lehrer, einen Onkel, jemanden, der uns sagte: »Zieh die Rüstung aus, Kleiner!«

»›Nun macht's den Gliedern leicht und laßt
Euch abziehn diese Harnischlast!‹
Entwaffnet war der Knabe schnell;
doch wie man ihn am Fuß das Fell,
am Leib sah Narrenkleider tragen,
erschraken sie, die seiner pflagen.«

Wir erkennen uns wieder in Parzival. Unter dem ganzen Gehabe von trotziger Größe trugen wir als junge Männer halt noch immer Mamas Kleider, blieben ihr treu und ihrem Auftrag, ein lieber Sohn, ein guter Sohn, ein schöner Sohn zu sein. Waren wir also trotz Heldentaten noch immer keine Männer?

»Da nahm der Greis sich seiner an,
wie es kein Vater besser kann.
Die Wunde wusch er und verband
sie sorglich ihm mit eigner Hand.«

Haben wir Männer diese Kultur noch, daß wir uns als junge Männer älteren Männern anvertrauen können? Akzeptieren wir überhaupt in dieser Zeit ältere Männer, die uns belehren? Der väterliche König Gurnemanz läßt den Jungen bei einem guten Essen seine Geschichte erzählen.

»Doch als man weg die Tafel nahm,
macht er den wilden Mut ihm zahm
und ließ ihm Lehren angedeihen:
›Ihr redet wie die Kinderlein.
Müßt Ihr denn stets die Mutter nennen,
als wolltet Ihr nichts andres kennen?‹«

Gurnemanz klärt den jungen Parzival darüber auf, was ein Mann ist. Wie einer mit Reichtum umgeht, wie mit Armut:

»So hört! Um edel zu empfinden,
laßt Scham nicht aus der Seele schwinden.
Ein schamlos' Herz, was taugt das noch?«

Müßte man nicht gewisse heutige Topmanager an solche Sätze erinnern? Gurnemanz erklärt dem jungen Rabauken, wie er als Mann zu kämpfen hat:

»Folgt meinem Wort und übt im Streit
bei kühnem Mut Barmherzigkeit.
Will der Besiegte sich ergeben,
so nehmt sein Wort und laßt ihn leben.«

Den meisten von uns fehlte in der Pubertät die Unterweisung in ein Verhalten, das nicht nur uns nützt, sondern auch die anderen respektiert. Oder wir wollten nicht hinhören, denn diese Werte gehören nicht ins Repertoire männlichen Verhaltens in unserer Gesellschaft. Darum fehlt heute in unseren Unternehmen eine Kultur von kühnem Mut und Barmherzigkeit. In unserem knallharten Wirtschaftssystem, das auf Markt und Konkurrenz beruht, wird ein Besiegter, der sich ergeben hat, abgesägt, er wird kaum die Chance haben, in Ehren weiterzuleben.

Sind all die männlichen Eigenschaften wie Kühnheit, Mut, Barmherzigkeit, Fairneß als unrealistische Romantik aus dem Repertoire männlicher Eigenschaften gestrichen worden?

Gurnemanz klärt den jungen Mann auch über die Liebe zwischen Mann und Frau auf:

»Denkt, daß Ihr Frauen liebt und ehrt;
denn das erhöht des Jünglings Wert.
Bleibt ihnen treu ergeben;
das adelt Mannes Leben.
Verlegt ihr Euch auf Lügen,
ist manche zu betrügen.
Wer aber Lieb mit List erringt,
dem wird ein Sieg, der Schande bringt.

Ein Weib von edlem Sinne
kennt wachsam jeden falschen Laut;
wenn sie entrüstet Euch durchschaut,
müßt Ihr in allen Tagen
Schmach und Verachtung tragen.
Ich sag Euch mehr von Mann und Weib:
Die beiden sind ein einz'ger Leib,
gleichwie der Tag, der heute scheint,
der Sonne sich untrennbar eint;
aus einem Kern erblühen sie.
Das wisset und vergesset nie.«

Da hat also ein älterer Mann einen jungen Mann aufgeklärt, wie es schöner nicht sein könnte. Nicht Faktenwissen, wie in unseren Tagen, wo in der Schule von Gameten und Zygoten gesprochen wird, von Eileitern und Samenleitern, von Verhütung und Aidsgefahr. Da hat ein Mann sein Wissen über Erotik an den Jüngeren weitergegeben, sein Wissen über die Beziehung zwischen Mann und Frau: »Aus *einem* Kern erblühen sie.«

Wir können lernen aus alten Geschichten, wir können uns darüber klar werden, daß wir heute in einer Sexkultur leben und die Kultur der Erotik verloren haben. Beim Sex verführen sich die Körper, bei der Erotik spielen die Seelen mit. Und den heutigen Jugendlichen müßten wir ein anderes Wissen vermitteln, bei der Aufklärung weniger von Sex reden und mehr von Erotik. Überhaupt sollten wir Männer wieder mehr über Erotik, über Sinnlichkeit reden lernen, untereinander, mit den Älteren und den Jüngeren. »Aus einem Kern erblühen sie.«

Parzival hat seine liebe Mühe mit den Weisheiten des alten Mannes, der da zu ihm spricht, er hört aber höflicher zu, als wir es von unseren Kids gewohnt sind. Obwohl auch sie unter dem Panzer noch das Narrengewand der Mutter, ihre Glaubenssätze tragen:

»Da dankt der Gast dem weisen Mann.
Von seiner Mutter schwieg fortan
sein Mund. Jedoch sein Herze nicht.«

Und trotzdem, das Gesagte wird wirken. Irgendwann wird der Junge, der nun in die Welt hinausgeht, merken, daß er seine Frauen nach dem sucht, was er noch im Herzen hat, nach dem Bilde seiner Mutter. Irgendwann wird er feststellen, daß seine Frauen immer der Mutter ähnlich sind – oder ihr Gegenteil –, und dann wird er verstehen, daß es nicht gereicht hat, Mutters

Lehren aus dem Mund, aus dem Bewußtsein zu sperren. Sie müssen auch aus dem Herzen erlöst werden. Wenn der junge Mann soweit ist, wird er froh sein, solche Vorbilder wie Gurnemanz gehabt zu haben, Männer, die ihm ein gutes und umfassendes Bild vom Mannsein vermittelten. Es wäre gut, wir Männer könnten einander in diesen Dingen besser helfen.

Nun braucht es ein Mädchen

In der Latenzzeit, vor dem ersten Schuß, haben die Jungs ja immer eine Wegbewegung gemacht, wenn ein Mädchen auftauchte. Mädchen waren bedrohend, und sowieso, man versteht sie nicht. Nun, nachdem ihnen das Testosteron den Weg zu weisen beginnt, wird ihnen klar, sie müssen sich den Mädchen stellen. Man muß eine erobern, man muß es tun mit einer. Wer es schon mal getan hat, der hat etwas zu erzählen, und das, was er erlebt hat, kann er natürlich hanebüchen übertreiben.

Was konnten wir aber schon bringen in unserer Zeit? Wir hatten gelernt, aggressiv, rauh und ruppig mit unsereins umzugehen, wo sollten wir nun Zärtlichkeit, Langsamkeit und Einfühlung für Mädchen hernehmen? Verletzlichkeit und Gefühle haben wir zu unterdrücken gelernt, und wir haben sie in der Pubertät noch mehr unterdrückt, weil es ja darum ging, alles unter Kontrolle zu haben.

Manche lernen es ihr Lebtag nie. Klar wissen die Jungs heute mehr als die älteren Generationen. Das »Bravo« haben sie auswendig gelernt, aber das nützt nicht viel. Ein Junge bleibt bekanntlich cool, und was er beim Wichsen an Phantasien entwickelt, hilft ihm hier auch nicht weiter.

Pubertierende sind wie Herkules: Helden, die sich ständig beweisen müssen. Nur, das ist Fassade, und dahinter ist's hohl geblieben. Sie wissen nicht, daß Herkules nicht nur Held war, sondern auch Sklave einer Frau. Der große Göttersohn mußte, um einen Mord zu sühnen, bei Omphale, der Königin von Mäonien, drei Jahre als Sklave dienen. Anfangs benahm er sich auch hier wie ein Held und rettete die Königin vor allerlei Gesindel. Aber dann verliebte er sich blindlings in sie, »versank in weibischer Wollust«. Bis die Königin ihn zu verachten begann und sein Heldenattribut, die Löwenhaut, an sich nahm und selber anzog, während sie Herkules in Frauenkleider steckte. »So saß er unter anderen ionischen Mägden«, erzählt der Sagenübersetzer Gustav Schwab, »spann mit seinen knochigen Fingern den Faden ab und fürchtete die Schelte der Herrin, wenn er sein Tagewerk nicht fertiggebracht hatte.« Auch solchen Prüfungen begegnen Helden. Das müssen Jungs erst noch lernen.

Initiation: Zwischen Kindheit und Mannsein

Die Bedeutung der Initiation

Der Übergang vom Buben zum Mann ist ein gewaltiger körperlicher und seelischer Schritt. Daß dieser Übergang so fließend, so undefinierbar ist, macht das Ganze noch komplizierter. Wann ist einer ein Mann? Nach dem ersten Schuß? Nach dem Stimmbruch? Beim Sprießen der ersten Schamhaare?

Alle traditionellen Völker haben verstanden, daß wichtige Übergänge im Menschenleben mit einem Ritual aus dem Alltag herausgehoben werden müssen. Und zwar öffentlich, denn es ging alle etwas an, wenn ein Kind geboren wurde, ein Junge zum Mann wurde, ein Alter gestorben war. Alle diese Kulturen wußten, daß der Junge ein klares Signal braucht, das ihm zu verstehen gibt, daß er nun die Rechte und Verpflichtungen eines Mannes hat. Ein Signal, das auch die anderen darüber informiert. Wenn es alle wissen, kann er nicht mehr kneifen. Dieses Signal wurde durch eine gezielte seelische Erschütterung gegeben, die sogenannte Initiation. Eine solche Initiation ist eine enorme Hilfe für den Jungen, wenn es darum geht, aus der chaotischen Phase der Pubertät in die strukturierte Welt des erwachsenen Mannes hinüberzuwechseln.

Manche Völker haben den Jungen ganz ausdrücklich einen

Freiraum zugestanden, bevor sie sie in die Verantwortung nahmen. Unsere Vorfahren nördlicherseits, die Wikinger, hielten die Pubertierenden für unzurechnungsfähig. Sie gaben ihnen einen Zeitraum von ein bis zwei Jahren, in dem sie sich wie tolle Hunde benehmen durften. Sie mußten in dieser Zeit in einem Zwischenraum zwischen Feuerstelle und Bett am Boden schlafen. Man hat sie mit dem Notwendigen versorgt, aber niemandem wäre es in den Sinn gekommen, ihnen Verantwortungen zu übertragen. Sie wurden für untauglich befunden. Die Wikinger haben verstanden, daß ein Übungsraum und eine Übungszeit nötig sind, in denen die Jungs ihre Grenzen erproben, die bestehenden Werte in Frage stellen und prüfen können, bevor sie die Rechte und Pflichten des Erwachsenen auf sich nehmen. Einen solchen Freiraum bräuchten wir in diesem Alter auch, eine Auszeit quasi, in der wir verrückt sein dürfen. Einen gesicherten Rahmen, der diesen Zustand erlaubt, ohne daß die anderen dadurch gefährdet werden. Unsere heutige Gesellschaft verlangt aber von den Jungen gerade in dieser Zeit höchste Leistung in der Schule: büffeln, büffeln, streben, streben, sonst bist du untendurch.

Die Gisu, ein kleines Volk in Uganda, haben einen besonderen Namen für die männliche Energie: »Litima«. Litima ist eine heftige Emotion, die speziell dem Maskulinen anhängt. Sie ist eine Quelle von Streit, Rücksichtslosigkeit, Wettstreit, Machtgelüsten, Brutalität, aber auch – und das ist die positive Seite – eine Quelle von Mut, Wildheit, Unabhängigkeit, von Aufrichtigkeit und bedeutungsvollen Idealen. Darüber hinaus, so sehen es die Gisu und in ähnlicher Art viele Völker Afrikas, ist diese »Litima« eine treibende Kraft für die Entwicklung der Persönlichkeit, sie weckt auch die Sehnsucht danach, diese unbändige Kraft durch eine Einweihung gezähmt und verfügbar gemacht zu bekommen.

Unsere Vorfahren hatten erkannt, daß sie die Jungen an der Schwelle zum Mannsein aus ihrer Abhängigkeit von der Mutter herausholen und ihnen dies auf eindrückliche Weise klarmachen mußten. Vielerorts mußten die geschlechtsreifen Jungs mit ihresgleichen für einige Zeit an einem abgeschiedenen Ort leben, weg von der Mutter.

Eine Initiation, ein Übergangsritual, ist eine Geburt in eine neue Lebensform. Bei manchen Völkern wurde ganz konkret eine »zweite Geburt« inszeniert, durch die die Jungen in das Mannsein und in die Gemeinschaft der Männer »hineingeboren« wurden. Oft erhielten sie gleich auch noch einen neuen Namen.

Wir heutigen Männer in unserer westlichen, individualisierten Gesellschaft haben diese Initiation nicht oder nur bruchstückhaft durchgemacht. Wir sind nicht mit einem eindeutigen Ritual in die Männerwelt eingeführt worden. Niemals haben Delegierte der Männerwelt zu uns gesagt: »So, von jetzt an bist du ein Mann, gehörst zu uns und hast die Rechte und die Pflichten eines Mannes. Kannst eine Frau nehmen und darfst Kinder zeugen.«

Klar haben wir damals in der Pubertät begriffen, daß wir Männer werden. Das Testosteron hat uns das genug gezeigt, die Schamhaare, der schwellende Schwanz. Aber daß dieser Wandel mit Verantwortung und Rechten verbunden ist und was er auch bedeutet: eine endgültige Trennung von Mutter, das hat uns niemand gesagt.

Die Umstände waren allerdings früher um einiges einfacher als heute. Das Männerbild war klar und für alle Männer gültig.

Ewig ein Junge bleiben

In den »klassischen« Initiationen in die Männerwelt, wie sie in traditionellen Kulturen stattfanden, spielten die Ältesten, alte erfahrene Männer, eine große Rolle. Sie waren es, die die Jungen in das Wissen der Männer eingeführt haben.

Heute werden die Alten, da sie keinen Staat mehr machen auf dem Jahrmarkt der Jugendlichkeit, abgekoppelt vom aktiven Leben. Weil sie nicht mehr das leisten, was Junge bringen, werden sie nicht mehr ernst genommen und können ihre eigentliche Aufgabe, die Jungen in die Männerwelt einzuführen, gar nicht mehr wahrnehmen. Dabei wären sie prädestiniert durch ihre Lebenserfahrung, die grundsätzlichen Lebensfragen der Jungen zu beantworten: Wer bin ich? Was ist Sexualität? Was ist ein Mann? Wie gehe ich mit meinen Schwächen um? Gibt es einen Gott?

Die alten Männer hatten in den Initiationsriten auch eine spirituelle Aufgabe, sie vermittelten Wissen nicht nur über die Männerwelt, sondern auch über das Leben schlechthin und unsere Stellung in der menschlichen und in der kosmischen Ordnung. Wie Gandalph im »Herr der Ringe« gegenüber Frodo, wie Merlin, der Zauberer, gegenüber Artus, wie der Ritter Gurnemanz gegenüber Parzival. Welche Großväter reden aber in unserer Gesellschaft noch mit bei der Mannwerdung ihrer Enkel?

Die heutigen Jungs haben zusätzlich noch das Problem, daß sich die Erwachsenen wie Jugendliche und sogar wie Kinder benehmen. Sie imitieren jeden Jugend-, ja Kindertrend, fahren mit Tretrollern durch die Citys, gleiten sonntags auf Blades über die asphaltierten Wanderwege, rotzen auf Mountainbikes die Berge hinunter, nur ja nicht erwachsen werden, nur ja nicht älter werden. Wir sind eine Kindergesellschaft geworden und beneiden die Jungen, die noch alles vor sich haben. Sie erhalten von der Gesellschaft eine fatale Botschaft: Kindbleiben ist doch viel schöner als Älterwerden. Kein Wunder, benehmen sich viele wie Peter Pan: »Keiner wird mich fangen und einen Mann aus mir machen. Ich möchte immer ein kleiner Junge bleiben und Spaß haben.« Klar ist er fröhlich, der Peter Pan, aber nur äußerlich. Tief drin ist er traurig, hängt einsam in seinem Niemandsland.

Natürlich ist es verlockend, ewig ein Junge zu bleiben, ein Puer aeternus, ein unbekümmerter, sorgloser Alleskönner wie Peter Pan. Aber tief in uns ist die Sehnsucht nach Weiterentwicklung, nach der höheren Stufe, das heißt für den Jungen: nach der Initiation zum Mann. Hinweisen darauf begegnet man überall. Bungee-Jumping ist eine Mutprobe, die in Initiationen enthalten ist. Das Tattoo, die Tätowierung, ist ein alter Initiationsbestandteil, der für immer den neuen Status sichtbar macht. Und das neumodische Piercing bildet die Verletzung während der Initiation ab. Die Saufgelage bis zum Umfallen, das Surfen auf U-Bahnen, extreme Situationen mit Todesgefahr, scheinbares Heldentum, sind Bilder der »Wikingerphase« der Initiation. Die Jungen überschätzen sich, glauben die Situation im Griff zu haben, unverwundbar zu sein. Hinter dieser Grenzsuche steckt der tiefe Wunsch nach Initiation, nach einer Einführung in die Männerwelt mit ihren Möglichkeiten und ihren Grenzen.

Wenn eine solche Initiation ins Mannsein nicht in irgendeiner Form stattfinden kann, müssen die jungen Helden ihre Grenzen in immer risikoreicheren Mutproben beweisen. Immer schneller, immer gefährlicher, immer haarsträubender werden ihre Taten. Diese »nicht richtig eingeführten« Männer müssen sich immer wieder beweisen, sie bleiben in der »Wikingerphase» stecken.

Die traditionelle Initiation

In der »geleiteten« Initiation ist das anders. Da hat nicht der Junge das Sagen, da entscheiden die Ältesten, die erfahrensten Männer, wo's langgeht.

Viele sagen, ach, die verlorene Initiation, das holen die Jungs doch freestylemäßig nach. Sie suchen sich ihren Spaß in halsbrecherischen Abenteuern in der Half-Pipe, sie genießen den Kitzel, spüren so das Adrenalin wie die früheren Krieger. Kommt dazu, daß wir keine Stämme mehr sind, welche die Jungen auf strikte Bahnen lenken müssen, wir sind keine Gemeinschaft mehr, in der jeder auf jeden angewiesen ist, wir sind Individuen, und der Staat, nicht die Gemeinschaft, sorgt für uns, wenn wir allein nicht zurechtkommen. Die Entwicklung der Fähigkeit, allein seinen Mann zu stehen, das eigene Potential zu entfalten, das ist heute gefragt und da braucht es diese Einbindung in den Stamm scheinbar nicht mehr.

In den alten Initiationsriten steckt aber eine tiefe Weisheit, nämlich, daß es nicht nur um einen Menschen geht, sondern auch um die Gemeinschaft und die Stellung des einzelnen darin. Unsere heutige Gesellschaft hat das vergessen. Was zählt, ist das knallharte Durchsetzen des eigenen Egos.

Die Ethnologen unterscheiden bei »klassischen«, vollständigen Initiationen drei Phasen, die aber nicht überall gleich gewichtet werden: Zunächst erfolgt die Ablösung vom alten Zustand, dann gibt es eine Zwischenphase, und schließlich erfolgt die Aufnahme in den neuen Zustand.

Der Hauptsinn der ersten Phase in den Pubertätsriten ist es, die Nabelschnur, die den Jungen unsichtbar immer noch mit der Mutter verbindet, durch ein Ritual zu durchtrennen. Bei manchen Völkern wohnen die Jungen bis zur Pubertät in den Frauenhäusern. Der erste Schritt der Initiation besteht darin, daß Männer die Jungen rauben, oft mit Masken als Geister verkleidet, und sie in wilder Flucht hinaus in den Dschungel schleppen. Die Jungen müssen von Männern aus der weiblichen Welt gerissen werden.

Sie leben dann eine gewisse Zeit an einem abgelegenen Ort unter sich, wo mancherorts die Kinderwelt emotional erschüttert wird und wo geprüft wird, ob die Jungen bereit dafür sind, sich als Männer zu bewähren. Die Art der Prüfungen variiert, aber im Grunde geht es immer um folgendes: Die Ältesten geben den Rahmen vor, in dem sich die Jungen beweisen müssen. Die Buben werden hohen Emotionen ausgesetzt, sie müssen Einsamkeit ertragen, werden mit Hunger, Schmerz und Angst konfrontiert. Wer vorher großer Held war, wird nun klein und ängstlich, wer vorher wohlgenährt und wohlversorgt war von Mutter, lernt nun die Verzweiflung des Hungers kennen, was vorher gesichert war, nämlich wer man ist, wird plötzlich erschüttert.

Andernorts nutzen die Ältesten die Zwischenzeit vor allem dazu, den Jungen das notwendige Wissen über Sexualität, männliche Identität, Männerpflichten und -rechte zu vermitteln. Der Schweizer Soziologe Walter Hollstein betont, daß authentische männliche Selbstsicherheit nicht durch Abhängigkeit von einer Frau noch durch Macht über eine Frau gewonnen wird. Sie muß von Mann zu Mann kommen. Daher ist eine bewußte Einführung in die Männerwelt durch erfahrene Männer so wichtig.

Für die Zwischenphase als Freiraum bieten die bereits erwähnten Wikinger ein gutes Beispiel.

Die dritte Phase, die Aufnahme in die Männergesellschaft, erfolgt oft durch Mutproben, durch die Beschneidung oder Tätowierung, ohne daß die Jungen Schmerz äußern dürfen, oder durch eine symbolische Geburt.

Die Beschneidung im Rahmen der Pubertätsriten ist in Afrika weit verbreitet. Den Jungen wird die Vorhaut des Penis mit einem Messer abgeschnitten. Damit tragen sie den sichtbaren Beweis mit sich, daß sie in die Männerwelt aufgenommen worden sind.

Bei den Aborigines in Australien hat sich eine spezielle Form der Beschneidung herausgebildet: Den Jungen wird der Schwanz von unten her der Länge nach aufgeschnitten. Mit den beiden entstehenden Lappen machen sie quasi die Vulva nach, mit dem Blut die Monatsblutung. Diese exotische Form der Beschneidung wird gegensätzlich erklärt: auf der einen Seite durch den Neid des Mannes der Frau gegenüber, den Neid, nicht gebären, nicht Leben schenken zu können wie die Frau, auf der anderen Seite mit dem Versuch, das Weibliche und das Männliche in sich zu vereinen.

Viele indianische Völker Nordamerikas legten traditionellerweise bei der Initiation den Schwerpunkt auf die innere Erfahrung, die durch körperliche Entsagungen erzeugt wurde, etwa durch Fasten oder durch Schmerz. Die Jungen mußten in einer »Vision Quest« in der Einsamkeit ihre eigene Vision suchen, wobei oft zusätzlich Mutproben angesagt waren.

Solche Erfahrungen werden die Jungs nie vergessen, durch sie werden sie immer an ihren Status als Mann erinnert. Wer von uns heutigen Männern ist so klar und so bewußt über die Schwelle vom Jungen zum Mann geführt worden? Kaum einer. Der eine oder andere ist vielleicht unbewußt durch eine solche Initiation gestolpert. Er kam vielleicht in einer nächtlichen Pfadfinderübung mit der Todesangst in Kontakt. Er hatte vielleicht als Rekrut in der Armee Märsche bis zur totalen Erschöpfung durchzustehen. Aber in einem strukturierten Ablauf, von erfahrenen älteren Männern geführt, offiziell als Mann anerkannt zu werden, wer von uns hat das erlebt?

Was wir bei uns an initiationsähnlichen Erfahrungen finden, geschieht meist nach der Pubertät. Dabei geht es aber nicht mehr vorrangig, wie in der Pubertät, um die Abnabelung von der Mutter und die Vermittlung von Wissen, um in der Männergesellschaft zu bestehen, sondern um die Begegnung mit dem Schatten, mit der eigenen Seele.

Im Film »Star Wars«, in der Episode »The Empire strikes back«, muß der junge Held Luke Skywalker seinen Lehrmeister suchen, den Jedi-Ritter Yoda. Der »Überheld« Yoda entpuppt sich als ein altes kleines Männchen, als ein »Ältester«. Yoda schickt den jungen Haudrauf zur Initiation in eine Höhle. Dort trifft Luke auf eine dunkle Gestalt. Er glaubt, Darth Vader vor sich zu haben, das verkörperte Böse, die dunkle Seite der Macht – es ist sein eigener Vater, wie sich später im Film herausstellen wird. Luke schafft es, ihn im Kampf zu besiegen, ihn zu töten, aber als er ihm die Maske abnimmt, überwältigt ihn der Schock: Unter der Maske war nicht Darth Vader, unter der Maske war er selber, Luke Skywalker, beziehungsweise seine eigene dunkle Seite, sein Schatten.

Nachdem die Initiationen – sehen wir mal ab von Geburt, Hochzeit und Tod – lange Zeit als primitiv verschrien worden waren und die meisten verschwunden sind, ist uns in den letzten Jahren wieder aufgegangen, wie hilfreich sie sein können. Wir hatten das Kind mit dem Bad ausgeschüttet. Heute werden Initiationen wieder gesellschaftsfähig. Wir können natürlich die traditionellen Initiationen nicht eins zu eins übernehmen. Wir können nicht unsere Söhne nächtens nackt mit Brennesseln durch die Wälder treiben. Die Entwicklung unserer Gesellschaft zur Individualgesellschaft hat stattgefunden. Aber von den alten Initiationsriten können wir die Grundgedanken übernehmen und neue Formen finden.

Vision Quest

Aus der Kultur der nordamerikanischen Indianer wurde ein Initiationsritus, die schon erwähnte »Vision Quest«, nach Europa gebracht. Hier haben sich an unsere Verhältnisse angepaßte Versionen herausgebildet.

Der Name Vision Quest, Visionensuche, kommt daher, daß sich nordamerikanische Indianer an wichtigen Lebensübergängen in die Einsamkeit zurückzogen und fasteten, um aus der Tiefe ihrer Seele eine innere Vision für die neue Lebenssituation zu erhalten. Oft mußten sie sehr lange ausharren.

Wenn wir eine einzelne Vision Quest unternehmen, dürfen wir keine so klare innere Vision erwarten, wie sie von Indianern beschrieben wird, etwa vom Schamanen Schwarzer Hirsch in dem Buch »Ich rufe mein Volk«. Aber es geht bei unserer europäischen Vision Quest um die gleichen Grundthemen: einerseits um die Begegnung mit den eigenen Schattenseiten und anderseits um die Erfahrung einer inneren Kraft, die uns trägt.

Hier kurz zusammengefaßt eine Version der Vision Quest, die sich für Männer bewährt hat, die die Initiation ins Mannsein im nachhinein bewußt erleben möchten. Sie ist aber auch für Jungen gegen Ende der Pubertät geeignet. Das Wesen dieser Initiation ist simpel, aber wirkungsvoll.

Eine europäische Vision Quest für erwachsene Männer

Können wir, die wir die Initiation ins Mannsein nicht oder nur bruchstückhaft erlebt haben, diese tatsächlich als 30jährige, 40jährige, 50jährige nachholen?

Natürlich kann der Erwachsene seinen inneren Jungen in jedem Alter initiieren, wenn er sich ihm intensiv zuwendet, so wie der Erwachsene dem inneren Jungen der Vater sein kann, den er nicht hatte. Viele Männer holen sich Hilfe bei einem Therapeuten. Über eine Therapie kann man immer näher an die Wunden herankommen, sie immer besser verstehen. Aber wenn es darum geht, den Wandel bewußt und gleichzeitig tief in der Seele zu vollziehen, hilft uns eine Initiationserfahrung. Wir Männer werden stärker berührt, wenn wir uns einer Erfahrung aussetzen, noch stärker, wenn sie von einer Männergruppe bestätigt wird. Die Initiation, wie sie die traditionellen Völker verstanden haben, ist ja nie nur eine innere Angelegenheit, der Übergang bekommt seine »öffentlichen Weihen«.

»Die zentrale Aufgabe der Einweihung ist es, den Wandel zu dramatisieren und somit zu erleichtern«, schreibt Ray Raphael in seinem Buch »Vom Mannwerden«. »Das Übergangsritual stellt das schwierige Problem des persönlichen Reifens in einen gesellschaftlichen Rahmen; es verleiht privaten Problemen eine öffentliche Dimension; es ruft die vereinten Kräfte seiner Kultur und ihrer Traditionen auf, dem einzelnen bei der Bewältigung seiner Krise beizustehen.«

Das Grundsätzliche daran ist, sich für drei Tage und drei Nächte aus dem Verkehr zu ziehen. Nichts essen, nur Wasser trinken, höchstens einen Schlafsack und eine Zeltplane als Regenschutz dabeihaben und allenfalls ein Feuerzeug, um Feuer zu machen. Als wichtige Vorbereitung gilt es, Ordnung in seinem Innern zu schaffen und Beziehungen soweit möglich in Ordnung zu bringen.

Du kannst Wasser trinken, Feuer machen, Bäche stauen, Hütten bauen, Steine aufeinanderschichten, kannst im Bach baden, kannst singen, jauchzen, tanzen, mit dir selber reden, du kannst auch meditieren oder in der Sonne schlafen, soviel du willst. Du mußt einfach allein sein, darfst nichts essen, und in der dritten Nacht mußt du wach bleiben.

Du wirst unruhig. Der Hunger nagt, aber das ist nicht wesentlich. Du bist ausgezogen, eine Vision zu bekommen, ein Zeichen, aber es kommt nichts außer deiner Verzweiflung. Und die läßt sich nicht wegpusten mit irgendwelcher Action. Diese innere Leere, diese Einsamkeit mußt du aushalten. Drei Tage, drei Nächte.

Wenn du drei Tage allein bist, kommt dein Schatten hoch. Zuerst überfällt dich die Langeweile, dann kommt die Angst, es kommen Phantasien, all die abgespaltenen, verdrängten Anteile kommen hoch, stellen dich in Frage, bringen dich durcheinander. Du wirst ungeduldig, hältst es nicht mehr aus mit dir. Der Hunger ist das kleinste Problem. Nichts zu tun zu haben, mit niemandem reden zu können, von nichts und niemandem abgelenkt zu werden von den Dingen, die da von innen kommen, das ist das Schwierige. Gefühle der Hilflosigkeit werden geweckt. Du hast keine Kontrolle mehr. Na klar, du könntest zurückgehen, zu den andern, aber dann hättest du versagt, du wärst kein Mann. Also hältst du es weiter aus.

Normalerweise hören wir ja nicht auf unser Inneres, aber in der Vision Quest bleibt dir nichts anderes übrig. In einer solchen Initiation fällt vieles, was dein Ego sonst aufplustert, was dich in deinem Ich-Erleben so sicher macht, von dir ab. Du kannst weder dir noch anderen Eindruck machen. So kann es nach drei Tagen geschehen, daß Inhalte aus deinem Unbewußten ins Bewußtsein hinüberschwappen. Meist in der dritten Nacht, in der du wach bleiben sollst, hungrig und müde und womöglich noch frierend wach bleiben sollst, allein mit den Geräuschen der Nacht und den Phantasien, die sie auslösen.

Jeder einigermaßen psychisch gesunde Mann kann sich solch einer Erfahrung aussetzen. Nicht nur bei eigentlichen Initiationen in großen Wandlungssituationen, wie die Indianer Nordamerikas, auch wenn er vor schwierigen Entscheidungen steht,

Lebensfragen beantworten muß, einen Wandel in sich vornehmen will, wird er von diesen drei Tagen mit sich allein reich beschenkt zurückkehren.

Für Jungen am Ende der Pubertät ist eine geführte Vision Quest eine unvergeßliche Initiation.

Vision Quest für Jungs

Ein zentraler Punkt der Initiation ist es, sie durchzustehen. Wenn man eine Vision Quest mit Jungen macht, muß ein Camp Sicherheit bieten. In ihm begleiten »Älteste« das Ritual und sind notfalls zur Hilfe bereit. Wenn möglich, sollen Vater und Großvater real oder in Form von Fotos dabeisein, wenn am Abend vor dem ersten Tag die Instruktionen erteilt werden. Es ist ein schwieriges Abenteuer. Nicht alle werden durchhalten. Da hat sich vielleicht mancher zuviel zugemutet, ist noch nicht soweit. Immerhin hat er es versucht, und das bringt schon wichtige Erfahrungen. Wer die Initiation abbricht, soll im Camp schnell Hilfe und Essen bekommen.

Allein mit sich selbst, kommen die Jungs in Kontakt mit ihrer Angst, mit ihrem Frust, ihrer Wut. Sie lernen sich kennen in einem »uncoolen«, unkontrollierten Zustand. Der Junge wird Teile von sich kennenlernen, die er nicht wahrhaben will, die er nicht annehmen kann. Wer das durchgehalten hat, wird später bei solchen Erfahrungen weniger Angst davor haben.

Wenn er aufrichtig ist mit sich, wird er einen guten Kontakt zu seiner inneren Stärke finden und braucht später der Welt nicht als Tyrann oder als Weichei gegenüberzutreten. Er wird in tiefe Verzweiflung geraten, er wird Hunger, Angst, Einsamkeit, Trauer, Schmerz verspüren, extreme Emotionen werden geweckt und einen Prozeß in Gang bringen. Wenn er da durchgegangen ist, im Morgengrauen nach der dritten Nacht, kehrt der Junge zurück zu den Männern ins Camp. Und zwar als Mann.

Wichtig ist, daß er nun ein Zeichen bekommt. Ein Tattoo, eine Narbe, ein Geschenk, eine Insignie, etwas, das zeigt, daß er durch diese Initiation gegangen ist, daß er als Mann anerkannt ist. So wie Parzival zum Ritter geschlagen wurde, nachdem er sich vom naiven Knaben zum tapferen Krieger gemausert hatte. Die Jungen erzählen nun ihre Erlebnisse in der »Männerrunde«, das hilft, sie einzuordnen und zu verankern. Auch bekommen sie einen neuen Namen, der meist aus einem Erlebnis während der Fastenzeit kommt oder – wenn er solche hatte – aus einem der Träume oder Visionen während dieser Zeit, ein Name, der ihn an die Initiation erinnert.

Der letzte und nicht unwichtigste Teil der Initiation wird sein, wenn die jungen Männer wieder zurück zu ihren Müttern in die Familien gebracht werden. Die Mütter sollen ein Fest organisieren und ein Festessen auftischen für Freunde und Verwandte, und der junge Mann soll nun vor aller Augen und Ohren als selbstverantwortlich und frei angesprochen werden.

Natürlich wird man durch ein solches Ritual nicht automatisch vom Kind zum Mann. Ein Junge, der durch eine solche Initiation gegangen ist, hat aber eine tiefe Machtlosigkeit erfahren und hat sie akzeptiert, und er hat erlebt, daß eine größere Kraft ihn trägt. Er wird später bewußter und einfühlender Macht ausüben können.

Die meisten von uns, die wir heute Männer sind, sind nicht bewußt über diese Schwelle geführt worden und haben kein Zeichen bekommen, daß wir Männer geworden sind. Niemand hat uns damals seine Erfahrungen über das Mannsein mitgegeben, die uns hätte zeigen können, daß wir viel mehr sind als nur unser Ego. Mehr als unser Wille, unsere Kontrolle. Daß wir Vertrauen haben können in unsere tiefe Männlichkeit, mit der man in solch einer Prüfung in Kontakt kommen kann.

Wer nicht auf irgendeine Art durch eine Initiation gegangen ist, riskiert, nach außen in seinem coolen Heldentum und im Verstecken seiner Verwundbarkeit hängenzubleiben. Wird aber unser Männlichkeitsstatus dramatisch bekräftigt, sind wir vielleicht ein wenig lockerer, weniger geil auf Kohle, auf Status, weniger angreifbar, weniger leicht zu verunsichern. Wir wissen ja, daß wir Männer sind.

Das erste Mal

Wie kriegt man ein Mädchen ins Bett?

Irgendwann kommt »das erste Mal«. Irgendwann wird der Weg aus der Clique heraus zu einem Mädchen frei. Das männliche Potenzgehabe, das Interesse an PC und Töff sowie die dauernde Kampfbereitschaft, diese drei Männlichkeitsbeweise werden plötzlich relativiert durch die Erkenntnis: Ich bin geil, ich brauch' 'ne Frau! – Aber wie kriegt man die ins Bett?

Die frühere Wegbewegung von der Frau, die Vermeidung von Intimität und die Körperlichkeit in Form von rauher Ruppigkeit: das ist alles kein taugliches Verhalten mehr. Lange haben wir tiefe Gräben um uns herum ausgehoben, zum Schutz vor dem Weiblichen, jetzt wollen wir plötzlich an die Mädchen ran. Die wollen aber Dinge, die wir bis anhin verachtet haben: Zärtlichkeit, Langsamkeit, Einfühlung – Dinge, die wir unterdrückt hatten, weil sie für weibisch gehalten wurden und den Verdacht von Schwulsein auf uns lenken konnten. Und jetzt sollten wir dieses Instrumentarium plötzlich zur Hand haben?

Die Mädchen wollen in dieser Zeit Zärtlichkeit, Berührung, Sinnlichkeit, Zuneigung. Aber die Jungen wollen erobern, wollen Sex und Orgasmus. Der kleinste gemeinsame Nenner ist die Berührungslust. Der Rest der Bedürfnisse steht einander diametral gegenüber. Aber sogar die Sehnsucht nach Berührung ist unterschiedlich: Die Mädchen suchen sanfte Sinnlichkeit, die Jungen wollen zupacken. Eigentlich ein Wunder, daß Mann und Frau überhaupt je zueinander finden.

Die Unterschiede sind in diesem Alter extrem. Jungen und Mädchen stehen an gegensätzlichen Polen, beide haben einseitig ihre Geschlechtsidentität entwickelt, weit weg von der »ganzheitlichen« Persönlichkeit, die später aktuell wird. Das ist aber richtig und wichtig, um diese Durchgangsphase kommt keiner herum. Hormonell passiert hier folgendes: Das Testosteron treibt den Jungen zu Sex und Orgasmus, und das Oxytocin, das »weibliche« Hormon, öffnet beiden das Herz. Oxytocin wird durch Zärtlichkeit aktiviert, und seine Ausschüttung bewirkt eine Sehnsucht nach noch mehr Intimität. Wenn das passiert, steigt der Östrogenspiegel an. Dieser läßt das Mädchen brünstig werden. Es weckt die Bereitschaft zur Empfängnis, und das Mädchen ist bereit für Sex. Erst dann produziert auch der Mädchenkörper Testosteron, und dieses bewirkt Lust und Geilheit.

Wenn der Junge also von Testosteron hochgetrieben wird, sucht er die Penetration. Das pubertierende Mädchen muß aber zuerst durch Zärtlichkeit geweckt werden, sein Herz muß berührt werden, bevor es in seine Lust und Geilheit hineingehen kann. Das führt zu ewigen Mißverständnissen zwischen Mädchen und Jungen. Und oft auch noch zwischen Mann und Frau.

Der Junge kommt an diesen Punkt mit seinen bisherigen Erfahrungen beim Wichsen im Hinterkopf: Die Phantasien waren meist nuttig. Es waren keine tollen Erfahrungen, sondern schnelle, versteckte, oft als schmutzig empfundene. Und so bedeutet Erregung für ihn etwas Nuttiges. Das Mädchen ist in seiner Vorstellung willfährig, bereit, geil, es will dasselbe. Nun trifft er also auf ein Mädchen, und siehe, sie ist ganz anders.

Das Mädchen seinerseits hat ein sogenanntes Passivgebot. Es hat durch die Erziehung mitbekommen: Paß auf, die Jungen wollen nur das eine. Es ist nuttig, wenn ein Mädchen seine Lust zeigt, also verhalte dich passiv. Das Mädchen muß sich zurück- und den Jungen auf Distanz halten.

So trifft ein unsicherer Junge auf ein vollkommen unverständliches Geschöpf, denn die sexuellen Phantasien der beiden sind völlig verschieden. Der Junge will Sex, das Mädchen will Beziehung. Er möchte seinen Samen streuen, wenn möglich auf viele Mädchen verteilen. Sie möchte einen festen Freund haben.

Man fühlt sich nicht besonders gut als Junge in dieser Zeit: Du mußt einen Schritt machen, und sie kann dir jederzeit einen Korb geben. Der amerikanische Psychologe Warren Farrell hat in seinem Buch »Warum Männer so sind wie sie sind« die Schritte auseinanderzudividieren versucht, die der Junge auf dem Weg vom ersten Blickkontakt bis hin zur Penetration machen muß. Es sind rund einhundertfünfzig. Und bei jedem Schritt kann sie wieder nein sagen. Ein hartes Busineß.

Kein Wunder, daß der Junge dabei in einen Leistungsstreß hineinkommt und mit Versagensängsten konfrontiert wird. Das Mädchen ist immer richtig, wenn es sich verweigert, es soll sich ja verweigern, je länger es nein sagt, um so mehr ist es wert. Der Junge muß nun die Nerven haben und das Nein jeweils hartnäckig in ein Vielleicht umdeuten und versuchen, dieses durch stetes Verführen in ein Ja umzuwandeln.

Dabei meint der Junge, er habe sich in ein Mädchen verliebt. In Wirklichkeit hat das Mädchen ihn gewählt. Der Junge hat unbewußt die Zeichen gedeutet, sieht eine Chance, zum Zug zu kommen, und begibt sich, so angelockt, auf den beschwerlichen Weg der Werbung.

Farrell hat beobachtet, daß viele Jungen eine ganz bestimmte Strategie entwickeln, wie sie mit dem Nein der Mädchen umgehen können, ohne sich dabei herabgesetzt, entwertet oder in ihrer männlichen Identität verletzt zu fühlen: Der Junge macht das Mädchen zu einem Sexualobjekt. Ist das Mädchen zu einem

Objekt erniedrigt – dazu hat er die Frauen ja bereits in seinen Phantasien gemacht –, nun ja, dann macht es einem nicht mehr soviel aus, wenn man einen Korb bekommt. Wenn sie nicht will, dann ist sie halt eine blöde Gurke, ist selber schuld. Es tut viel weniger weh, von einem gewünschten Sexobjekt abgelehnt zu werden als von einem geliebten Gegenüber. Manche Männer halten diese Abwehrstrategie ein Leben lang aufrecht. Sie betrachten Frauen als Sexualobjekte und verhindern dadurch zwar eine Verletzung, aber auch die Chance, Liebe und eine lebendige partnerschaftliche Beziehung zu erleben.

Wenn wir einer herausfordernden, attraktiven Frau plötzlich nur noch auf den Hintern schauen, dann schützen wir uns wahrscheinlich davor, von ihrem Nein verletzt zu werden, von ihrem Nein in der Großartigkeit unseres Narzißmus abgelehnt zu werden. Denn daß sie nein sagt zu unseren sexuellen Wünschen, damit können wir leben. Aber wenn sie nein sagt zu uns als Mensch, dann tut das weh. Kommt dazu, daß die Mädchen heute sehr viel selbstbewußter sind als früher. Bauchnabel voran gehen sie auf die Jungs zu, provozieren mit dieser aufgesexten, aggressiven Art. Da stürzen die meisten Jungen ab. Der Junge muß erobern nach Gesetzen, die bereits unsere tierischen Ahnen während Millionen von Jahren angetrieben haben: Das Männliche ist aggressiv und sexuell, das Weibliche ist ängstlich und sich unterwerfend. Wenn nun die Girlies so aufgesext daherkommen, dann sind die Jungen verunsichert, denn das Anmachen wäre eigentlich ihr Part. Dabei spielen die Mädchen nur einen narzißtischen Zug aus, sie gefallen sich, finden sich toll, fließen mit einer Modeströmung, müssen nabelfrei und mit Piercing herumlaufen, auch wenn das innerlich gar nicht verbunden ist mit dem wirklichen Fühlen und Spüren.

Pleiten, Pech und Pannen

»Das erste Mal« ist bei den meisten eine Katastrophe. Und trotzdem ist es eine Erlösung. Endlich ist's passiert.

Befragungen haben ergeben, daß das erste Mal begleitet ist von Pleiten, Pech und Pannen. Zwei Drittel der Befragten berichteten von großen Schwierigkeiten. Im Durchschnitt passierte es mit 16,7 Jahren. Bei fast der Hälfte mußte trotz aller Rollenvorstellung das Mädchen die Initiative ergreifen, fast die Hälfte der Jungs mußte sich vorher betrinken. 11 Prozent hatten keine Erektion, 40 Prozent kamen zu früh, 10 Prozent hatten keine Ejakulation. Viele beschrieben das Erlebnis als durchschnittlich, als »Fortsetzung des Pettings mit anderen Mitteln«, die erotische Spannung sei erst später, im Laufe der Beziehung, ins Spiel gekommen. Trotzdem, für die meisten Jungs bedeutet das erste Mal eine Art Initiation ins Erwachsenensein. Jetzt bin ich ein Mann. 75 Prozent der Befragten behaupten, sie hätten dabei Spaß gehabt, 76 Prozent sagten, es sei befriedigend gewesen. Die Mädchen sahen die Sache wohl ein wenig anders. 34 Prozent hatten Spaß und nur 27 Prozent fanden es befriedigend. Nun ja, sie müssen dabei durch Schmerzen hindurch.

Die große Herausforderung für den Jungen beim ersten Mal ist, nicht zurückzufallen in die Symbiose. Er faßt den Busen an; Busen ist Mutter. Er geht in die Vagina des Mädchens, geht in die Urphantasie: zurück in die Mutter, zurück in das Reich, aus dem er gekommen ist. Zurück in ein Reich, in dem er noch nicht Mann war, sondern in Symbiose mit der Mutter, ohne eigene Identität. Durch diesen nahen Kontakt mit der Frau kommt das Mütterliche wieder voll auf ihn zu und lädt ihn ein, sich zu verlieren. Und berührt seine große unbewußte Angst.

Also muß er danach schnell wieder weg. Nicht mehr rechtzeitig wegzukommen, sich aufzulösen, die Identität zu verlieren, davor haben wir Männer Angst, wenn wir beim Weibe liegen. Deshalb denken die meisten von uns zwei Minuten nach dem Orgasmus bereits wieder ans Geschäft. Sie holen sich in die »Realität« zurück.

Die große Prüfung beim ersten Mal besteht also darin, daß der Junge sich nicht verliert im Weiblichen. Natürlich denkt dabei kaum einer wirklich an die Mutter, jeder Gedanke an sie wird verdrängt. Aber die Brüste faszinieren uns nun mal.

So sind unsere Empfindungen sehr auf uns selbst bezogen. Zärtlichkeit, Einfühlung, Nähe müssen erst noch zugelassen werden. Wir kämpfen beim ersten Mal mit Leistungsanforderungen und Versagensängsten, und gegenüber den andern Jungs verstecken wir das meist hinter sexistischen Sprüchen.

Egal, wie's gelaufen ist: Am Ende bist du ein Mann, denn du hast mit einer Frau geschlafen. Und fortan beweist du dir deine Männlichkeit dauernd neu beim Sex mit einer Frau. Egal, wie es ist, Hauptsache, du bumst sie. Egal, wie gut es ist, wie gut es ihr dabei ergeht, wie gut es dir dabei ergeht, du bumst sie, und das macht dich zum Mann. Erst später lernst du, daß du ein guter Liebhaber werden, in den Techniken variieren und ein Vorspiel einbauen mußt. Aber hier, am Anfang, willst du nur beweisen, daß du ein Mann bist, mit wenig oder gar ohne Genuß, ohne eine Ahnung davon zu haben, wie weit dieser Genuß überhaupt gehen könnte, was ein Orgasmus außerhalb der Pornofilme überhaupt sein könnte für dich, wozu unsere Körper fähig sind, wenn die Lust liebevoll und geduldig aufgebaut wird, was da alles abgeht, wenn wir das Feuer wirklich entfachen können. In diesem Alter haben wir unsere Körper vor allem abgehärtet, sie müssen sportlich sein, funktionieren. Anstelle von Empfindung und Sensibilität stehen Kraft, Ausdauer, Präzision der Bewegung im Vordergrund. Dadurch bleibt der

Junge in einem äußerlichen Bezug zum Körper stecken. Noch fehlt die ganze Skala der erotischen Empfindungen.

Die Frau dagegen soll Gefühle haben, ihr gestehen wir Emotionalität und Weichheit zu. Nur, im Grunde ist das schade: So delegieren wir etwas ganz Wichtiges an die Frau, holen es im Bett bei ihr ab, erleben es dort unter Angst und verdrängen es nach dem Orgasmus sofort wieder: das Glücklichsein im Körper. Wenn wir nicht bald den Liebhaber in uns entwickeln, werden wir nur beziehungslosen Sex machen, bleiben verhaftet in Bildern aus Sexfilmen oder Pornos und sind wilde Rammler mit Vorstellungen, die weder mit dem wirklichen eigenen Trieb noch mit dem Verhalten des Mädchens übereinstimmen. Im Grunde sind wir dann traurige Gestalten.

Manche heutige Jungs erleben das ein wenig anders als diejenigen vor zwanzig Jahren. Sex hat nicht mehr den absolut ersten Stellenwert, die Beziehung hat aufgeholt. Bei einer Befragung unter Jugendlichen Ende der 90er Jahre über die Glücksmöglichkeiten schlechthin fiel Sex auf einer Skala von 1 bis 10 mit der Note 6,7 auf Platz zwei zurück, geschlagen vom Wunsch, eine feste Beziehung zu haben. Aber das ist an der kulturellen Oberfläche so. Darunter laufen die Dinge wie seit Millionen von Jahren.

Wenn der Junge es das erste Mal gemacht hat, geht er als Held zurück in die Clique. Es war super. Toll. Dreimal ist sie gekommen! Mehr wird nicht geredet. Sie sind ja alle nicht sicher, ob sie nun gut waren und ob sie das Mädchen wirklich befriedigt haben. Vielleicht haben sie ja nicht viel gespürt, waren besoffen, gestreßt. Jetzt kommen sie also zurück in die Gruppe, und nun geht das sexistische Getue noch mal so richtig los. Als Schutz gegen diese Unsicherheit.

Aber je mehr der Junge mit dem Mädchen ausgeht, mit ihr Intimität, Nähe und Sex erlebt, um so mehr richtet sich der

Scheinwerfer des Bewußtseins weg von den Freunden, hin zu dem Mädchen. Unsere männliche Identität bestätigen wir jetzt bei ihr, nicht mehr bei den Kumpels. Männlich ist jetzt, wer bumst, wer penetriert. Bei den Mädchen ist's jetzt spannender. Natürlich trifft man sich noch in der Clique, macht vielleicht noch Sport zusammen, aber viele Jungen geben in dieser Zeit dicke Freundschaften auf. Eigentlich schade.

Natürlich müssen diese symbiotischen Bubenfreundschaften irgendwann ein Ende haben. Asterix und Obelix würden auch auseinandergehen, wenn einer von ihnen endlich mal eine Frau nehmen würde. Die frühere Paarbildung unter Jungen wird in dieser Zeit auf die Paarbildung zwischen Jungen und Mädchen verlagert. Und die Nestwärme, die Herzenswärme holen wir jetzt bei der Freundin, nicht mehr bei der Mutter. Die Frau sorgt, so will es unser Rollenverständnis, fortan für das soziale Umfeld, wir Männer begeben uns in den Konkurrenzkampf. Und verlieren dabei unsere Männerfreundschaften.

So peinlich das erste Mal für viele war, es hinterläßt kaum unheilbare Narben. Natürlich bleibt fortan diese große Frage: Genüge ich? Genügt mein Penis? Natürlich bleibt fortan dieser unweigerliche, sekundenschnelle Blick auf den Pimmel des Nachbarn, wenn Männer gemeinsam unter der Dusche stehen, und vielleicht beruhigt es den einen oder andern, wenn er hier liest, daß der hängende Schwanz des Nachbarn von der Seite besehen immer größer aussieht als der eigene Penis von oben betrachtet. Aber so ist es nun mal, wir Männer definieren uns über den Schwanz. Viel mehr haben wir, zumindest in jenem Alter, noch nicht begriffen.

4.

Vom Hormon, das aus Memmen Männer macht. Schlag drein, ruft es, hau den Lukas, nimm das Weib! Und von der Gegenspielerin, die aus Männern wieder Memmen macht. Nur nicht weiblich sein, ruft die Angst, ja nicht schwul sein, auf keinen Fall weich. Noch fehlt das Herz. Darum verpatzt Parzival die Chance seines Lebens.

Der Krieger und seine Kraft: Über die Aggression

Testosteron und Aggression

Neben dem Drang nach Sex hat der junge Mann vor allem auch Aggressionen, die ausgelebt sein wollen. Um das zu verstehen, müssen wir nochmals kurz das Hormon Testosteron anschauen, denn das Testosteron macht, in Verbindung mit den anderen männlichen Sexualhormonen, nicht nur geil, es bewirkt einiges von dem, was man in unserer Gesellschaft unter »männlichem Verhalten« oder »männlichen Eigenschaften« versteht. Es macht muskulös, macht Appetit, Begierde, aggressiv, es gibt Energie, gibt Selbstvertrauen, Ausdauer, Kraft, und es treibt uns zum Sex und zu dominantem Verhalten.

Neuere Untersuchungen weisen darauf hin, daß – in einem komplizierten Zusammenspiel mit anderen Hormonen – hauptsächlich auch das »Glückshormon« Serotonin den Mann zum Mann macht. Testosteron ist aber das wichtigste männliche Geschlechtshormon, es wird vor allem in den Hoden, aber auch in den Nebennieren gebildet. Auch die Frau erzeugt geringe Mengen davon in den Eierstöcken und in der Nebennierenrinde. In einem gesunden Maß ausgeschüttet, steigert es ihre Libido. Ein Testosteronüberschuß führt zu einer mehr oder weniger starken Vermännlichung der Frau. Meist ist dieser Testosteronüberschuß relativ, das heißt, die Frau produziert nicht genügend des weiblichen Geschlechtshormons Östrogen, etwa in den Wechseljahren.

Ein Zuviel an Testosteron beim Mann macht kahlköpfig, erhöht das Risiko von Herzproblemen, fördert Prostatakrebs, und es macht anfällig für Infekte, denn es schwächt das Immunsystem. Ab Vierzig läßt die Produktion von Testosteron nach. Als »Machohormon« und Lifestyle Droge wird Testosteron von der Zeitschrift »Brückenbauer« bezeichnet, weil immer mehr Männer, wenn sie »nicht mehr so fit und brünstig sind wie ein junger Stier«, zwecks Testosteron-Therapie zum Arzt gehen.

Testosteron ist auf dem Schwarzmarkt, etwa in Fitneßzentren oder Bodybuilderclubs, zu bekommen. Dort wird eine Vorstufe, die sogenannten Steroiden, vertrieben. An Bodybuilding-Wettbewerben kann man davon ausgehen, daß rund achtzig Prozent derjenigen, die da oben auf dem Podest stehen, ihrer Muskelbildung mit Testosteron nachgeholfen haben, auch wenn sie in der Dopingkontrolle nicht mehr positiv sind. Manche behaupten, man erkenne die natürlich gewachsenen Muskeln an ihrer Knackigkeit, die mit Testosteron aufgepumpten seien irgendwie wäßrig, schmierig. Die Wirkung der Droge ist frappant, allerdings auch ein Spiel mit dem Tod: Es lauert der Herzinfarkt.

Der Testosteronspiegel erhöht sich auf natürliche Weise im Moment, wenn du einen guten Hintern siehst oder in eine gefährliche Situation kommst. Oder wenn du auf einen Streifzug durchs Milieu gehst. Du brauchst gar nicht aktiv zu werden, schnuppern reicht.

Testosteron macht, wie gesagt, im Zusammenspiel mit anderen Hormonen auch aggressiv. Ganz blicken die Forscher da noch nicht durch. Jedenfalls ist nachgewiesen, daß in den ersten drei Lebensjahren Mädchen und Buben genau gleich aggressiv sind. Die hauen im Streit voll rein. Dann beginnt eine geschlechtsspezifische Aggressionslenkung durch die Eltern, durch unsere Kultur, die nichts zu tun hat mit Testosteron. Bei Jungen wird die körperliche Aggression gefördert, bei den Mädchen die emotionale. Da sie körperlich im allgemeinen wirklich das schwache Geschlecht sind, haben sie gelernt, nicht den Körper des – stärkeren – Jungen anzugreifen, sondern ihn tief in der Seele zu treffen.

In vielen Beziehungen besänftigt die Frau den Mann, wenn er aggressive Signale gibt. Eine gute Beziehung kann viel Aggression und ein gewisses Maß an Brutalität, ja sogar Gewalt durch die Sexualität aufnehmen. Viele Frauen nehmen das auf sich, sie wandeln, neutralisieren die Aggressivität ihres Partners, damit sie sich nicht nach außen wenden muß. Langjährige Ehemänner sind weniger durch Testosteron gesteuert als Singles. Wenn der Mann nicht mehr jagen muß, wenn er weiß, ich hab' meine Frau zu Hause, ich bin emotional und sexuell versorgt, dann sinkt der Testosteronspiegel.

Wenn Männer mit ihren Frauen über Jahrzehnte dasselbe Bett teilen, sich allmählich in- und auswendig kennen, dann nimmt mit dem Testosteron auch der Eros bei vielen Paaren ab. Manche Paare haben gute Erfahrungen gemacht mit getrennten Schlafzimmern. Es hält die erotische Spannung aufrecht und fordert jede Nacht eine Entscheidung: zusammen oder jeder für sich? Das eigene Zimmer, das auch Raum für eigene Phantasien und Privatheit zum Onanieren gibt, kann die Spannung wieder zum Knistern bringen.

Ab Vierzig beginnt der Testosteronspiegel um ein Prozent jährlich zu sinken. Um die Fünfzig passiert es vielen Männern, daß ihre alten Beziehungen zusammenbrechen und sie sich eine junge Frau suchen. Eine junge Frau erneuert das Gefühl von Lebendigkeit, von Jugendlichkeit. Hollywood hat das Thema unter anderem in »American Beauty« meisterlich verfilmt: der Fünfzigjährige verliebt sich in die Freundin seiner sechzehnjährigen Tochter. Er beginnt sich vom Schlappsack zum fitten

Muskelmann hochzutrainieren, macht ihr den Hof, sucht sie zu verführen und schafft es tatsächlich, sie am Ende vor sich zu haben, bereit, sich hinzugeben. Da merkt er, daß er nicht der Richtige ist für sie, daß sie ihr Leben vor sich hat, er das seine hinter sich. Und er verzichtet.

Testosteron beeinflußt Sexualität und Aggressivität, die sehr nahe beieinanderliegen. Natürlich gibt es neben der Erklärung vom Zusammenhang zwischen Testosteron und Aggression auch noch andere Ideen darüber, was Aggression auslösen kann. So hatte der berühmte Ethologe und »Gänsevater« Konrad Lorenz in seinem Buch über »Das sogenannte Böse – zur Naturgeschichte der Aggression« eine Triebtheorie aufgestellt. Lorenz hatte aus seinen Beobachtungen der Tiere geschlossen, daß Aggression bei Tieren und Menschen ein Instinkt sei, angeboren und somit nicht zu verhindern. Die Aggression lasse sich hemmen und vielleicht auch umlenken, aber sie lasse sich nicht abschaffen.

Spätere Versuche, das Wesen der Aggression zu erklären, gingen davon aus, daß vor einer Aggression immer eine Frustration stattgefunden hat, daß also eine zielgerichtete Aktion oder ein Wunsch gestört, frustriert wird und daß dies einen aggressiven Schub auslöse. Aber auch diese Erklärung reicht alleine nirgends hin.

Eine dritte Theorie sagt, aggressives Verhalten komme ausschließlich durch Lernen zustande. Über Belohnung oder Bestrafung werde aggressives Verhalten von einem Modell, etwa vom Vater oder vom Bruder, erlernt und in das eigene Verhalten eingebaut. Wenn das stimmt, dann müssen wir erst recht mal darüber nachdenken, was wir an Vorbildern und Helden täglich über unsere Fernsehschirme laufen lassen, wie viele Morde täglich, wie viele Gewaltverbrechen als »lebbare Modelle« in unsere Seelen sickern und bei Gelegenheit ausgelebt werden.

Welche Theorie wir auch wählen, keine erklärt das Phänomen der Aggression abschließend. Neuere Untersuchungen gehen davon aus, daß sowohl Vererbung als auch Testosteron und gelerntes Verhalten wie auch Frustration und Verknappung der Ressourcen aggressives Verhalten auslösen können. Zum Zusammenhang zwischen Testosteron und Aggression seien aber noch kurz zwei Beispiele angeführt: Früher hat man Triebtäter manchmal kastriert. Es wurden ihnen die Hoden abgeschnitten, denn der Zusammenhang zwischen Hoden und Aggression ist den Menschen seit langem bekannt: Ochsen sind brave, hodenlose Stiere, und Wallache Hengste ohne Hoden. Sie haben zwar noch ihre Körperkraft, aber nicht mehr ihre unberechenbare Wildheit. Menschliche Kastraten singen schön und lassen als Eunuchen bekanntlich die Frauen im Harem in Ruhe. Kastrierte Triebtäter produzieren nur noch wenig Testosteron in den Nebennieren, sie werden zu zahmen Lämmchen, sind antriebsschwach, haben kein Durchsetzungsvermögen und keinen Trieb mehr.

Auf der andern Seite macht momentan in den USA die Geschichte von Griffin die Runde durch die Medien. Griffin war mit sechzehn Jahren eine feministische Kampflesbe. Sie trug Kurzhaarschnitt, Motorradjacke, breite Ledergürtel, Schnürstiefel, und sie war immer bereit, das Maul aufzureißen und jeden Mann als präpotenten Macho niederzumachen, der sie nur einen Moment lang begutachtete. Dann wurde ihr eines Tages plötzlich klar, daß sie in einem falschen Körper lebte. Sie wollte ein Mann werden. Mit Achtzehn ließ sie sich ihre Brüste amputieren, und sie unterzog sich einer Testosteron-Behandlung. Ihr Testosteron-Spiegel wurde auf das doppelte Niveau eines jungen Spitzensportlers angehoben. Innert achtundvierzig Stunden, so erzählt er heute, sei er ein anderer Mensch gewesen mit einem Hirn, das fortlaufend obszöne Bilder ausspuckte. Seine frühere mentale Weiblichkeit habe sich rasant verflüchtigt, und er habe nur noch eines im Kopf gehabt, eine Frau ins Bett zu kriegen. Den Frauen auf der Straße starrte er auf Hintern und Brüste, obwohl seine feministische Erinnerung dauernd rief: »Du Schwein, du.« (Weltwoche 38/02)

Aggression als destruktives Potential

Das Wort »Aggression« verwendet man heute als Sammelbegriff, der Angriffs-, Verteidigungs- und Drohverhalten einschließt. Auch das Zulassen der Schädigung eines andern ist Aggression. Wenn wir zulassen, daß einer auf offener Straße zusammengeschlagen wird, wenn wir dabei weggucken und nicht eingreifen, dann ist das genauso aggressiv wie die Gewalttat selbst. Deutsche Soziologen haben untersucht, wie bereitwillig Menschen Hilfe leisten. Sie hatten hinter einem offenen Fenster mit geschlossenen Läden ein Tonband mit Kinderschreien laufen lassen. Die Kinder wurden offenbar brutal geschlagen. Von 989 Passanten, die am Fenster vorbeiliefen, holten vier die Polizei und drei klopften an die Fensterläden. 982 hatten das Gefühl, es gehe sie nichts an.

Aggression und der Umgang mit ihr gehört zum Leben. Die Natur hat sogenannte Aggressionshemmer eingebaut, um ein sinnloses Aufeinanderdreschen mit Verletzung und Tod zu vermeiden. Je höher die Entwicklung der Spezies, um so feiner und raffinierter sind die Hemmer. Drohgebärden zum Beispiel sollen einen Gewaltausbruch verhindern, indem Körperumrisse durch Aufplustern vergrößert, die Haare gesträubt, die Breitseite oder die Waffen wie Zähne, Krallen, Scheren gezeigt werden. Bei uns Menschen geschieht das in unseren Grußzeremonien: Wir lächeln, wir reichen einander die Hände, wir umarmen uns (was an die kindliche Klammerbewegung erinnert), wir küssen uns (was an die Mund-zu-Mund-Fütterung erinnert), oder wir machen im Notfall Demutsgesten: Wir heben die Hände hoch, wir senken den Blick, den Kopf, wir verbeugen uns, knien nieder. Das alles soll beim Gegenüber eine Aggressionshemmung auslösen. Wenn Frauen sich hingeben, signalisieren sie das oft durch Zeigen des Halses, der Halsschlagader. Selber schuld, wer da nicht mit einem Kuß symbolisch zubeißt. Damit diese Demutsgesten allerdings wirken, braucht es eine minimale persönliche Beziehung. Bomberpiloten sehen die Gesten nicht.

Aggression ist Teil des Lebens, und wer seine Aggressionen nicht in gesundem Maß nach außen wenden kann, weil sie unterdrückt und verboten werden, der wird anfangen, sie nach innen zu wenden. Die Aggression wandelt sich dann in Selbsthaß, und das kann sich vielfältig zeigen, in Freßsucht, in Nägelkauen, Selbstverletzung, Selbstunfall, Depressionen, Bettnässen, Absturz in Drogen bis hin zum Suizid. Manche Manager, die aggressiv unter massivem Leistungsdruck stehen, setzen sich und ihr Herz selber weiter unter Druck, anstatt sich aufzulehnen. Wäre es nicht besser, die Wut im Bauch kennenzulernen und rauszubringen?

Von der Aggression zur Gewalt ist es ein kleiner Schritt. Wir im Westen haben die Gewalt als Monopol an den Staat delegiert. Polizisten dürfen Gewalt ausüben, Soldaten. Wer Gewalt ausübt, kommt in ein Adrenalinfeuer. Eine urmännliche Erfahrung. Miteinander ringen, miteinander boxen weckt elementare männliche Instinkte und erinnert an eine der Aufgaben unserer jagenden Vorfahren: das Töten. Töte das Reh, töte den Wolf, töte den Feind.

Der Vietnamheimkehrer William Broyles jr. schrieb im »Esquire« im November 84: »Als wir aus Vietnam zurückkehrten, konnten wir uns nicht mehr einleben. Der Alltag schien eintönig und trist. Unser Leben hatte irgendeine Qualität verloren, ein unbestimmbares Etwas. Wir hatten eine große Liebe, vielleicht die große Liebe unseres Lebens verloren, nämlich den Krieg. Und es gab nicht einmal jemanden, mit dem wir darüber hätten reden können.« Broyles zählte dann ein paar Gründe auf, um diese große Liebe zu illustrieren. Der Krieg ist eine Erfahrung von großer Intensität, ein Drama um Leben und Tod. Er gibt einem die Erlaubnis zu spielen. Er vereinfacht die Welt und teilt sie in Gut und Böse. Er läßt einen extreme Emotionen erleben, Todesangst, was normale Leute zu Hause vor dem Fernseher nie erleben. Der Krieg erzeugt ein einmaliges Gemeinschaftsgefühl, intensiver als die Ehe, denn man vertraut einander das Leben an. »Töten und Todesgefahr«, erzählt Broyles, »waren eine Einführung in das Mysterium von Tod und Leben, vergleichbar mit der Erfahrung der Frauen beim Gebären.« Sex und Gewalt steigerten sich gegenseitig, man fühlte sich in diesem Klima lebendig, männlich, potent. Man gehörte einer Elite an, denn man durfte töten. »Töten ist aufregend«, schrieb Broyle, »man bewegt ganz leicht den Finger und wumm, Bäume, Häuser und auch Menschen verschwinden.« Als Offizier mußte er oft Soldaten zurechtweisen, die Leichen geschändet oder tote Vietnamesen zu irgendwelchen würdelosen Spielen mißbraucht hatten. »Aber innerlich lachte ich dabei«, gesteht er. »Auf den Gesichtern der Soldaten, die ihre toten Gegner abzählten oder aufluden, sah ich ein Gefühl religiöser Glückseligkeit.«

Da ist einer dem Gott Mars, dem Kriegsgott, begegnet, und wer je mit traumatisierten Opfern und Tätern aus den Kriegen dieser Welt, seien es Kinder, Frauen oder Kämpfer, gesprochen hat, der weiß, daß die Begegnung mit Mars nicht ohne tiefe, grauenhafte Verletzung der Seele abgeht. Aber Mars ist nun mal, wie Aphrodite, eine gewaltige Kraft in unserer Seele.

Jeder Mann hat unter der Oberfläche ein aggressives Potential und die Anlage zu Gewalt und Brutalität. Das hat der amerikanische Professor Philipp Zimbardo von der Stanford University eindrücklich bewiesen. Zimbardo ließ in den 70er Jahren im Keller der Universität ein paar Räume für ein Experiment ausräumen. Von fünfundsiebzig teilnehmenden Studenten nahm er die vierundzwanzig, die ihm am aggressionsärmsten schienen, und bestimmte sie zu Wächtern, gab ihnen Schlüssel, Handschellen und die Möglichkeit, Strafen zu erteilen, während der Rest der Studenten Strafgefangene spielte. Das von der Umwelt abgeschnittene Experiment sollte vierzehn Tage dauern und aufzeigen, wie Menschen sich in ihre Rolle begeben. Nach sechs Tagen musste Zimbardo das Experiment abbrechen.

Die Studenten wurden von ihrer Rolle überwältigt. Die Gefangenen verloren jegliche Selbstachtung und erlitten depressive Schübe. Die Wärter teilten nur noch Schimpfworte aus, begannen die Gefangen brutal zu schlagen, zu misshandeln. Sogar der Professor wurde vom Sog erfaßt und wechselte seine Rolle vom Wissenschaftler zum Gefängnisdirektor. Sie hätten alle die Kontrolle verloren, wenn sie sich nicht abrupt aus ihrem Drama befreit hätten.

Aggression und Brutalität liegen hauchdünn unter unserem Selbstverständnis als friedfertige Menschen. Friedfertigkeit und Aggressivität bilden ein Ganzes, sie sind zwei Pole, und wie bei einem Magneten ist in der Mitte die Spannung aufgehoben, an den Polen ist sie am stärksten. Schießen Aggressionen unkontrolliert hoch, etwa wenn wir sie zu lange unterdrückt haben, kann jeder von uns zum Unterdrücker, Quäler, Sadisten, Vergewaltiger werden. Wenn Dramen mit aggressiven Durchbrüchen passieren, zeigen wir immer auf die andern, wir zeigen auf den Familienvater, der durchgedreht und seine Familie erschossen hat, und wir vergessen dabei, daß auch wir so vieles verdrängen mußten, daß sich ein ganz schönes Maß an Aggression in unserer seelischen Gerümpelkammer angesammelt hat.

Viele von uns Männern haben ihre Aggression als archaisch verdammt. Wir sind Softies geworden. Schöne Männer, gute Männer, liebe Männer. Wir haben uns vom Feminismus anstecken lassen. Natürlich hat das zum Teil seine Berechtigung. Brutalität und Gewalt dürfen tatsächlich nicht ausgelebt werden. Aber wir haben, um es den Frauen nur ja recht zu machen, zu stark hingehört. Wir müssen unsere Aggressivität in unsere Männlichkeit integrieren, sie mitleben lassen. Aber in einer kontrollierten Art und Weise. Dann können wir auch in schwierigen Situationen klar denken und wir selber bleiben.

Aggression und Macht sind eng verbunden. Wir Menschen streben Macht an, weil sie unser Selbstvertrauen stärkt. Macht macht uns großartig. Macht paart sich mit Sex wie Aggressionen. Henry Kissinger, der ehemalige Außenminister der USA, hat gesagt, Macht sei das größte Aphrodisiakum. Die Verbindung von Aggression, Macht und Sex ist aber extrem explosiv. Der Welteroberer Dschingis Khan soll gesagt haben, die größte Freude im Leben eines Mannes sei es, seine Feinde erbarmungslos zu schlagen und zu töten, ihre Pferde zu reiten und ihre Frauen und Töchter zu schänden.

Macho spielen

Der Feminismus hat den Macho unbarmherzig mit Füßen getreten, und wir Männer schimpfen heute selbst über ihn, in vieler Hinsicht zu Recht. Aber nicht in jeder. Der Macho treibt nämlich ein interessantes Spiel. Er spielt seine männliche triebhafte Seite voll aus. Er demonstriert Dominanz und versucht damit im Grunde, die Frau auf der biologischen Ebene anzuklicken: Dominanz verlangt Unterwerfung, wie im Tierreich. Der Macho zeigt sich als der starke, überlegene Mann, was die

Frau provoziert. Sie greift ihn an, sie kehrt ihre eigene männliche Seite heraus, kämpft mit ihm und kann so ihre weiblichen Aggressionen lustvoll ausleben, ohne von Schuldgefühlen geplagt zu werden. Sie kann sich dabei in ihrer ganzen weiblichen Kraft empfinden, da der Mann standhält, von ihren Aggressionen nicht umgeworfen wird. Mit einem Softie kann sie dieses Spiel nicht spielen.

Warum holen wir nicht dann und wann wieder diese positiven Anteile des Machos an die frische Luft, spielen »Macho«? Er hat Selbstvertrauen, ist verbunden mit seiner Körperlichkeit und seiner Triebhaftigkeit und ist überzeugt, daß er sexuell funktioniert und die Frau nehmen kann. Er weiß, er wird seinen Mann stehen. Er hat keine Angst vor der Frau, zumindest zeigt er sie nicht.

Der Macho spielt das uralte Spiel zwischen Mann und Frau. Der Macho ist der Eroberer und fordert Hingabe. Das sind die beiden Grundmuster auf der biologischen, sexuellen Ebene. Ein wenig wie beim Tango, wo klar abgegrenzte Rollen Mann und Frau erlauben, sich im männlich-weiblichen Energiespiel zu begegnen.

Gerade starke Frauen möchten auch mal weich sein und sich hingeben können.

Aggression ist unsere Stärke

Im Grunde ist Aggression eine gesunde Regung. Das lateinische Wort »aggredere« heißt vorwärtsschreiten. Unsere Aggression macht uns fähig, die Dinge in Bewegung zu bringen und voranzutreiben. Der Psychoanalytiker Peter Schellenbaum sagt: »Wenn der Mann seine Aggression nicht zuläßt, sinkt seine Potenz.« Warum nur ist die Aggression dermaßen in Verruf geraten?

Ein Schlüsselerlebnis hatte Heinz, als er mit dem 12jährigen Alexander auf Einkaufstour in einem Warenhaus unterwegs war. In der Sportabteilung hingen an der Wand rote, dicke, pralle Boxhandschuhe, und Alexander wollte die unbedingt haben. Heinz war aber damals noch ein überzeugter Softie und lehnte Boxen als dumme, pure Gewalt prinzipiell ab. »Ich will die aber haben«, drängelte der Junge, und Heinz gab nach, und sie zogen die Handschuhe mal an, um sie auszuprobieren. Da entwickelte sich ein lustiges Spiel, sie boxten miteinander, zuerst zaghaft und schattenhaft, dann immer mutiger, immer kräftiger, und sie kamen in ein Feuer, langten tüchtig hin und prügelten aufeinander ein, bis sie am Ende einander müde schnaufend und mit schweren Handschuhen gegenüberstanden. »Da kamen mir plötzlich die Tränen«, erzählt Heinz heute, »beim Boxen war uns das Herz aufgegangen.« Beim Boxen mußt du den andern wahrnehmen, ihm in die Augen schauen, ihn spüren, ihm begegnen.

Boxen wird in der Männerarbeit immer wieder eingesetzt, denn beim Boxen kommen wir direkt mit unserer Kraft und unserer Angst in Kontakt.

Da war zum Beispiel Markus in einer dieser Männergruppen, ein schmächtiger junger Mann. Der hatte seinen leiblichen Vater noch nie gesehen, denn der hatte ihn und seine Mutter abgelehnt und lebte mit einer andern Frau in einer andern Stadt. Markus war bis anhin körperlichen Auseinandersetzungen möglichst aus dem Weg gegangen, er fühlte sich zu schwach dafür. Als es nun in dieser Übung darum ging, mit einem andern

Mann zu boxen, ihm dabei in die Augen zu schauen, einander die übelsten Drohungen ins Gesicht zu werfen, da fühlte Markus plötzlich einen Killerinstinkt in sich aufsteigen, und er staunte, wie gut er zuschlagen konnte und wie er dem Gegenüber ein würdiger Gegner war. Dieses Erlebnis hat ihn ermutigt, später seinen Vater aufzusuchen und ihn zu einem Treffen zu bewegen. »Das Treffen«, so schrieb er später, »war für Vater und mich überwältigend. Ich hatte meine Wurzeln zurückerobert.«

Im Guten dient uns die Aggression, unsere männlichen Aufgaben zu erfüllen: erzeugen, ernähren, beschützen. Zur positiven Aggression gehört Mut. Mut braucht es, um in chaotischen und angstvollen Situationen stehenzubleiben.

Unsere Körper sind ja auch gut zum Prügeln geeignet: kräftig, muskulös, hart, kantig, voller Energie. Mädchenkörper sind dagegen weich, fließend, sinnlich. Viele Frauen reagieren auf Angst, indem sie sich zurückziehen, schweigen, ducken. Viele Männer reagieren eher laut, hyperaktiv, impulsiv, sie brüllen, wenn sie sich in die Schlacht stürzen. Männer müssen ihre Angst ausagieren. Umgekehrt kann man davon ausgehen, daß Männer, die schlagen, tiefe innere Ängste haben, zutiefst verunsichert sind. Hilflos.

Wenn wir unseren Aggressionen im negativen Sinne Raum geben, werden seelische Vorgänge abgewehrt: Angst, Sehnsucht, Erregung. Diese Vorgänge sind innerlich, sind weibisch, sind Mutter, sie müssen abgewehrt werden durch Action, durch Aggression. So dient die Aggression häufig als Deckmantel für eine tiefsitzende Angst.

Die Angst im Manne

Angst und Aggression

Angst ist ein menschliches Grundgefühl. Der deutsche Psychologe Wilhelm Johnen vermutet, daß Angst und Aggression durch verschiedene sinnvolle Verknüpfungen dem Mann helfen, die männliche Aufgabe des Beschützens wahrzunehmen. Sie dienen auch dem Nahrungserwerb, der Revierbehauptung und der sozialen Vorherrschaft. Sie werden aber auch bei Bedrohung ausgelöst. Angst ist in diesem Falle der Auslöser von Aggression.

In unserer frühen Kindheit, in den ersten drei Lebensjahren, wird die Grundlage der Geschlechtsidentität gebildet, und von da an haben wir Männer diese Urangst vor dem Weiblichen. Sie ist die Ursache vieler unserer negativen männlichen Verhaltensweisen. Wir haben Angst vor dem Weiblichen, wir haben aber auch Angst vor anderen Männern. Angst ist ein Grundgefühl von uns Männern. Wir dürfen sie aber nicht zeigen.

Gewalt entsteht aus Gefühlen der Angst und Hilflosigkeit. Wenn Angst die Seele besetzt hält, wenn Aggression durch Angst entfacht wurde, dann entsteht Brutalität. Wären wir im Moment der höchsten Erregung angstfrei, offen und entspannt, würden wir das Gegenüber als Gegner und Kämpfer wahrnehmen, und das Kämpfen würde zu einem gegenseitigen Messen. Und wir könnten unsere Aggression angemessen einsetzen.

Jungen dürfen Angst, Schmerz und Schwäche nicht zeigen

beziehungsweise nicht haben. Sie müssen diesen Dämon vertreiben, indem sie zuschlagen. Dadurch wahren sie ihr Gesicht. Sie sind dann die »Mächtigen«, die dem anderen mit den Fäusten demonstrieren, wer das Sagen hat. Sie sind nicht die »Schwachen«. Sie tun das, weil ihnen das Selbstwertgefühl fehlt und die Fähigkeit, ihre Aggression richtig zu lenken. Es fehlt die Empathie, das Einfühlenkönnen in das Gegenüber, das Wahrnehmen des anderen.

Jugendliche Schläger berichten häufig, daß sie von einem gewissen Punkt weg nur noch rot sehen, »... und dann hab' ich ihm halt die Zähne eingeschlagen«. Angst macht blindwütig. Viele sagen auch, die Schlägerei hätte angefangen, weil der andere immer so aggressiv geguckt habe. Der »aggressive« Blick des andern habe sie angemacht, habe sie beleidigt, in Wirklichkeit hat die Angst das ganz allein bewirkt. Manche Jugendliche können so etwas nur schwer stehenlassen. Wenn sie in der Angst berührt sind, müssen sie handeln. Schließlich dürfen sie nicht als Weichei dastehen, dürfen nicht Baby sein, nicht schwul und nicht weibisch. Also müssen sie zuschlagen. Nur durch Gewalt können sie einen Gegenbeweis antreten, weil verbale Verteidigung allein nicht zu den Männlichkeitsbeweisen gehört.

Schläger haben nur die eine Strategie, mit Angst und Ohnmacht umzugehen: Sie schlagen zu. Viele Skins zum Beispiel schlagen Ausländer, Schwarze, Schwache, Alte, weil sie sich von ihnen allein schon durch ihre Gegenwart angegriffen fühlen. Sie sehen in ihnen die Schwäche, die sie in sich selber verdrängen und nach außen projizieren. Schon der Anblick der Schwäche macht sie wütend, ist für sie eine Provokation, berührt ihre eigene Angst und Ohnmacht, und darum schlagen sie zu.

Viele Ehemänner schlagen die Frau aus Angst vor ihr. Sie fühlen sich der Frau unterlegen, fühlen Ohnmacht, ihre Impotenz, sie haben keinen Stich gegen sie, und diese Angst vor der

Ohnmacht wandeln sie um in Schläge. Richard Burton und Liz Taylor haben das wunderbar gezeigt in »Wer hat Angst vor Virginia Woolf?«. Die Frau ist stark, sie stichelt und macht ihn fertig, und die einzigen Möglichkeiten, die der Mann sieht, sind Zynismus, Terror und letztendlich Prügel. Die französische Philosophin Simone de Beauvoir hat geschrieben: »Niemand ist der Frau gegenüber aggressiver oder herablassender als ein Mann, der seiner Männlichkeit nicht ganz sicher ist.«

Die Angst vor dem Weiblichen

Der Junge wird dadurch zum Mann, daß er sich von der Mutter abkehrt, also »nicht-weiblich« wird. Der Sprachforscher Richard Vester hat in seiner »Urgeschichte der Frau« die bekannten Schöpfungsmythen dieser Erde analysiert und festgestellt: »Am Anfang war die Frau.« Das wurde später von Männern umgedeutet, zum Beispiel in der Bibel: »Am Anfang war das Wort.« Aber alles Leben entsteht aus dem Weiblichen. Jeder Mann wächst in einer Frau heran und in ihrem Lebensraum auf. Durch Trennung muß er sich seelisch zum Mann entwickeln. Das geschieht, indem er alles unterdrückt, was mit der Mutter, was mit dem Weiblichen zu tun hat.

Daß wir unterdrücken, was mit der Mutter zu tun hat, heißt nicht, daß das Mütterliche nicht mehr da ist. Unsere Seele erinnert sich noch daran, wie's damals war, als Fötus, als Säugling, sie erinnert sich an das Paradies, wo die Nahrung uns in den Mund floß, wo wir nichts leisten mußten. Etwas in uns sehnt sich zurück: einmal den Leistungsstreß vergessen, einmal nichts tun mussen. Aber: Unser Mannsein, unsere männliche Identität hängt unabdingbar daran, daß wir auch seelisch unsere Nabelschnur zur Mutter durchtrennt haben. Wie sehr uns diese Zwiespältigkeit allem Mütterlichen und Weiblichen gegenüber quält, ist bereits deutlich zum Ausdruck gekommen. Wir haben tief in der Seele die Sehnsucht nach dem Paradies und gleichzeitig die Angst, von der Hexe aufgefressen zu werden wie weiland mit Hänsel geplant.

Es lohnt sich, diese Angst vor allem Mütterlichen und Weiblichen, die uns im Untergrund begleitet, näher anzuschauen. Eigentlich ist es eine dreifache Angst: die Angst, ein Weib zu sein, schwul zu sein und noch ein Baby zu sein. Diese dreifache Angst, so fand der amerikanische Psychologe James O'Neil heraus, besetzt alles, Gefühle und Verhaltensweisen, die mit dem Weiblichen zu tun haben, und macht sie für uns Männer zu Schreckensbildern: Wir werden hart.

Wir »traditionellen« Männer leiden unter einem eingeschränkten Gefühlsleben. Gefühle sind weiblich, also verdrängen wir sie. Das gilt auch für die Angst. Wir sind daher nicht in der Lage, unsere Ängste bewußt zu spüren und einzuschätzen. Sie sind aber unterschwellig da, und wir reagieren darauf oft mit Ärger und Frust, in heiklen Situationen neigen wir auch zur Gewalt als Überreaktion auf diese Angst.

Wir sind beschränkt in den Möglichkeiten, unser Sex- mit unserem Gefühlsleben zu verbinden. Nur solange das Herz nicht mitschwingt beim Sex, können wir die Kontrolle behalten. Der Preis dafür: Sex wird zur Leistung und zum Beweis der Männlichkeit. Wenn ich also Sex habe, gut bumsen und der Frau einen Orgasmus machen kann, bin ich in Ordnung, dann bin ich ein Mann. Wir fragen nicht nach dem Eros, der Liebe, wir gefallen uns in unserer Potenz, im Sex.

Wir schränken uns sehr ein, was den intimen Kontakt unter Männern angeht. Jedes Verhalten, das als weiblich taxiert werden könnte, unterdrücken wir aus Angst vor dem Etikett »schwul« sofort. Das verhindert, daß wir unter Männern Körperlichkeit, Sinnlichkeit und Zärtlichkeit als Kommunikationsmittel einsetzen können. Es bleibt als einzige Möglichkeit das harte, rohe Auf-die-Schulter-Klopfen.

Wir »traditionellen« Männer sind gefangen in einer zwanghaften Sucht nach Kontrolle, Macht und Wettbewerb. Als Jungen werden wir erzogen, dominant zu sein, besser, schneller, geschwinder zu sein als die anderen. Sobald wir einem andern Mann begegnen, läuft zwischen ihm und uns dieser Konkurrenzfilm ab, wir können uns nicht entspannen, können uns nicht begegnen, und das macht uns so einsam. Es gibt nichts Einsameres, als Männer in einer Bar im Milieu oder Männer im Fitneßzentrum oder an Tagungen und Konferenzen: Nur ja nicht andern Männern in die Augen schauen. Lieber sind wir einsam leidende Helden. Und schließlich zeigt sich der »traditionelle« Mann noch darin, daß er kaum auf seine Gesundheit achtet. Schmerzen? Stecken wir weg. Zum Arzt? Wozu! Aber wenn es uns erwischt, werden wir zu pflegebedürftigen quengelnden Babys.

Das sind alles Folgen und Auswüchse dieser uneingestandenen Angst vor dem Weiblichen. Ohne diese Angst wäre diese konstruierte, einengende, verzweifelte, einsame Männlichkeit, wie sie uns überall begegnet, gar nicht nötig.

Die Gewißheit, ein Mann zu sein, ein richtiger Mann, muß dauernd aufrechterhalten, dauernd bestätigt werden. Der steife Schwanz ist das, was uns am offensichtlichsten in unserem Mannsein bestätigt. Wenn ein Mann einen Höhepunkt hat und der Ständer zurückfällt in den schlappen Schwanz, kann das den Mann daran erinnern, daß er seine Männlichkeit nicht immer aufrechterhalten kann, er fühlt sich unterschwellig von der Partnerin bedroht und muß dringend wieder Distanz herstellen: Er schläft sofort ein, oder er zündet sich eine Zigarette an, oder er denkt wieder ans Geschäft.

Sigmund Freud hat diese Reaktion so erklärt: »Der Mann fürchtet vom Weibe geschwächt, von deren Weiblichkeit angesteckt zu werden und sich dann untüchtig zu zeigen.« Wer will schon einen schlaffen Mann.

Das ist also eine der Urängste in uns: zu versagen und von der Weiblichkeit der Frau angesteckt zu werden.

Natürlich ist es toll, mit einer Frau zusammenzusein, es ist eine wunderbare Erfahrung. Ewig lockt das Weib. Aber es ist für unsere Männlichkeit halt auch gefährlich. Loreley hat Hunderte von Schiffern ins Verderben gelockt, Circe hat die Männer in Schweine verwandelt und Odysseus, der Kluge, hat sich an den Schiffsmast binden lassen, damit er den Gesang der Sirenen hören konnte, ohne von ihnen in den Tod gelockt zu werden. Wir haben Angst vor der Frau, weil sie mächtig ist wie die Natur, weil sie Natur ist, unberechenbar, irrational. Sie ist mächtig durch ihre Gebärfähigkeit. Und wir sind tief beeindruckt und fasziniert von ihrer Monatsblutung.

Wir haben auch Angst vor der Frau, weil sie uns emotional überlegen ist, weil sie darin geübt ist, ihre Gefühle ernst zu nehmen, weil sie sich einzufühlen und uns zu durchschauen vermag, während wir in den Äußerlichkeiten steckenbleiben.

Der Soziologe Walter Hollstein sagte: »Je mehr der Mann die Natur und die Frau beherrscht, desto größer werden die Ängste des Mannes vor dem Weiblichen.« Die Natur haben wir Männer heute scheinbar total im Griff, aber die Frau hat sich diesem Griff entzogen. Sie hat sich emanzipiert. Noch vor fünfzig Jahren war der Orgasmus der Frau kein Thema. Heute ist die Frau multiorgastisch, und wir sollten sie dauernd befriedigen, aber wir sind fertig und schlapp nach dem Schuß. Die Frau beginnt uns beruflich zu konkurrenzieren, sie steigt in Chefetagen, unsere Männerdomäne, auf, stellt Männer in den Senkel, schnappt uns gute Jobs weg. Die Frauen sind durch den Feminismus gegangen, weil wir sie nicht für voll genommen haben. Manchmal ist es ziemlich ausgeartet, sie haben uns ganz schön heruntergeholt von unserem Sockel.

Diese Geistesart findet man noch in Werbespots für Frauen. Da fragt einer doof: »Ist das ein Bonbon?« Dabei ist es ein neuer Tampon. Ein anderer sollte Holz hacken, schafft es nicht, bis die Frau kommt und ihm ein Süppchen bringt, ein dritter bekommt seine Traumfrau, weil er glanzklare Gläser aus dem Geschirrspüler holt. Männer sind in diesen Spots Idioten, Versager, langweilige Waschlappen, die Frau dagegen ist die Machtvolle.

Unsere Vorväter haben es übertrieben mit dem Patriarchat, jetzt fürchten wir die Rache. Unbewußt kommen all diese Ängste heute hoch, weil die Rollen von Mann und Frau nicht mehr gesellschaftlich gesichert sind, sie müssen individuell ausgehandelt werden. Früher war klar, was ein Mann ist, und daß er in der geschlechtlichen Hierarchie über der Frau stand. Heute ist das alles unsicher. Die Frage ist: Wie entwickeln wir Männer unsere Männlichkeit in einer veränderten Welt? Weiterhin durch die Unterdrückung unserer weiblichen Anteile und der Frauen?

Wir fürchten die Weiblichkeit, weil sie uns in den Sündenpfuhl der Passivität führen würde: in Gefühlen schwelgen, loslassen, entspannen, träumen, sich wahrnehmen, mit sich und seinen Bedürfnissen ins Reine kommen, genußvolle Teile leben. Das darf nicht sein. Ein passiver Mann wird verachtet. Dabei vergessen wir bei all unseren Ängsten immer, daß wir unsere männlichen Seiten nicht abgeben müssen, um die weiblichen hervorzuholen.

Die Verachtung passiver Männer hat Tradition in jeder patriarchalen Gesellschaft. Eine passive Frau dagegen lockt im Manne den Verführer hervor. Wenn eine Frau passiv ist, kommt uns Männern die Fülle des Lebens entgegen, die Erotik, die Lebendigkeit, die Ausstrahlung, und der Mann ist auf einer tiefen Ebene sicher. Wie die Spermien zum Ei fühlt er sich zu ihr hingezogen.

Die Frau zieht den Mann wie ein Magnet an, und gleichzeitig weckt sie in uns eine unserer Urängste. Wird sie unsere männliche Potenz in die Höhe treiben, sie uns dann nehmen und uns als nutzlos wegwerfen? Spinnenweibchen fressen Spinnenmännchen nach der Begattung. Auch Gottesanbeterinnen benehmen sich wenig fromm.

Weil wir diese Angst dauernd in uns drin haben, können wir Männer nur die eine Hälfte des menschlichen Potentials leben. Wir müssen alles filtern und bewerten, was von innen kommt, mit dem Kopf, nicht mit dem Bauch: Ist es erlaubt, ist es daneben, schadet es unserem Image? Lieber die Lebendigkeit als die Kontrolle verlieren. Viele von uns Männern haben alles im Griff und sind emotional leblos. Darum brauchen wir Frauen, um uns lebendig zu fühlen.

Wir Männer sind im Kopf und spüren nicht, was in unserem Herz, in unserem Körper abgeht. Das macht einen guten Teil unserer Sehnsucht, unserer Sucht nach Sex und nach dem weiblichen Körper aus. Aber genau vor dieser Lebendigkeit haben wir Schiß. Wie kommen wir aus diesem Teufelskreis heraus?

Eine schlechte, aber häufig angewendete Methode ist die Herabsetzung der Frau. Männer zeigen Verachtung, Haß, sie ziehen sich in alltäglichen Szenen auf das patriarchale Verhalten zurück: Ich befehle, du machst. Das macht sie stark, denn sie fühlen 4 000 Jahre Macht im Rücken, und davor haben die Frauen Angst.

Wir erzählen uns gerne hie und da ein paar Blondinenwitze, genießen sexistische Sprüche, getrauen uns vielleicht sogar mal, einer Frau nachzupfeifen. Auch das ist ein Ausdruck unserer inneren Angst gegenüber der Frau, eine Kompensation für unsere schwache Männlichkeit. Darum gehen wir zwischendurch so gerne in ein Striplokal. Da herrscht für einen Abend die alte patriarchale Sicherheit. Damit polieren wir ein wenig unsere angekratzte Männlichkeit auf. Da zahlen wir auch gerne etwas dafür.

Und trotzdem kann nichts darüber hinwegtäuschen, daß unsere Männlichkeit auf einem Boden der Angst und Unsicherheit steht. Die meisten von uns versuchen, diese Unsicherheit mit einer grimmigen Maske der Männlichkeit zu verdecken. Wir setzen ein Pokerface auf, hoffen, damit die Welt um uns herum zu beeindrucken, so wie all die andern Männer uns beeindrucken. Ihre Wichtigkeit, ihre Durchsetzungskraft, ihre Männlichkeit ist aber in den allermeisten Fällen auch nur eine Maske, und darunter versteckt sich genauso ein Bündel von Unsicherheit und Angst, Ohnmacht und Hilflosigkeit. Auch wenn der andere ein Topmanager ist und seine Maske noch so perfekt paßt. Wir Männer bewegen uns auf einem Maskenball. Jeder gibt vor, ein Mann zu sein, und ist darunter doch auch nur ein Mensch.

Wenn wir verstehen, daß wir alle eine Maske aufhaben und darunter alle unsicher sind, dann besteht die Möglichkeit, vorsichtig die Maske abzulegen und Nähe zuzulassen, Nähe, die unsere Männlichkeit nährt und nicht unsere Maske. Dann können wir so gute alte männliche Eigenschaften und Beziehungsmuster wieder einführen wie Partnerschaft, Kameradschaft, Freundschaft. Wir können wieder Herz zulassen. Löwenherz. Vaterherz. Männerherz.

Die große Angst, schwul zu sein

Wir heterosexuellen Männer leiden unter einer starken unbewußten Homophobie, einer Angst vor der Nähe zu andern Männern. Es ist eine Aversion, die sich vordergründig in Scheu,

Ekel, Ärger ausdrückt, unbewußt aber meist mit unserer Angst bezüglich unserer Geschlechtsidentität zu tun hat.

Homophobie ist eine Folge des patriarchalen Weltbildes. Sie ist in unsere Kultur eingebaut worden, um die erwünschten männlichen Eigenschaften zu verstärken. Angst vor Homosexualität dient also zur sozialen Kontrolle von Männern, damit sie sich so verhalten, wie es von der Gesellschaft erwartet wird: in Konkurrenz, nicht im Miteinander.

Der Soziologe Frederick Whitham wollte genauer wissen, was es mit der Homosexualität kulturell auf sich hat. Er kam zu folgenden Schlußfolgerungen, nachdem er mehrere Jahre lang in verschiedenen Kulturen geforscht hatte: Homosexuelle gibt es in allen Gesellschaften. Der Prozentsatz der Homosexuellen scheint in allen gleich hoch zu sein und in der Zeit unverändert zu bleiben. Weder verhindern soziale Normen das Entstehen einer homosexuellen Orientierung, noch fördern sie sie. Alle Gesellschaften bringen ein ähnliches Kontinuum zwischen sehr maskulinen und sehr femininen Homosexuellen hervor.

Heterosexuelle Männer verachten Homosexuelle. Sie fühlen sich dem eher femininen Mann gegenüber verunsichert und sind beunruhigt von dem hypervirilen Machoschwulen, dessen Virilität sie sich nicht gewachsen fühlen. Hermann Tertilt schildert aus der Türkei, daß dort der Schwule (ibne) klassifiziert wird durch die Stellung, die er im Geschlechtsakt einnimmt. Als »ibne« wird derjenige bezeichnet, der sich oral oder anal penetrieren läßt. Die entscheidende Frage ist, wer dominant, aktiv, penetrierend und damit männlich und wer unterworfen, passiv, aufnehmend und damit weibisch ist.

Diese ganz große Angst von uns Männern, schwul zu sein, verfolgt uns seit unserer Kindheit. Nun haben wir Männer aber von dort her auch die Liebe zum Männlichen in uns. Wir sind im Grunde bisexuell. Wir haben unsere Mutter geliebt, aber auch unseren Vater. Wir wollten seine Nähe, seine Zärtlichkeit, seine Liebe. Die Nähe zum Mann ist in uns angelegt, und da die meisten Väter abwesend waren, ist die Sehnsucht nach ihm erst recht in uns.

Rund die Hälfte der Männer berichten, daß sie vor oder während der Pubertät auch Erlebnisse mit Jungen hatten, homosexuelle Erlebnisse mit Erregung: Sex mit Männern. Danach haben die meisten das sofort verdrängt. Und trotzdem ist die Schwulität in jedem Manne unter der Oberfläche vorhanden, ob bewußt oder unbewußt, ob er's glaubt oder nicht. Männer haben verdeckte Spielmöglichkeiten, damit umzugehen. Beim Fußball zum Beispiel, da darf man schon mal knuddeln, manche springen sich richtig an, wenn sie ein Tor geschossen haben.

Im Kampfsport, beim Schwingen, Ringen, da kann man die schwule Regung gefahrlos ein wenig abbauen. Wenn Männer saufen, getrauen sie sich auch mal, einander zu umarmen, aber sonst ist da die große Angst vor der Nähe zum andern Mann.

Ein wichtiger Grund dafür ist unsere unermeßliche Angst, vom andern Mann penetriert zu werden. Geistig, seelisch, körperlich. Von einem Mann durch den Mund, durch den Anus penetriert zu werden, bedeutet für uns den Zusammenbruch der männlichen Identität. Anale Lust gilt als unmännlich – auch in der Schwulenszene. Eine Frau wird penetriert, nicht ein Mann. Wenn ein anderer Mann mich penetriert, mental penetriert, mich über den Tisch zieht, dann falle ich in die Rolle des Verlierers, in die Rolle der Frau, des Weibes. Diese Angst hält die ganze Konkurrenzgesellschaft in Gang: die Angst von uns Männern, daß der andere stärker ist, daß er uns besiegt, daß er uns zum Weibchen macht. Der Amerikaner sagt: »Fuck you!« Ich besiege dich, ich ficke dich. Oder wir zeigen dem andern den dritten Finger und deuten ihm an, was wir denken: Ich reiße dir den

Arsch auf. Die Sprache ist voll von klaren Bildern über diese Zusammenhänge. Dominanzsexualität gilt bei Schwulen wie Heteros als erstrebenswerte, normale Sexualität. Entzieht sich ein Mann dieser phallischen Aggressivität – sozial wie sexuell – kann er in der Männerwelt nicht bestehen.

Darum ist es so schlimm, wenn wir Männer kuschen müssen. Wenn der Chef, die Chefin, wenn der Offizier, der Polizist auf der Hierarchie besteht und Kontrolle und Macht über uns ausübt.

Parzival IV: Warum Parzival die erste Chance verpatzte

Parzival scheiterte zunächst auf der Suche nach dem Heiligen Gral genau wegen dieser Angst. Er hätte eine weibliche Regung zulassen müssen, statt dessen blieb er stumm.

Der geneigte Leser erinnert sich an unseren jungen Helden, wie er beim alten König Gurnemanz verköstigt und gepflegt wurde, die Wunden verbunden bekam und die Narrenkleider, die da noch unter der Rüstung waren, ausziehen konnte. Versprochen hatte er dem alten Ratgeber, fortan nicht mehr an Mutters Rockzipfel zu hängen. »Von seiner Mutter schwieg fortan sein Mund, jedoch sein Herze nicht«, erzählt uns Wolfram von Eschenbach.

Parzival zog danach ins Leben hinaus und lernte eine Frau kennen, die Königin Kondwiramur, »die schönste aller Frauen«. Sie wird von einem bösen König bedrängt, der ihr an die Wäsche will. Er hat ihr Land überfallen und hungert gerade ihre Bauern aus, als Parzival die Szene betritt. Heldenhaft vertreibt er den Peiniger, erlöst das Volk und verdient sich seinen ersten großen

Karriereschritt: Kondwiramur wählt ihn zum Manne. Das Volk jubelt, »welch freudig Leben überall«.

Manch einer von uns machte auf dieselbe Art seine ersten Schritte ins erwachsene Leben. Er findet eine Frau, er findet einen Job, die Welt öffnet sich ihm. Und manch einer kommt wie Parzival bereits in frühen Jahren an eine Schwelle, wo es sich entscheidet, ob die Karriere von nun an steil bergauf geht oder eher untendurch.

Parzival hätte eigentlich zufrieden sein können mit seiner Königin und dem blühenden Land, aber der Hafer stach ihn gleich zweifach. Da war noch die geliebte Mutter, die er schon lange nicht mehr gesehen hatte, und da war der abwesende Vater, dessen Schicksal und Schatten den jungen Mann nun einholte. Parzival, der junge König, bat seine Frau um Urlaub. Die Mutter wollte er sehen und dann ein wenig

»›auf Abenteuer mich zu wagen‹.
Sie konnt's aus Liebe nicht versagen,
und ohne seine Mannen
schied er allein von dannen.«

Nun ja, so ist das mit uns jungen Männern. Großartig sind wir und Helden, auf Partys feiern wir, und im Geschäft geht's flott voran, da melden sich tief drin die Wunden, die uns Vater und Mutter geschlagen haben. Sie holen uns ein, und wir können nicht anders, als ihrem Ruf zu folgen.

Parzival reitet durch die Wälder und kommt abends müde an ein Schloß, wo er fürstlich aufgenommen und bedient wird. Ein König lebt da, Anfortas, »ein qualvoll Sterben war sein Leben«. Parzival wird herrlich bewirtet, und – ist es Realität, ist es Traum? – nach dem Essen kommt ein Knappe mit einer Lanze, aus deren Spitze Blut fließt, in den Saal:

»und durch den weiten Pallast scholl
Geschrei und Weinen jammervoll.«

Parzival sieht den König leiden, sieht die Lanze, hört das Gejammer, sagt aber kein Wort. Der Knappe verschwindet, das Jammern hört auf. Da kommt die Königin herein, gekleidet in Arabiens schönste Weberei, und trägt den legendären Heiligen Gral vor sich her:

»Was einer je vom Gral begehrt,
das ward ihm in die Hand gewährt.
Dem Gral entquoll ein Strom von Segen,
vom Glück der Welt ein vollster Regen.«

Der Heilige Gral. Abertausende von Männerherzen hat er entflammt, mit Sehnsucht erfüllt, ins Verderben gelockt. Die einen glauben, es sei der Kelch, aus dem Christus den Wein des letzten Abendmahls getrunken hat, andere glauben, es sei ein Klunker von unwahrscheinlicher Größe. Hollywood ließ Harrison Ford zusammen mit Sean Connery nach dem Gral suchen. Noch heute treffen sich in den Bergen Südfrankreichs Schatzsucher, die glauben, daß damals, als die Päpste des 12. Jahrhunderts Hunderttausende von Ketzern, Katharer und Albigenser, niedermachten, die Flüchtlinge im Besitz riesiger Schätze und vor allem des Heiligen Grals waren. Sie hatten ihn, so lauten die Erzählungen, erfolgreich vor dem Papst versteckt, hatten ihn mit in die hintersten Fluchtwinkel der dramatisch gelegenen Burgen des Roussillon genommen, und dort liegt er nun, vielleicht in einem verschütteten Burggraben, vielleicht unter den Wurzeln eines Baumes vergessen.

In der heutigen Zeit haben psychologische Überlegungen an Bedeutung gewonnen, um den Gral zu erklären: der Heilige Gral als ein Sinnbild des Selbst, des innersten unverdorbenen Kerns unserer Persönlichkeit. Ein Bild für unser ureigenes inneres Wesen. Und wenn wir mit ihm in Kontakt sind, dann entquillt dem Selbst wie dem Gral »ein Strom von Segen, vom Glück der Welt ein vollster Regen«.

Manchen von uns bietet sich in ihren Heldenjahren eine Chance wie Parzival, und sie haben eine Begegnung mit ihrem Wesenskern. Aber wie Parzival geschieht es vielen von uns, daß wir die Chance verpassen, weil wir noch keine Ahnung haben von ihrer Bedeutung. Es fehlt uns das »Weibliche«, das Mitgefühl. Wir haben Angst davor.

Parzival jedenfalls weiß mit der Situation nichts anzufangen. Der Mund bleibt ihm offen vor Staunen, als er die blutende Lanze sieht, und als er anderntags aufwacht, ist der Spuk vorbei, die Chance weg, die ganze Pracht verschwunden. Einzig ein Knecht ruft ihm nach:

»›Fahrt hin, der Sonne Haß zu tragen!‹
So scholl zurück der Ruf des Manns.
›Was wollt Ihr? Ihr seid eine Gans!
Könnt Ihr nicht auftun Euer Maul?
Wärt Ihr doch nicht so redefaul
und hättet Ihr den Wirt gefragt!‹«

Parzival hat keinen Schimmer, was ihm da geschehen ist und was er hätte besser machen sollen. Erst als er wieder auf Sigune trifft, jene Frau, die ihm schon früher begegnet war und die ihn über seinen richtigen Namen aufgeklärt hatte, da beginnt's ihm zu dämmern. Sigune fragt ihn über das Gesehene aus und sagt: »Hast du der Frag' ihr Recht getan?« Parzival der Dummkopf, weiß nicht, was er hätte fragen sollen, worauf ihn Sigune in Grund und Boden donnert:

»Ihr seid verflucht und abgetan,
Ihr tragt des Wolfes gift'gen Zahn.
Euch rührte wirklich kein Erbarmen?
Wie Gottes Wunder straft den Armen?
Ihr fragtet nicht nach seiner Not?
Ihr lebt und seid am Heile tot!«

Hätte Parzival Herz gehabt und den König nach seinem Leiden gefragt, der König wäre gesund geworden, und er wäre augenblicklich in den Besitz des Grals gelangt. Auch wir verpatzen solche Chancen, solange wir einseitig männlich sind. »Nur mit dem Herzen sehen wir gut«, läßt Antoine de Saint-Exupéry seinen kleinen Prinzen sagen. Aber Herz ist etwas, was nicht im modernen Männerbild aufgeführt ist. Wir haben das Herz, das Mitgefühl aus Angst, für weibisch gehalten zu werden, aus unserem Selbstbild verbannt. Und kommen daher im Leben an Grenzen. Es fehlt uns, das Herz.

Aber die Seele will, daß wir das ganze männliche Potential entwickeln. Sie bringt uns in des Teufels Küche, sie macht, daß wir uns hohl fühlen, bis wir uns entschließen, das Weibliche in uns zuzulassen, und dazu gehört, daß wir Mitgefühl entwickeln.

Parzival erlebt hier einen argen Schock; sein Ego bricht zusammen, seine Großartigkeit fällt in sich zusammen, er stürzt in eine Depression. Was ihm als Geschenk angeboten war, muß er jetzt mühsam suchen. Um eine Erkenntnis reicher, wird er auf die Suche getrieben. Er weiß nun, welche Chance er vertan hat, er hat ein Ziel. Daraus können wir etwas lernen: Unsere vertanen Chancen bleiben Chancen zur Weiterentwicklung, wenn wir nur lernen, warum wir versagt haben.

Männlicher Sex

Eroberungssex

Wie überall im Leben sind Männer auch im Sex zielorientiert, orgasmuszentriert. Sie wollen ihr Ding reinstecken, und sie wollen abspritzen. Die Frau muß dabei mindestens einmal kommen. Das ist für viele von uns die ganze Fülle unseres Sexlebens, und sie bedeutet meist Arbeit und Streß.

Die Sexualität ist der Lebensbereich, in dem der Mann seinen Körper besonders spüren sollte. Wenn der Körper aber wie eine Maschine trainiert und gewartet, kaum in Muße gespürt wird, ist die körperliche und emotionale Durchlässigkeit nicht da, um Gefühle wahrzunehmen. Du bist nicht im Fluß, du bist gepanzert. Du kontrollierst den Körper, funktionalisierst ihn, hast ihn vielleicht zum Superbody gemacht. Die Frage ist aber: Kannst du dich im Körper wahrnehmen, spürst du dich und deine Gefühle im Körper?

Und schon sind wir wieder beim Thema. Im Grunde müßte der Mann den Teil, den er als Junge an die Mädchen abgetreten hat, wieder zurückfordern, für sich wieder in Anspruch nehmen: sich pflegen, mit seinem Körper spielen, mit seinem Körper alleine sein, ihn genießen, schön finden.

Der deutsche Sexualforscher Volkmar Sigusch charakterisiert die Situation zwischen Mann und Frau als zwei sich gegenüberliegende feindliche Lager: Dem Prinzip des gewalttätigen, triebhaften, rücksichtslosen und auf den Penis zentrierten Sexus des Mannes, der als Vehikel für Machtausübung und Unterwerfung dient, steht der hingebungsvolle Sexus der Frau gegenüber, sanft, liebevoll, ganzkörperlich, friedfertig, auf Nähe und Austausch konzentriert. Zwei Lager, zwei Parteien: Vergewaltigung versus Zärtlichkeit.

So wird Sex aufgespalten, obwohl er im Grunde beides ist für beide: auch der Mann hat liebevolle Seiten in sich, auch die Frau kann triebhaft sein. Aber hier im Westen ist die Sache nun mal noch immer so, wie es schon für viele unserer Eltern und Großeltern war: Der Mann ist dem Trieb verhaftet, und dem muß in der Ehe nachgegeben werden.

Noch vor hundert Jahren, bei Freud, war Sex einfach Trieb, ein unbewußtes Triebgeschehen. Dreißig Jahre später, bei seinem österreichischen Landsmann Wilhelm Reich, war Sex eine aktive Tätigkeit des Ichs, etwas Gelerntes, etwas Bewußtes, etwas, was auch von der Kultur bestimmt wird. Anfang der 50er Jahre hat der Amerikaner Alfred Kinsey 16 000 US-Männer über ihr Geschlechtsleben befragt, und er fand heraus, daß eine riesige Kluft herrschte zwischen den überall hochgehaltenen Moralvorstellungen und dem, was tatsächlich gelebt wird. Damals mußte eine schockierte puritanische Gesellschaft feststellen, daß das, was niemand durfte, in Wirklichkeit in den meisten Betten stattfand: Masturbation, Fellatio, Seitensprünge und sogar Homosexualität.

William Masters und Virginia Johnson, das berühmte amerikanische Sexualwissenschaftlerpaar, hat Anfang der 60er Jahre 700 Personen auf ihre sexuelle Reaktion untersucht. Sie wollten wissen, wie ein Orgasmus funktioniert. Sie bauten richtige Fickmaschinen, künstliche Penisse, mit denen sie die Kontraktionen des Beckenbodens beim Orgasmus messen konnten, sie maßen den Blutdruck, die Schweißabsonderung und den Hautwiderstand während des Sexgeschehens, und sie fanden heraus, daß der Verlauf der sexuellen Erregung in vier Phasen unterteilt werden kann.

Vorher gab es das alles nicht. Der Orgasmus der Frau wurde ebenso verleugnet wie der vorzeitige Samenerguß des Mannes. Wenn der Mann kam, war das Geschehen beendet. Punkt. Es wurde nicht darüber geredet, und aufkeimende Wünsche der Frau wurden mit der herrschenden Moral unter den Teppich gekehrt. Der große deutsche Philosoph Immanuel Kant charakterisierte die Ehe als ein Tauschgeschäft: Der Mann tausche sein Vermögen gegen den Gebrauch der Geschlechtsorgane der Frau. Kant selber hatte es nie geschafft, eine Frau in seine Kammer zu führen, vielleicht hatte er deshalb diese eher pessimistische Auffassung von der Ehe. Aber natürlich traf er mit seiner Bemerkung den Nerv. Warren Farrell hat das zweihundertfünfzig Jahre später so gesagt: Die Primärphantasie des Mannes ist es, eine attraktive Frau zum Sex zu haben. Die Primärphantasie der Frau ist es, einen Mann zu haben, den sie anziehend findet, vor dem sie Respekt hat, der in ihr Gefühle weckt, der Intellekt, Lebendigkeit, Status und Erfolg in ihr Leben bringt. Wenn er das alles verspricht und einhält, dann kriegt er ihren Sex.

Solange eine Frau ökonomisch abhängig ist vom Mann, wird der Austausch auf dieser Ebene stattfinden.

Kompetenter Sex – Wo bleibt unser Körper?

Der deutsche Sexualaufklärer Oswald Kolle, auch einer der Wegbereiter der sexuellen Revolution, sagte in den 60ern, die sexuelle Erfüllung in der Ehe sei deswegen so schwierig, weil der Mann Sex wolle und die Frau Zärtlichkeit. Aber, so predigte er, der Mann könne lernen, die sexuelle Reaktion der Frau zu verstehen. Man nannte das »die kompetente Sexualität«. Vorher lebten Männer die Eroberungssexualität, dann wurden sie kompetent: sie wurden verantwortlich für den Orgasmus der Frau, und plötzlich wurde Praecox ein Thema.

Momentan sieht es so aus, als ob die Entwicklung der »befreiten« Sexualität in Zukunft vermehrt den Erlebnischarakter betont. Die eh schon kniffllige, unkontrollierbare sexuelle Begegnung wird mit Zufälligem, Unvorhersehbarem angereichert, man treibt's in Tiefgaragen, in der Sommernacht auf dem Schiffsteg, schnell im Lift, es geht dabei mehr um das geile Erlebnis als um das erotische Fließen. Abends noch schnell mit der Sekretärin im Büro, ein One-Night-Stand mit einer unheimlich Attraktiven, die Schwulen mit Unbekannten in Darkrooms, wo der Tod als mögliches Risiko den Kick erhöht. Die In-Sexualität wird erlebnisbetonter, kickhafter, narzißtischer. Ein schneller Sex, sehr einsam, bei dem der durchtrainierte Body oder gestylte Körper den geilen Bildern im Kopf gehorchen muß.

Das Seltsame daran: Das symbolisch wertvollere Territorium ist für beide der Körper der Frau. Darauf verweist Dieter Schwanitz in seinem Buch »Männer – eine Spezies wird besichtigt«. Wir Männer wollen die Frau. Wir wollen sie penetrieren. Die Frau will penetriert werden. Der Mann lebt seine Sexualität im Außen, im andern, sie lebt ihre Sexualität im Inneren, in sich selber. Beide suchen den Sex im Körper der Frau. Der Körper des Mannes geht dabei oft vergessen.

Der Mann hat eine voyeuristische Erotik. Er sieht eine gute Frau und wird sofort geil. Schon von weitem erkennen wir ein Beuteobjekt, und das erzeugt in uns eine Begierde. Für die Frauen sind wir höchst selten Objekt einer Begierde, schon gar nicht da, wo wir's gerne hätten, am Schwanz. Männer und Frauen gehen also von verschiedenen Bedürfnissen aus, sie kommen aus zwei verschiedenen Welten. Es ist, wie bereits erwähnt, eigentlich ein Wunder, daß Männer und Frauen überhaupt noch zusammenfinden.

Wir Männer wissen jetzt als kompetente Liebhaber zwar, wie wir die Frau erregen können, wie wir sie zum Orgasmus bringen, mit Vorspiel, Hauptgang und Dessert, aber dabei fallen wir selber meistens aus unserer Lust, aus unserer Spontaneität, aus unserer Hingabe heraus und finden uns plötzlich als gute Ficker wieder, die es der Frau bringen wollen.

Die meisten Männer empfinden ihre Lust über die Lust und die Ekstase der Frau. Wenn sie stöhnt, geht es uns gut. Unser eigenes Empfinden bei unserem eigenen Höhepunkt beschränkt sich meist auf den Penis. Wir haben ein bißchen Orgasmus in Form von ein paar Kontraktionen im Beckenboden, zwei Sekunden Aufglühen von Energie im Schwanz. That's it.

Frauen, die sich hingeben können, spüren ihren Orgasmus im ganzen Körper, im Becken, im Herzen. Sie sind stärker in einem ekstatischen Erleben drin als wir Männer. Deshalb sind sie so attraktiv für uns, so geheimnisvoll. Sie sind das Paradies, sie können sich hingeben, wir können das nicht. Wir sind beschäftigt mit der Kontrolle unserer beider Orgasmen.

Dabei wäre der Sex erst wirklich gut, wenn der Mann auch mit seiner Lust und sogar mit seiner Hingabe verbunden bleibt, wenn er sich zusammen mit seiner Partnerin treiben lassen kann und trotzdem so klar dabei bleibt, daß er genau weiß und wahrnimmt, wo im Erregungsspiel er und wo seine Partnerin gerade ist. Wir Männer können weitergehen, über die Befriedigung der Frau hinaus, in die Hingabe, das Wahrnehmen des eigenen Strömens.

Oder sind wir dazu verdammt, für beide die Verantwortung zu übernehmen? Ist das für immer unsere Rolle? Die Frau zu befriedigen, ihr zu dienen? Kaum, Männer.

Der abhandengekommene Sex

Wenn ein Paar frisch verliebt zusammenkommt, dann haben die beiden meistens eine Zeitlang tierisch guten Sex zusammen. Und wenn die Beziehung weitergeht, geht auch die Sexualität tiefer und löst mehr aus. Man lernt miteinander die Hingabe und kommt dabei unbewußt an tiefverborgene alte Ängste und Verletzungen aus der Zeit, als wir Säuglinge und Kleinkinder waren. Das Versprechen der Erotik ist es, zu trösten und diese Verletzungen zu heilen. In Wirklichkeit schrecken wir aber meistens davor zurück, wenn wir an sie herankommen. Wir sind nicht in der Lage, diesen tiefen Schmerz in uns und im andern anzunehmen, auszuhalten und im Strom der Liebe aufzulösen. Wir erschrecken und drängen die angerührte Verletzung sofort zurück in die Gerümpelkammer unserer Seele.

Anfangs sind das kleine Dämpfer im Liebesspiel. Unbedeutende. Man geht darüber hinweg, vergißt sie sofort. Aber diese Verletzungen, die geweckt wurden, die erlöst werden wollen und nun jedesmal neu verdrängt werden, beginnen sich mit den Jahren zwischen das Paar zu drängen und den Sex und seinen Fluß zu stören. Es kommt bald einmal das Gefühl auf, die Sexualität verdünne sich, verflüchtige sich, es funke nicht mehr zwischen dem Paar. Die extrem beglückenden Erfahrungen werden immer seltener, weil beide unbewußt versuchen, sich um die inneren Ängste und Verletzungen herumzumogeln. Der Fluß und die Spontaneität gehen verloren. Lustlosigkeit schleicht sich ein, und am Ende werden Mann und Frau zu Bruder und Schwester, sie verlieren die Lust auf Sex, oder sie schauen sich nach andern Partnern um und beginnen das Spiel von vorne, in der trügerischen Hoffnung, das nächste Mal die Kurve besser zu kriegen.

Die Praxen der Paartherapeuten werden neuerdings überlaufen von Paaren, denen die Sexualität abhandengekommen ist.

Dabei ist nicht die Tatsache neu, daß Paare in diese Sexfalle geraten, neu ist, daß sie den Mut haben, sich dem zu stellen, und daß sie es ändern wollen.

Aber da wieder herauszukommen ist schwierig. Im Grunde muß der ganze Film zurückgedreht werden bis an den Punkt, an dem die ersten Weichen falsch gestellt wurden. Eine Herkulesarbeit. Und sie beginnt damit, daß man die ganze Bagage mal vom Rücken nimmt, sie hinstellt, auspackt und als das Eigene anerkennt.

Kultivierte Aggression beim Sex

Die meisten von uns Männern haben sich irgendwo im tiefen Wald der Sexualität verrannt. Wir haben versucht, chers fils, bons fils, beaux fils zu sein, liebe Männer, die die Libido ausleben, gute Liebhaber sind, die den Frauen Ketten von wunderbaren Orgasmen machen. Die andere Hälfte der Sexualität, die Aggression, den »bösen Mann«, den »wilden Mann« haben wir abgespalten und aus dem Liebesspiel verdrängt.

Wir Männer wollen vögeln, und wir wollen in unserem Schwanz angebetet werden. Aber das haben wir verleugnet. Wir selber haben uns unsere männliche Sexualität verteufeln lassen. Was wir mit der Sexualität der Frau vor ein paar hundert Jahren auf den Scheiterhaufen der Hexenverbrennungen gemacht haben, haben wir in bezug auf unsere eigene Sexualität tüchtig nachgeholt. Wir haben uns den Vorwurf einiger Feministinnen schwer zu Herzen genommen und verinnerlicht: Wir Männer sind Schweine. Wir haben heute Schuldgefühle, ein Mann zu sein, ein Schwanzträger, ein Penetrierer. Wir haben aufgehört, die Sexualität so zu leben, wie die Natur, wie der Trieb sie uns befiehlt: die Frau zu erobern und sie sexuell zu unterwerfen. Das

Animalische, diesen Urgrund unserer Sexualität, hat man uns aberzogen, abgeklemmt. Und wir haben es geschehen lassen.

Wenn wir uns wieder darauf einlassen und die Frau mit derselben Inbrunst ihre Hingabe lebt, wird in der Sexualität zwischen Mann und Frau das archetypisch »Männliche« und »Weibliche« berührt. Ist der Mann in seiner phallischen Kraft – die nicht ausschließlich Trieb ist, sondern Trieb, der mit den Gefühlen verbunden ist –, dann kann die Frau wieder in ihrer Schoßkraft drinsein, und vieles wird wieder möglich. Sexualität wird erneut eine Spenderin von Lebenskraft und Lebensfreude.

Natürlich haben wir Männer früher entscheidende Fehler gemacht. Wir haben mit der Sexualität die Machtfrage gestellt und haben die Frau nicht nur sexuell dominiert, sondern sie gleich auch sozial beherrscht und in untergeordnete Rollen verwiesen. Aus Angst vor ihrer anderen Seite, ihrer wilden sexuellen Verführungskraft, haben wir sie in den Folterkeller der Inquisition gesperrt und fortan unterdrückt gehalten und mit ihr gleich auch unsere eigene phallische Kraft. Beides muß wieder befreit werden.

Wir Männer müssen unsere phallische Kraft wieder hervorholen, nicht nur die Kraft im Schwanz, sie muß verbunden sein mit Kopf und Herz. Das fordert viel von uns: Wir müssen unsere Aggression annehmen, unsere Körper neu erfahren, die Begrenzungen unserer Rollen sprengen. Wir müssen uns auf Vorbilder besinnen, auf unsere verschüttete männliche Kultur, die Männerbilder in den Mythen: Dionysos, Pan ... und sie neu entwerfen. Am besten tun wir das unter Männern.

Schauen wir doch mal hin, was wir in den letzten Jahrzehnten an Männlichkeit an andere delegiert haben. Schauen wir, was jeden Abend auf Dutzenden von TV-Kanälen läuft: Sex und Aggression wird da von Schauspielern dargestellt und von unseren Seelen gierig aufgenommen, während wir ein Bier hinunterschütten. Warum delegieren wir das? Warum nehmen wir nicht unsere eigene Aggression und Sexualität wieder hervor, kultivieren sie, lernen wieder, auf sie zu vertrauen, befreien sie von Schuld und Sühne und geben ihr einen angemessenen Platz in unserem Leben?

Wir müssen ganz allgemein wieder anfangen, mit einer gesunden, kontrollierten Aggressivität zu leben, gewisse Dinge klarzustellen: Ein klares Ja, ein klares Nein. Hinstehen, zu sich stehen, zu seinem Wort stehen, zu seinen Ansichten stehen, das heißt Kultivierung männlicher Aggression. Das ist ein Schritt zu unserer ureigenen phallischen Kraft.

5.

Das ewige Thema und was alles dabei schiefläuft. Er steht nicht. Mann kommt zu früh, und wenn er kommt, ist das Geschehen nicht der Rede wert, oh du mickriger Orgasmus. Unser Hirn ist angefüllt mit falschen Mythen über guten Sex. Schrott. Der Krempel muss raus. Keiner muss es der Frau besorgen. Vom wilden Mann und vom klaren Mann in uns und davon, was passiert, wenn die beiden im Herzen zusammenkommen.

Die große Unlust

Es beginnt eine große sexuelle Unlust um sich zu greifen. Wir sind übersättigt mit Sex. Wo wir im öffentlichen Raum die Augen aufmachen, werden wir mit Sex bombardiert: im Fernsehen, in Zeitungen, auf Plakaten, auf der Straße, in der Tram, egal, ob du einen Autoreifen kaufst oder eine Fertigsuppe, abgeholt wirst du mit Sex. Mit der Zeit geht einem das auf die Nerven. Sexualität läuft immer mehr draußen ab, und je mehr sie draußen abläuft, um so weniger baut sich der Druck im Innern auf. Vierzig Prozent der Sexualberatungen sollen heute mit Unlust zu tun haben.

Das läßt sich mit einem Phänomen erklären, das man erst in den letzten Jahren entdeckt hat. Masters und Johnson kannten es noch nicht, für sie begann Sex mit der Erektion: Ein Mann ist erregt oder nicht erregt. Die amerikanische Sexualforscherin Helen Singer-Kaplan hat nun beobachtet, daß lange vor der Erektion eine sexuelle Phase abläuft, die sie Appetenz nennt. Das Wort Appetenz stammt, wie das Wort Appetit, vom lateinischen »appetere« ab, das »Verlangen haben, begehren« bedeutet. Es ist diese Phase, in der wir anfangen, einen Kitzel zu spüren. Wir sind irgendwie umgetrieben. Da ist noch lange keine Erektion, du fühlst einfach eine Spannung. Die Aufmerksamkeit wird ein wenig enger, es liegt etwas in der Luft. Bei langjährigen Partnern merken beide, daß es jetzt wohl bald losgeht, da reicht manchmal eine kleine Berührung, und Eros beflügelt uns und macht alles lebendig.

Eros ist flüchtig, er kann auch wieder verschwinden, wenn wir ihn in diesem Moment zu schnell packen wollen, wenn wir glauben, nun gehe es direkt zum Sex. Es ist möglich, daß aus dieser Schwingung direkt Sex entsteht, aber es muß noch lange nicht soweit sein. Es herrscht einfach eine erhöhte sinnliche Sensibilität, sie ruft nach Blickkontakt, Berührungen, bis der Funken überspringt.

Aber oft bricht diese Phase in sich zusammen. Es schiebt sich Unlust dazwischen. Warum?

Die Sexualisierung der Umwelt durch die Medien, die ein Gefühl von Übersättigung erzeugt, haben wir bereits erwähnt. Dazu kommt die Mode: Dauernd werden wir bombardiert mit Sex. Wenn wir uns heute in einer Großstadt in der Einkaufsstraße bewegen, haben wir das Gefühl, in einem Schlaraffenland des Sexes gelandet zu sein: Alles scheint uns mit Sexualität zu locken, jede junge Frau zeigt Bauchnabel und Busenansatz, den Hintern schwenken sie wie Lockvögel. Aber es wird dauernd nur gelockt, es wird niemals gegeben! Da muß einem doch die Lust vergehen.

Auch unabhängig von dieser Dauerverlockung reagieren viele Männer auf die Appetenz-Phase mit einer gewissen Panik. Muß ich jetzt? Sofort? Es kommt Leistungsdruck auf, und oft auch eine gewisse Enge: Wir glauben, jetzt werde das Ziel vorgegeben, und wir müßten es erreichen: ins Bett mit ihr, penetrieren, Orgasmus.

Ein Streßfaktor mehr. Dabei stehen wir im Beruf und sonst im Leben schon unter Dauerstreß. Für viele ist Sex eine Form von Arbeit geworden, sie müssen Kompetenz zeigen, die Frau im Bett befriedigen wie in der Arbeit den Chef. Was haben wir davon?

Kann auch sein, daß die Libido nicht angekurbelt wird, weil zuwenig Testosteron im Umlauf ist. Kann sein, daß im Untergrund Ängste lauern, die Angst vor der Zurückweisung oder die Angst vor dem Versagen. Kann auch sein, daß da die ganz große seelische Krankheit mitschwingt, die uns westliche Menschen heute begleitet: die Depression. Depression bedeutet ja unter anderem, daß die Lebendigkeit, der Eros, sich verzogen hat.

Kommt noch dazu, daß wir zwar in einer Kultur der totalen Sexualisierung leben, aber gleichzeitig eine panische Angst vor Berührung haben: Intimität, Nähe und Körperkontakt werden peinlichst vermieden. Wir Männer streicheln nicht, wir knuddeln nicht, wir knutschen nicht, und wenn doch, dann glauben wir, das müsse jetzt möglichst schnell zur Sache führen. Frauen knuddeln gerne, sind gerne körperlich, gerne nahe, und es muß überhaupt nicht zum Sex kommen. Frauen sind taktiler als Männer, sie kommunizieren mehr über Berührung und brauchen das auch, um warm zu werden, um sich zu spüren, um ins Herz zu kommen. Sie haben's zum Beispiel oft gern übers Ohr, wenn wir dran rumknabbern, wenn wir ihnen Phantasien ins Ohr hauchen, mit Worten, mit Singen, mit erotischer Stimme. Ganze Generationen von Minnesängern haben im Mittelalter die Frauen nur übers Ohr zur Liebe verführt. Wir Männer haben's ja auch gerne, wenn sie gurrt, wenn sie stöhnt.

Lustlosigkeit, wenn sie bei einem Paar Einzug hält, kann eine vorübergehende Phase sein, die zum Leben gehört wie Stimmungsschwankungen. Eros ist eine seelische Energie, die in Wellenform erscheint und verschwindet und von allem anderen beeinflußt wird.

Es ist noch nicht lange her, da war Sex etwas Sündiges, Verbotenes, er wurde versteckt und immer irgendwie mit Strafe verbunden, Sex war des Teufels! Aber gerade dadurch auch etwas Faszinierendes. Heute ist Sex entteufelt, heute muß jeder bumsen, sonst stimmt was nicht mit ihm. Also: Wenn du mal keine

Lust hast, dann hast du halt keine Lust. Soll dran rütteln, wer will. Es gibt ja genügend wirkliche Schwierigkeiten, denen Männer beim Sex begegnen können.

Schwierigkeiten

Vorzeitiger Samenerguß

Ejaculatio praecox, wie das wissenschaftlich heißt, bedeutet Abspritzen kurz vor oder gleich nach der Penetration. Dabei ist man entweder noch gar nicht erregt, noch gar nicht aufgeladen, gar nicht geil, oder aber übererregt, ängstlich und unsicher.

Alfred Kinsey fand 1955 heraus, daß zwei Drittel der Männer nach zwei Minuten ejakulieren. Damals fand man das noch ganz okay. Zwölf Jahre später nannten Masters und Johnson die Ejaculatio praecox bereits den »Fluch des Mannes«.

Männer, die darunter leiden, fühlen sich nicht besonders gut. Sie sind verunsichert, trauen sich kaum, eine Frau anzumachen, und wenn sie trotzdem eine gefunden haben, sind sie zwar sehr treu, aber auch sehr eifersüchtig. Die Frauen ihrerseits, die sich ihre Befriedigung irgendwie anders organisieren, sind am Anfang noch verständnisvoll, später werden viele aggressiv, verachten den Mann, und das Paar gerät in einen Teufelskreis. Es kann auch sein, daß eine Frau ihren Mann aus anderen Gründen nicht akzeptiert und sich deswegen nicht befriedigen läßt. Eine solche Beziehung wird oft auch außerhalb des sexuellen Territoriums zur Kampfehe.

Praecox bedeutet im allgemeinen, daß sich der Mann zuwenig Zeit gibt, daß er seine Ladung gar nicht richtig aufbaut. Häufig hat er schon als Junge trainiert, möglichst schnell zu kommen, er baut seine Erregung nur im Schwanz auf und nicht im Bauch, nicht im ganzen Körper. Interessant ist, daß Männer mit Praecox oft aggressionsgehemmt sind. Sie kommen nicht an den Teil in sich heran, wo sie triebhaft werden, wo die tiefe Erregung den Körper zu durchfluten beginnt. Sie kommen nicht in diesen aggressiven Zustand, in dem ein Mann die Frau in ihrer Tiefe berühren und wecken will, wo die Eichel den Gebärmuttermund küßt. Könnten sie das tun, würde die Frau in ihrem eigenen Begehren und Verlangen geweckt, den Mann zu nehmen. Diesen Zustand meidet er, und sie wird aggressiv, weil sie total frustriert ist.

Man kann was dagegen tun. Praecox hat zu tun mit Nervosität, Angst, Streß, Versagensangst, Leistungsdruck. Neuerdings haben Ärzte angefangen, mit gutem Erfolg Antidepressiva zu verschreiben. Drei Viertel der Patienten zeigten sofortige Besserung.

Wer keine Chemie schlucken will, muß sich auf die alte Methode besinnen: gut und viel onanieren, dabei den Punkt ohne Wiederkehr kennenlernen, sich da hinein entspannen lernen, ohne abzuspritzen, und wieder von vorne anfangen. Zudem empfiehlt es sich, seine Aggression hervorzuholen, mal die Stimme zu gebrauchen, mal wieder herumzubrüllen, anfangs vielleicht alleine im Auto, später auch mal beim Sex. Sich als Gorilla fühlen und auf den Brustkorb trommeln. Sich mal wieder als Eroberer feiern.

Da war zum Beispiel Hugo in einer Männergruppe, ein nervöser Typ, verspannt, hippelig, aber auch ein lieber kleiner Kerl. Als in einer Übung die Gruppe anfing, in einem engen Raum zu tanzen, immer wilder wurde, immer dampfiger, als die Männer anfingen, herumzubrüllen wie wilde Tiere, da zeigte sich schnell, daß Hugo damit irgendwie nicht klarkam. Er hielt sich zurück,

getraute sich nicht aus sich heraus. Bei einer zweiten Übung, als es darum ging, gemeinsam zu atmen, zu hecheln und zu singen und so wie die alten Sufi-Meister die Energiezentren im Körper zu befeuern, da hatte Hugo plötzlich eine Vision. Er sah im Zentrum des Kreises einen riesigen Phallus entstehen aus Kristall, und er merkte, daß er nicht mehr selber atmete, sondern geatmet wurde durch einen großen Atem. Und je tiefer dieser Atem wurde, um so größer wurde der Phallus.

Nach dem Tanz erzählte Hugo von seiner Vision, und er erzählte auch davon, daß er vollkommen verzweifelt sei wegen seinem Problem mit dem Praecox. Die Gruppe gab Hugo eine Hausaufgabe. Er solle zu Hause mit seiner Partnerin anfangen, hie und da mal wilde Tiere zu spielen. Sie sollten herumtanzen, herumfauchen, herumbrüllen. Sie sollten miteinander ringen und kämpfen wie Tiere, und sie sollten sich dabei in die Augen schauen, damit es in der Beziehung bleibt und nicht in die Phantasie abdriftet. Vier Monate später schrieb Hugo aus den Ferien: »Ich bin vollkommen happy. Endlich kann ich mal Liebe machen, ohne gleich zu kommen.«

Gehemmter Samenerguß

Rund fünf Prozent der Männer haben eine verzögerte oder gehemmte Ejakulation. Sie können wohl Liebe machen, aber sie finden keine Erlösung im Höhepunkt. Nun könnte mancher rufen: Ist ja toll, die können stundenlang vögeln, haben alle Zeit der Welt, ihre Partnerin zu befriedigen, die haben's mit Sicherheit besser als die dreiundzwanzig Prozent, die unter Ejaculatio praecox leiden. Nur, diese Männer hätte gerne auch mal eine

Ejakulation. Es wird für die allermeisten Männer zu einem Problem, wenn sie nicht kommen können, sie geraten unter Druck. Manche versuchen es dann über sehr hartes Bumsen, was der Partnerin nur selten gut bekommt.

Vielleicht sollte man in solchen Fällen einen guten alten Spruch aus der Armee beherzigen: Stop, halt, sichern. Vielleicht ist in solchen Momenten einfach Anhalten und Entspannen angesagt. Möglicherweise ist da zuviel Getriebenheit, zuviel Angst oder zuviel Zwang, zum Erfolg zu kommen. Vielleicht bist du zu sehr mit ihr beschäftigt und zuwenig mit dir, mit deinem wirklichen Bedürfnis. Vielleicht bist du nur im Schwanz und überhaupt nicht im Herzen.

Frauen beklagen sich in dieser Situation oft über mangelndes Einfühlungsvermögen der Männer, sie klagen, die Männer könnten nicht loslassen, sich nicht hingeben, nicht weich sein. Aber vielleicht liegt der Hund anderswo begraben, wenn wir uns dieses harte Bumsen, diese eigentliche Aggression anschauen: Ist da vielleicht eine unterschwellige Feindseligkeit gegenüber deiner Partnerin? Bist du deshalb so kontrolliert? Solltest du mal über die eigene innere Wut reden? Oder die Angst anschauen, die da aufkommen könnte, wenn die Frau voll geweckt würde in ihrer Lust. Wenn sie ihrer Begierde nachgeben würde: Würdest du das aushalten?

Wenn die Abnabelung von der Mutter noch nicht vollständig gelungen ist, werden Urängste geweckt, die Angst, die männliche Identität zu verlieren, und die Ursehnsucht, eins zu sein mit der allerersten Liebe, der Mutter. Plötzlich, unbewußt, überträgst du dein Mutterbild auf die Partnerin, und du bekommst Angst, dich hinzugeben, denn Inzest darf nicht sein.

Erektive Störung

Ein großes Problem, wenn man die Verkaufszahlen von Viagra anschaut, ist für viele Männer die Impotenz. Wobei wir dieses Wort vermeiden sollten. Es ist ein sexistisches, Männer diskriminierendes Wort, weil damit der Mann in seiner ganzen Potenz, in seiner Lebenskraft, in seinem Mannsein angegriffen und oft lächerlich gemacht wird.

Natürlich sind wir Männer selber schuld daran, weil auch wir unbewußt »Mannsein« mit sexueller Kraft gleichsetzen und unsere Identität aus unserer sexuellen Leistungsfähigkeit ableiten. Dabei stellt die sexuelle Leistungsfähigkeit nur einen kleinen Teil unserer Potenz dar. Potenz zeigt sich auch in der Fähigkeit, etwas zu erzeugen, kreativ zu sein, sie zeigt sich als geistige Kraft, als Durchsetzungsvermögen, als phallische Kraft, die sich nur zum Teil im Penis zeigt. Darüber wird später noch einiges zu sagen sein.

Reden wir also wie die Wissenschaft nicht mehr von Impotenz, sondern von erektiver Störung. Wenn sonst alles da ist, der Appetit, das Gegenüber, das gemeinsame Wollen, aber sich im Schwanz nichts regt, weil ER nicht will, dann ist das eine erektive Störung.

Sie kann organisch bedingt sein, etwa durch Bluthochdruck oder einen – möglicherweise noch nicht entdeckten – Diabetes, sie kann aber auch psychische Ursachen haben. Wenn es alleine, von Hand gut geht, wenn im Traum oder morgens im Bett eine Latte aufsteht, dann ist die Störung vermutlich psychisch bedingt. Die Gründe können in einer Depression liegen, in einer tiefen Angst und einer damit verbundenen Aggressionshemmung. In der Psychotherapie psychisch bedingter erektiver Störungen geht es, wie beim gehemmten Samenerguß, oft darum, sich mit seiner aggressiven männlichen, aber auch seiner warmen phallischen Seite vertraut zu machen.

Da war zum Beispiel Toni, ein etwa 40jähriger Arzt. Er klagte über seine Impotenz und darüber, daß er keinen Steifen kriege und daß er fürchte, deswegen wohl bald seine Freundin zu verlieren. Toni war ein klarer Workaholic, er stotterte und machte einen überdrehten Eindruck. Für ihn war die Übung »Faultier« eine richtige Offenbarung.

Das »Faultier« geht so: Du liegst auf dem Bauch, und ein anderer liegt auf dir drauf, ebenfalls auf dem Bauch. Nun beginnen beide zu atmen und versuchen, sich zu entspannen. Es ist recht schwierig, auf einem Mann draufzuliegen und sich dabei zu entspannen. Wir haben immer Angst, zu schwer, zuviel zu sein. Auch derjenige, der unten liegt, soll sich entspannen und versuchen, das Gewicht zu tragen. Nun stellt sich der obere vor, er sei ein Faultier und schlafe. Irgendwann wacht das Faultier auf und beginnt sich langsam zu strecken, sich genüßlich im Zeitlupentempo zu bewegen, dehnt sich, rollt sich, richtet sich auf, spielt ein wenig herum, nichts Besonderes, bewegt sich auf der Grenze zwischen körperlicher Nähe und emotionaler Offenheit, massiert damit ein wenig den, der unten liegt, und beginnt sich dann langsam wieder zu beruhigen, legt sich nieder, schläft wieder ein.

Unglaublich, wie die Männer diese kleine Übung genießen. Wie sie sich dabei entspannen können, loslassen können. Unglaublich, wie wohlig warm sie dabei werden, und dies mit einem Mann. Was wir sonst nur mit einer Frau haben können, diese ungefährliche, nährende Intimität und Nähe, plötzlich erfahren wir das mit einem Mann. Stell dir vor, es wäre dein Vater, und spüre die Kraft, die phallische Kraft des andern in dich fließen, dich nähren, dich heilen, dich segnen. Manch-

mal beginnen die Männer in diesem Moment zu weinen. Auch Toni war es so ergangen.

Monate später schrieb er, daß ihm genau das gefehlt habe, die männliche Kraft des Vaters, und daß er sie in dieser kleinen Übung erfahren habe. Toni hat angefangen, mit seinen Freunden wieder die Nähe zu suchen, er ließ sich nicht mehr von seiner Arbeit auffressen, sondern ließ sich im Kraftfeld der Freunde nieder. Und wenn er dann jeweils seine Freundin besuchte, war er phallisch aufgeladen, und eines Tages klappte es beim Liebemachen, als sei nie was anderes gewesen.

Schmerzhafter Ständer

Ein anderes Problem, dem Männer beim Sex oft begegnen, ist die schmerzhafte Erektion. Es kann sein, daß der Schwellkörper im Penis verletzt ist und daß entlang der »Bruchstelle« Schmerzen auftreten. Ursache kann auch ein Rückenmarksleiden sein. Es ist aber auch möglich, daß die Erektion dermaßen hart wird, daß der Penis zu schmerzen beginnt. Priapismus nennt man dieses Phänomen, nach dem griechischen Gott Priapos, der vom Gott des Rausches, Dionysos, und der Göttin der Liebe, Aphrodite, gezeugt wurde: eine Mißgeburt mit riesigem Phallus. Die einen erzählen, Aphrodite habe ihn von sich geworfen nach der Geburt, andere, Priapos habe später Ares, den Gott des Krieges, ausgebildet.

Priapismus, der schmerzhaft erigierte Ständer, wird dadurch verursacht, daß die Venenklappen total schließen, daß also nur Blut in den Penis hineinfließen kann, aber keines mehr raus. Auf die Dauer führt das zu Sauerstoffmangel im Blut des Penis und zu Gewebeschädigung. Helfen kann manchmal das Abspritzen, weil der Parasympathikus dann das Signal zum Abschwellen sendet. Wenn alles nichts nützt, hilft nur noch die Spritze des Arztes.

Manchmal treten Schmerzen auch beim Ejakulieren auf, oft, wenn man versucht hat, das Abspritzen abzuklemmen. Dann krampfen diejenigen Muskeln, die eigentlich pulsieren sollten. Der Schmerz kann bis in die Hoden ausstrahlen. Mit Wärme oder Massage ist das Problem aber schnell gelöst. Der Trick, um den Krampf zu verhindern, ist, mit der Lust so zu spielen, daß man nicht zu nahe an den Orgasmus herankommt. Wenn aber der Punkt ohne Wiederkehr überschritten ist, dann soll man nicht mehr versuchen zu bremsen, sondern loslassen und genießen.

Sexsucht

Eine andere Schwierigkeit, denen Männer im Umgang mit Sexualität begegnen können, ist die Sexsucht. Sexsüchtig ist, wer permanent mit Sex beschäftigt ist, in seinen Gedanken, Gefühlen oder Handlungen. Er ist dabei aber nicht auf Liebe eingestellt, sondern ausschließlich auf Sex. Das Grundgefühl ist Getriebensein, es ist wie ein Zwang.

Sexsüchtige werden in unserer Welt oft als tolle Hengste angeschaut und von andern Männern bewundert. Diese Kerle sind ja dauernd auf der Jagd, haben dauernd geile Frauengeschichten, da läuft wenigstens etwas. Wie beim Schauspieler Klaus Kinski, der in seiner Autobiographie »Ich küsse deinen Erdbeermund« seine Sexabenteuer in einer nicht enden wollenden Kette aneinanderreiht. In Wirklichkeit geht's ihnen nicht um die Frauen, sondern nur um den Akt der Eroberung und Unterwerfung. Der Sexsüchtige stellt jedesmal die Machtfrage, wie das Don Juan ja auch gemacht hat, es gilt die eine zu erobern, dann zur nächsten zu eilen, in einer wilden Flucht oder Suche. Und am Ende sterben sie einsam, ohne das, was sie gesucht haben, je zu finden. Die Frau, die der Sexsüchtige eigentlich will, bekommt er nämlich nicht. Sexsüchtige leiden an der Mutter.

Der Sexsüchtige macht einen total potenten Eindruck. Auf sich selber wie auf die andern. Er ist ewig männlich, ewig geil, bespringt jede: Er entspricht dem Mythos des sexuell erfolgreichen Mannes. Deswegen wollen viele Sexsüchtige nicht wahrhaben, daß sie krank sind. Sie haben kaum Leidensdruck und sehen nicht, daß sie sich und anderen damit schaden. Dabei riskieren sie – wenn sie es überhaupt soweit geschafft haben – ihre Ehe, ihre Familie, ihren Job. Sie verpuffen ihre Libido, sie bringen es kaum weiter als ins Bett der nächsten Geliebten, die sie nie im Leben heiraten würden. Und merken nicht, wie wenig Befriedigung sie dabei finden. Hauptsache, sie haben eine Frau rumgekriegt und – im Grunde – entwertet, erlegt, verbraucht. Hier kann sich das Forschen nach den Ursachen in einer Psychotherapie lohnen. Das Ablegen von Sexsucht fühlt sich an wie das Aufwachen aus einem Alptraum.

Mickriger Orgasmus

Woran wir Männer aber am häufigsten leiden, ist nicht an der erektiven und nicht an der ejakulativen Störung, wir Männer haben meistens eine orgasmische Störung. Die Fähigkeit, einen Orgasmus zu erleben, ist bei vielen von uns eingeschränkt. Wir fließen nicht, wir strömen nicht, wir können den inneren Beobachter nicht abschalten.

Beim amerikanischen Schriftsteller Norman Mailer finden wir im Roman »Der Gefangene des Sex« eine eindrückliche Schilderung eines männlichen Orgasmus: »Orgasmus ist wie das Zusammenkrachen mit einem Lastwagen, oder ein sanftes Kommen wie Schnee. Ein Ankommen mit dem Reichtum eines Königs, oder einen Hügel hinabgleitend in der schleichenden Hitze. Beim Orgasmus schaut das Auge deines Lebens auf dich zurück. Wer würde es wünschen, in dieses Auge zu starren, wenn es ärmer wäre als sein eigenes.«

Im Orgasmus schauen wir unserer Existenz ins Auge. Und die meisten von uns haben davor sehr viel Angst. Wie sieht sie »im Auge des Lebens« aus? Wer den Orgasmus umfassend erleben will, muß sich dabei so sehen, so annehmen, so spüren, wie er wirklich ist. Sind die Orgasmen der Schauspieler in den Sexfilmen deswegen immer so schmerzverzerrt, weil sie dargestellt werden als das, was der Orgasmus in unserer Kultur geworden ist: eine Leistung, bei der wir nicht versagen dürfen? Wir können das Glück, das im Orgasmus liegt, gar nicht annehmen.

Da haben wir also einige Sekunden Ekstase im Sex, alles dreht sich um diesen einen Moment, er ist der Höhepunkt, und wenn wir ihn erleben, dann schauen wir nicht hin.

Oder wir erleben einen Orgasmus und stecken ihn sofort weg. Den Orgasmus der Frau dagegen, den genießen wir, nicht sinnlich, sondern als Bestätigung unserer Männlichkeit, er macht uns mächtig, erfolgreich, potent.

In »Lady Chatterley« beschreibt D. H. Lawrence den weiblichen Orgasmus: »Oh, und tief in ihr taten sich Abgründe auf und rollten auseinander in langen, weit tragenden Wogen ... Sie glitt tiefer und tiefer hinab, rührte an neue Gestade, und sie wurde tiefer und tiefer enthüllt, und ihre Wogen rollten noch heftiger von ihr und rollten fort von ihr, ließen sie allein, bis sich plötzlich in weichen, bebenden Zuckungen das Innerste ihres Plasmas regte ... Der Vollendung nahe, und sie war verschwunden. Sie war verschwunden. Sie war nicht. Und sie ward geboren: eine Frau.«

Ein Mann hat das geschrieben. Millionen Männer haben das gelesen und feiern den Orgasmus der Frau. Wer den Film »When Harry met Sally« gesehen hat, wird seiner Lebtag nicht mehr vergessen, wie gut der Orgasmus war, den Sally ihrem Harry im Restaurant in aller Öffentlichkeit vorgespielt hat. Den Orgasmus der Frau, dort draußen im begehrten Territorium

Frau, den feiern wir Männer, den versuchen wir herzustellen. Und den eigenen? In unserem Körper?

Gehen da Orgeln los beim eigenen Orgasmus? Prallst du da mit einem Lastwagen zusammen? Stirbst du da? Wirst du neu geboren? Ist das der »kleine Tod«, la petite mort, den uns die Dichter versprochen haben?

Wir Männer haben keine Bilder vom eigenen Orgasmus, weil sich kaum jemand getraut, wirklich hinzugucken. Weil wir es nicht ertragen, uns in diesem Moment zu begegnen. Wir haben ja schon Mühe, uns im Modegeschäft im Spiegel zu betrachten, wie wollen wir es da aushalten, im Orgasmus ins Auge unserer eigenen Existenz zu schauen?

Wir Männer neigen dazu, nicht die Wahrheit zu suchen, sondern Mythen, die wir uns von uns machen, mit Leben zu füllen, etwa: Ich bin ein toller Hecht, oder: Ich kann jede haben. Neigen wir dazu, weil wir ahnen, daß die Wahrheit über unsere Männlichkeit nicht so schön wäre wie das Bild, das wir uns von ihr machen?

Dabei ist es unheimlich anstrengend, immer diesen Bildern entsprechen zu müssen, Bildern, die uns nur behindern in unserer Lebendigkeit und im Fließen mit unserem Orgasmus und dem unseres Gegenübers.

Mythen zum Abwinken

Auf dem Weg zu unserer Männlichkeit haben wir ein paar Geschichten aufgeschnappt darüber, was wir Männer zu leisten haben, um wirkliche Männer zu sein. Wenn wir als Jungs unter Freunden von Heldentaten erzählten, wenn wir heimlich Sexheftchen betrachteten, Pornofilme schauten, Liebesfilme im Fernsehen, dann festigten sich in unserer Vorstellung Bilder darüber, was wir später als erfolgreiche Sexualität empfinden sollten. Wir erfanden Mythen und taten so, als seien sie wahr.

Mythos Nummer eins: Sex ist »rein-raus«

Wir Männer glauben zum Beispiel, Sex sei gleichbedeutend mit Koitus. Wenn wir an Sex denken, dann heißt das Penetration. Am glücklichsten fühlt sich der Schwanz in der Vagina der Frau. US-Präsident Bill Clinton hat gegenüber seiner Frau Hillary und gegenüber der Öffentlichkeit allen Ernstes behauptet, er habe keine sexuelle Beziehung zu Monica Lewinsky gehabt, weil er sie ja nicht penetriert hatte. Solche Mythen über den Sex glauben wir.

Das kann Probleme verursachen. Wenn der Mann darauf drängt, einzudringen, »Rein-raus«-Sex zu machen, hat die Frau wenig davon und wird diese Art Sex bald ablehnen. Die weibliche Lust – das versuchen uns die Frauen immer wieder klarzumachen – findet hauptsächlich jenseits der Penetration statt. Eine Frau kriegt ihren Orgasmus meistens nicht durch die Penetration, sondern durch die Stimulierung der Klitoris. Nur gerade dreißig Prozent der Frauen haben beim »normalen« Koitus einen Orgasmus. Dummerweise haben wir Männer und Frauen eine große Scham, unsere sexuellen Bedürfnisse zu benennen, sonst wüßten wir Männer: Sex ist sehr viel reicher als nur Penetration.

Es gibt ungeahnte Möglichkeiten, mit einer Frau Sex zu haben, scharf zu werden und es zu genießen, ohne in sie einzudringen. Warum müssen wir immer gleich aufs Ziel los? Die Frau ist ohnehin noch nicht heiß. Und wenn die Energie und die Lust halt mal zusammenbrechen, so what? Zählt jemand die Orgasmen in seinem Leben?

Wenn ein Mann scharf wird, kommt zu seiner allgemeinen Lebensenergie die Erosenergie hinzu, und das macht ihn lebendig, sprühend, humorvoll, witzig. Serotonin wird ausgeschüttet, Glücksgefühle kommen auf, er beginnt, um sie zu werben, mit ihr zu spielen. Warum nicht diese Phase genießen? Und wenn es nicht zur Penetration kommt und die Energie wieder weggeht, abwarten. Vielleicht kommt sie ja wieder? Sexuelle Energie fließt in Wellenform.

Bis eine Frau wirklich bereit ist, heiß ist und den Mann in sich aufnehmen will, braucht es sehr viel mehr als nur einen steifen Schwanz. Der männliche Mythos vom zielgerichteten schnellen Sex beraubt uns der verspielten Sexualität und der Sinnlichkeit.

Bei sexuellen Störungen raten die Psychoanalytiker und Sexualtherapeuten als erstes: Macht alles, was ihr wollt, aber enthaltet euch mal eine Zeitlang der Penetration. Warum nicht mal eine solche Phase einschalten und schauen, was sich verändert?

Mythos Nummer zwei: Der Mann ist allzeit bereit

Sobald es Richtung Intimität oder Körperlichkeit geht, muß beim Mann sofort der Motor anspringen. Wenn dich eine Frau mal länger als eine Sekunde anschaut, beginnt in dir unbewußt das Programm abzulaufen: Mach dich bereit!

Aber der Mythos stimmt nicht. Wir sind nicht allzeit bereit, obwohl viele sich das nicht ein- und zugestehen. Wir glauben, wir müssen. Da kommt sofort der innere Druck: Ich muß sie anmachen, muß sie verführen, muß sie haben wollen, besteigen wollen. Frauen werfen uns das vor.

Dieses Programm ist kontraproduktiv und verursacht totalen Streß. Wenn es abläuft, sind wir bereits in der Zukunft, phantasieren schon die Penetration und sehen nicht, daß die Situation im Jetzt noch völlig offen ist, daß noch viele Spielmöglichkeiten bestehen. Wir sehen nur das eine. Dabei ist die Frau vielleicht einfach gut drauf, mag mit uns scherzen, nur wir setzen uns gleich auf die sexuelle Spur. Wir können uns nämlich nicht vorstellen, daß wir in unserem ganzen Sein angenommen sind, wir glauben tief drin den Mythos, es gehe nur um unseren Schwanz.

Mythos Nummer drei: Steile Kurve, zuoberst ein Orgasmus

Ein anderer toller Mythos in unserem Kopf heißt: Befriedigender Sex besteht aus einer steigenden Erregung, an deren Ende der Orgasmus explodiert. Natürlich erleben es die meisten so, aber das heißt noch lange nicht, daß es so sein muß. Es ist nur eine von 1 000 Variationen, und nicht mal die beste.

Wir haben diesen Mythos in der Jugend beim Onanieren aufgebaut: wichsen, bis es spritzt.

Kommt dazu, daß wir über die Sexualität im Grunde noch sehr wenig wissen. Wir haben ein paar Bilder im Kopf, wie das ablaufen soll, und wenn es nicht so läuft, dann macht uns das unsicher. Männer müssen aber, so hat man es uns eingepaukt, sicher sein, sie müssen die Kontrolle haben, also beschränken wir uns auf das sichere Modell: bumsen, bis es spritzt. Das Ganze möglichst schnell und mit sicherem Erfolg durchziehen, am Ende ein Stöhnen, und dann ist's fertig.

Was dabei fehlt, sind all die Spielmöglichkeiten: reden, lachen, turteln, Phantasien entwickeln, sie erzählen und sagen, was man möchte. Was fehlt, ist das Zulassen der Wellen der Erregung: mal aufrauschen, mal sich beruhigen, mal schauen, was kommt. Nicht immer den Höhepunkt als Ziel vor Augen haben, sondern die Kontrolle aufgeben und sich den Gefühlen und Empfindungen hingeben.

Je länger das Liebesspiel dauert, desto mehr Zärtlichkeit kommt auf. Aber es melden sich auch Ängste. Mit guten Gefühlen von Geborgenheit und Glück schaffen wir ein starkes Gegengewicht zu ihnen.

Unsere Sexualität ist die intimste, intensivste, deutlichste Form der Kommunikation mit unserem Selbst und mit unserem Gegenüber. Im guten Sex sind wir mit unserem ganzen Wesen dabei, mit unseren Gedanken, Gefühlen, Empfindungen, und unserer Liebe. – Und wir glauben, das sei in zehn Minuten vor dem Einschlafen erledigt!

Mythos Nummer vier: Keine Fragen. Go ahead

Ein anderer Mythos heißt: Wir Männer haben bezüglich Sex keine Fragen und schon gar keine Zweifel. Wir wissen, worum es geht. Wir reden miteinander nicht über Sex, schon gar nicht über Schwierigkeiten im Sex. Wir informieren uns zwar im Fernsehen, im Film, in der Literatur. Wir glauben zu wissen, wie es funktionieren muß. Es funktioniert aber nicht so. Und das verwirrt uns. Aber über diese Verwirrung wird wieder nicht geredet, schon gar nicht unter Männern. Denn ein Mann weiß ja, wie's funktioniert. Also, go ahead.

Mythos Nummer fünf: Alle positiven Gefühle sind sexuell

Das Bedürfnis nach Nähe, Zärtlichkeit, Unterstützung oder körperlicher Zuneigung kann zwar durch sexuelle Aktivität befriedigt werden, aber häufig sogar besser durch anderes, asexuelles, aber subtil erotisches Verhalten. Nur werden diese Bedürfnisse, die auch zwischen Mutter und Kind, Vater und Kind und in allen echten Freundschaften mitschwingen, als weiblich betrachtet und abgewertet. Sobald eine Frau oder ein Mann uns körperlich nahekommt, wird dies von uns Männern sofort sexuell verstanden. Die Sehnsucht nach Zärtlichkeit kann aber einfach nur bedeuten, daß Zärtlichkeit gefragt ist. Nicht mehr.

Mythos Nummer sechs: Wir müssen's der Frau besorgen

Wir Männer müssen den Frauen einen Orgasmus machen, dann ist der Sex gut. Dieser Mythos hat verheerende Wirkung. Er führt uns schon mal weit weg von uns selber, und er macht uns zum Beobachter, zum Macher, zum Techniker und am Ende zum Kompetenzbumser. So bewegen wir uns beim Sex ausschließlich auf dem Territorium der Frau. Wenn wir es schaffen, ihr einen Orgasmus zu besorgen, dann fühlen wir uns, als hätten wir eine Trophäe gewonnen, einen Sieg errungen, ein Ziel erreicht. Mann, bin ich gut. Der hab' ich's gegeben.

Nur setzen wir uns selber und unser Gegenüber damit gewaltig unter Erfolgsdruck. Verdammt, warum kommt sie nicht. Sie soll kommen, ich will großartig sein. Ein guter Orgasmus aber wäre ein gegenseitiges Sich-Erspüren und gleichzeitiges Bei-sich-selber-Sein, so daß sich die Energien miteinander verweben. Ein Orgasmus kann nicht »gemacht« werden, er ist kein Ziel, sondern ein Geschenk. Für beide.

Nicht daß wir Männer nun aufhören sollten mit dem Versuch, gute Liebhaber zu werden. Wir wollen Liebhaber sein, aber einfach nicht dieser feurige Liebhaber, bei dem die Frauen in Ohnmacht fallen, denn der, wie gesagt, endet einsam. Wir können den Archetyp des Liebhabers in uns entdecken, jenes Energiefeld in der Seele, das seit jeher versucht, das Leben in sinnliche Freude zu tauchen.

Wenn wir bessere Liebhaber werden wollen, müssen wir aber auch mit unseren eigenen Gefühlen in Kontakt kommen. Dann können wir Männer Frauen auf dem Weg zum Orgasmus begleiten, mit unserem Sein und unserer Kraft. Doch der Orgasmus der Frau ist wieder ihre Sache, und beider Orgasmus das gemeinsame Geschenk.

Der Penis

Der Schwanz macht noch keinen Mann, erst der Ständer. Gefeiert wird der Penis in seinem erigierten Zustand, dann empfinden wir ihn und uns als standhaft, dauerhaft, potent. Sinkt er schlaff dahin, fürchten wir um unsere Männlichkeit. Sehr viele Männer machen in bezug auf ihren Penis diesen grundsätzlichen Fehlschluß: Sie verbinden das Standvermögen, die Ausdauer, die Härte ihres erigierten Penis mit männlichem Selbstbewußtsein und Macht. Beides hat nichts, aber auch gar nichts miteinander zu tun. Der Penis ist ein körperliches Faktum, Macht und männliches Selbstbewußtsein sind seelische Gegebenheiten.

Einige Fakten

Gemäß neueren Untersuchungen in Deutschland finden fast 40 Prozent der Männer ihren Penis zu klein, 54 Prozent mäkeln an seiner Gestalt herum. Woher kommt bloß diese Unsicherheit in bezug auf den Schwanz? Ist die Hälfte von uns Männern diesbezüglich noch immer der kleine Junge, der sein Schwänzchen mit dem riesigen Penis des Vaters vergleicht?

Die Virilität eines Mannes, seine sexuelle Aktivität, zeigt sich nicht an der Größe seines Penis, sondern vielmehr an der Größe seiner Hoden. Das ist wohl der Grund, warum bei den Römern die Männer auf ihre Hoden geschworen haben. Das englische

Wort testify, schwören, erinnert noch daran, Hoden heißen lateinisch Testes, englisch testicles. Ich schwöre bei meinen Eiern!

Die durchschnittliche Länge eines steifen Penis, gemessen vom Schambein bis zur Spitze, beträgt 16,15 Zentimeter, der Umfang 12,8 cm, der Durchmesser an der dicksten Stelle 4,1 cm. Diese Zahlen sind mit Vorsicht zu genießen, da die Untersucher nicht hingingen und selber maßen, sondern von den Befragten Maße erbaten. Der eine oder andere wird sich wohl um einen Zentimeter verguckt haben.

Der längste Schwanz, der je gemessen wurde, war derjenige des Amerikaners Long Don John, der damit in Sexvideos auftrat. Eine Erektion hat ihn wohl jeweils an den Rand der Ohnmacht gebracht. Sein Schwanz dehnte sich aus auf eine Länge von 48,3 cm, vom Schambein bis fast zum Knie.

Der Blick auf den Nebenmann unter der Dusche sagt nicht viel. Es gibt Penisse, die wachsen in der Erektion um das Zweifache, andere nur um zwei Drittel. Wenn ein Mann an sich hinunterschaut und wenn er hinüber zum Nachbarn blickt, ergibt sich sowieso ein schiefer Vergleich, er wird dabei den kürzeren ziehen.

Vorhaut

In den USA sind rund 85 Prozent der Männer beschnitten, in Deutschland (und wohl auch in der Schweiz) sind es nur gerade 5 Prozent. Das Beschneiden von Neugeborenen ist in den USA seit 1870 eine gängige Praxis. Damals soll ein Arzt einen fünfjährigen Jungen von einer Lähmung geheilt haben, indem er ihn beschnitt. Seither hat sich das eingebürgert. Heute wird die Beschneidung damit begründet, daß 90 Prozent der Jungen mit einer Phimose zur Welt kommen, einer engen, mit der Eichel verklebten Vorhaut. Normalerweise wächst sich das aus. In den USA wird aufgeschnitten.

Die rituelle Beschneidung der Juden wird am achten Lebenstag vollzogen, diejenige der Moslems erfolgt mit etwa dreizehn Jahren, in der Pubertät – ein Initiationsritus also. Psychoanalytiker wie Georg Groddeck, Bruno Bettelheim u. a. sehen die Bedeutung der Beschneidung zumindest bei den Juden im Verdrängen der Bisexualität: Die Vorhaut als Symbol der Vagina, in der die männliche Eichel steckt, wird entfernt, um das Wahrzeichen der Männlichkeit von jeglichem weiblichem Merkmal zu befreien. Dadurch ergreift der Vater symbolisch wieder Besitz von seinem Sohn.

Die Vorhaut, die da abgeschnitten wird, ist eine der wichtigsten erogenen Zonen des Mannes. Sie umfaßt ein Drittel der gesamten Penishaut. Ihre Funktion ist es, die Eichel vor Reibung zu schützen und auch vor Infektionen, da sie antivirale und antibakterielle Substanzen absondert, das sogenannte Smegma. Der über Tage ungereinigte Penis häuft dieses weiße Smegma unter der Vorhaut an. Es kann bei der Frau Gebärmutterkrebs auslösen.

Beschnittene, so haben neueste Untersuchungen ergeben, stecken sich weniger leicht mit HIV an. Die Eichel ist wegen der fehlenden Vorhaut mit einer leichten Hornhaut überzogen, die vor Verletzung und Schürfung und somit vor dem Übertritt des Virus schützt.

Sperma

1 000 Spermien stellen unsere Hoden pro Sekunde her! Das, was da nach einem Orgasmus herausspritzt, diese 2 bis 6 Milliliter Flüssigkeit, diese 30 bis 40 Liter im Leben eines Mannes, das mit

drei bis fünf Prozent Spermien angereicherte Ejakulat, Sperma genannt, kommt in jungen Jahren mit 17 Stundenkilometern aus der Röhre geschossen. – Was Wissenschaftler so alles untersuchen!

Sperma riecht ein wenig nach Kastanienblüten. Dieser Duft verführt und stimuliert die Frau. Das Parfum »Patchouli« erinnert an Sperma.

Viele Männer möchten, daß Frauen ihr Sperma schlucken, viele haben es aber selber noch nie probiert. Die Gefühle gegenüber Sperma können sehr verschieden sein: Stolz, Ekel oder Scham kommen bei seinem Anblick auf. In Pornos wird Sperma möglichst sichtbar verspritzt: auf das Gesicht, auf den Busen, auf den Bauch der Frau. Damit soll wohl die Dominanz des Mannes dargestellt werden. Alles in allem haben wir Männer eine ungute Beziehung zu unserem Sperma, sie dürfte lustvoller werden.

Erektion

Es ist die Blutzufuhr, die die Erektion des Penis, seine Fülle und seine Steife ermöglicht. Je nach Erregung schwankt sie und damit die Härte des Penis. Der ist sensibel, lebendig, er schwillt an, schwillt ab, je nach Behandlung. Aber das interessiert uns meist nicht. Der Penis muß hart, unempfindlich, stark sein. Dann sind wir Mann. Für uns hängt unsere ganze Persönlichkeit vom Zustand des Schwanzes ab, für Frauen ist das anders. Sie begehren nicht den Penis, sie begehren den Mann in seinem ganzen Wesen, seine Liebe, seine Zuneigung, seine Zärtlichkeit, seine Kraft – und seine Sexualität. Der Mann aber möchte, daß sein erigierter Schwanz angebetet wird, daß sie ihn umspielt, ihn in den Mund nimmt, ihn leckt und saugt. Beim Sex ist der Fokus meist auf dem Penis, nicht auf dem Körper.

Frauen ist das oft nicht bewußt. Sie wissen häufig auch nicht, wie sie ihn anfassen sollen, wie ihn masturbieren, und wir Männer sagen es ihnen nicht, wir denken, sie müßten das doch fühlen.

Für uns ist Fellatio so lustvoll, weil wir dabei keine Leistung zeigen müssen, weil wir uns dabei hingeben können, wenn wir uns überhaupt hingeben können. Und weil es egal ist, wenn wir dabei schnell kommen. Oft ist Fellatio gar nicht mit Liebesgefühlen verbunden, es kann damit auch Dominanz ausgedrückt werden oder gar Verachtung.

Der französische Filmemacher Jean Cocteau, schwul, so wird erzählt, hat sich hin und wieder auf dem rauschenden Höhepunkt seiner Feten vor versammeltem betrunkenem Publikum auf den Tisch gelegt, nackt, hat angefangen, schwer zu atmen, hat in seinem Kopf Phantasien entwickelt, hat seinen Penis erigiert, ohne ihn auch nur zu berühren, und hat am Ende abgespritzt. Erregung durch reine Phantasie. Das soll ihm mal einer nachmachen.

Ejakulation

Bei den Jungen ist die Ejakulation, wie der Name sagt, ein »Hervorschleudern«. Im Alter wird es mehr zu einem »Hervorquellen«.

Die meisten Männer setzen Ejakulation mit Orgasmus gleich, doch handelt es sich um zwei Vorgänge, die nicht genau miteinander korreliert sind. Der Orgasmus läuft kurz vor der Ejakulation ab. Es gibt da einen Moment, wo du hoch erregt bist, wo du den Orgasmus kommen spürst, wo der Schwanz aber noch nicht zuckt, noch nicht spritzt. Wenn du es schaffst, in diesem Bereich zu bleiben, die Wellenform der Energie anzunehmen, dich nicht weiter zum Schuß zu treiben, sondern dich in diese hohe Erregung hinein zu entspannen, dann stärkst du nach der Lehre der alten buddhistischen Tantriker die männliche Energie in dir. Dazu später mehr.

6.

Wenn es so nicht mehr weitergeht. Wenn Launen und Streit überhandnehmen. Wenn endlich klar wird, was fehlt. Parzival muss noch zweimal kämpfen, gewaltig ist der letzte Kampf. Wenn das wilde Tier in dir zum Bruder wird und du endlich zum König. Dann darfst du auch weiblich sein. Dann kann der Orgasmus zur Ekstase werden. Und du und dein Schwanz, ihr lebt glücklich bis ans Ende eurer Tage.

Die Krisis

Unsere weibliche Seite integrieren

Etwa in der Mitte des Lebens kommt der Mann in einen Umbruch: Midlife-crisis. Der Heldenmythos bricht zusammen.

Der Gründe gibt es viele: Die Kinder gehen ihren Weg, die Frau macht ihre eigene Karriere, plötzlich läuft alles ganz anders, als wir es bei unserer Erziehung zum Mann mitbekommen haben. Oft fällt in diese Zeit ein einschneidendes Ereignis. Ein Unfall, ein Herzinfarkt, ein Einbruch im Beruf, ein Seitensprung, eine Liebesaffäre mit einer Jungen, Schönen, das sind alles Zeichen, daß es Zeit ist, sich neu zu orientieren. Es kracht zwar im Außen, aber in Wirklichkeit geht's ums Innere.

Eigentlich möchten wir uns nicht verändern, wir wollen den Weg des Helden weitergehen. Wir möchten weiterhin der patriarchale Mann sein, der sich durchboxt im Beruf, bei der Frau, ein Mann, der Ruhm, Macht und Geld erobert. Gerade jetzt, in der Lebensmitte, wo endlich alles rundläuft, möchten wir auf dieser Spur bleiben, wir möchten die Ernte einfahren.

Aber an diesem Punkt werden wir Männer von etwas eingeholt, das in der Tiefe schon immer da war und sich öfter mal leise gemeldet hat: Die Psyche fordert ihren Tribut. An der Oberfläche halten wir zwar weiterhin unsere Allmachtsphantasien, Unverwundbarkeitsphantasien, Dauerpotenzphantasien aufrecht, aber darunter holt die innere Realität uns Männer ein.

Die Psyche fordert in dieser Zeit den Mann auf, den Weg des Helden zu verlassen, sie fordert eine Umkehr. Die Psyche hat ihre eigenen Tricks, um den Widerspenstigen dahin zu bringen: Die Lebensgeilheit läßt nach, ein körperlicher Zusammenbruch schafft eine Pause, zu Hause wird's ruhiger. Es ist jetzt an der Zeit, die andere Seite zu erlösen. – Die andere Seite?

Damals, als wir Held werden wollten, mußten wir das Weibliche unterdrücken, davon war bereits viel die Rede. Wenn wir jetzt weiterkommen wollen, müssen wir unsere weibliche Seite aus dem Keller holen und sie wieder ans Licht bringen: Leiblichkeit, Gefühle, Empfindungsfähigkeit, Kommunikationsfähigkeit – alles, wofür wir als Helden keine Zeit hatten, auch keine Zeit haben durften, weil wir sonst keine Helden gewesen wären. Jetzt will die Seele, daß der Mann das pflegende, heilende Prinzip in sich erlöst und lebt.

Von der Mutter und dem Mutterbild haben wir uns, wenn alles gutgegangen ist, im Verlauf unseres Heldenlebens abgelöst. Unserer weiblichen Seite sind wir im Außen begegnet, projiziert in die Frauen unseres Lebens. Jetzt aber will der weibliche Teil in unserer Männerseele, die Anima, wie sie der Psychologe Carl Gustav Jung genannt hat, ans Licht geholt werden. Unsere ureigene weibliche Seite soll nicht mehr unterdrückt werden, denn ohne sie sind wir vielleicht ganze Helden, aber nur halbe Männer.

Es ist jetzt an der Zeit, die innere Frau zu erkennen, die Angst vor ihr anzuschauen, sich dieser Angst zu stellen. Nur ein in seiner Männlichkeit gefestigter Mann, nur einer mit einer guten Ich-Stärke, nur einer, der genug Held war, kann diesem Drachen in sich begegnen, kann die Ängste erlegen, so, wie in vielen Märchen der Held den Drachen tötet. Nur der bewährte Held kann die Anima befreien und für sich gewinnen. Nur ein Mann, der seine männliche Seite entwickelt hat, kann ihr den richtigen

Platz geben, den Platz neben dem Ich. Erst nach dieser Heldentat wird der Krieger zum König.

Es ist ein gefährliches Unternehmen, unser Bild von dem, was wir als Mann sind, wird dabei in Frage gestellt. Alte, vergessene Ängste packen uns, wir fürchten, von der Mutter vereinnahmt zu werden. Wenige Männer hören den Ruf der Psyche und machen das freiwillig. Durch Unfall, Krankheit, Depression, Scheidung werden wir gezwungen, den nächsten Reifeschritt zu tun und vom Krieger zum König zu werden.

Die Anima sei ein Faktor von höchster Wichtigkeit in der Psychologie des Mannes, sagt C. G. Jung. Wo immer Launen, Emotionen und Affekte auftreten, ist die Anima am Werk. Wenn sie unbewußt ist, verstärkt, übertreibt, verfälscht sie alle unsere emotionalen Beziehungen, sowohl zu Männern wie zu Frauen. Je mehr wir unsere weibliche Seite verdrängt haben, um so negativer macht sie sich in unserer Psyche bemerkbar. Sie macht uns überempfindlich, reizbar, launisch, eifersüchtig, eitel, einfach unpassend.

Wenn unsere Partnerin anfängt zu nörgeln, unzufrieden zu sein, dann fallen wir meistens in unseren eigenen bedürftigen Jungen, der sich nicht verstanden fühlt, der eigentlich die Mutter braucht, der dann streitsüchtig wird, rechthaberisch, der sich wegdreht im Bett, den Fernseher einschaltet, die Zeitung aufschlägt, das Haus verläßt, den Kontakt abbricht.

Hier müssen wir als reife Männer einen Gedankenwechsel vollziehen und uns sagen: Es ist das eigene innere Weibliche, das sein Recht fordert, das gehört werden will, das erkannt, angenommen, integriert und das geliebt werden will. Und wir Männer müssen uns bequemen, etwas Neues zu tun, nämlich Liebe zu üben. Nicht begehren, sondern lieben. Lieben, das heißt auch pflegen, heilen.

Es gibt in unserem Mythenschatz nur wenige Geschichten,

die uns Männern diesen Wechsel klarmachen. Der Wechsel vom Jungen zum Helden wird tausendfach besungen in der Literatur, in der Kunst, im Kino. Derjenige vom Krieger zum König seltener. Es sind eben nicht gerade männliche Heldentaten, die von einem Mann in dieser Zeit gefordert werden. Herkules zum Beispiel mußte da hindurch. Von den drei Jahren, die er als Sklave bei der Königin Omphale diente, wurde bereits erzählt.

Viele Paare gehen in dieser Zeit durch schwere Auseinandersetzungen. Wir Männer müssen erkennen, daß die Probleme, die wir dabei mit unseren Frauen haben, Projektionen sind. Es sind im Grunde nicht Probleme mit unserer Frau, es sind Probleme mit unserem eigenen inneren Weib, mit unserer eigenen Weiblichkeit. Der Streit mit der Frau, die Auseinandersetzung, ihre Forderungen sind die Geschenke, die uns helfen, unsere Probleme mit unserer eigenen inneren Weiblichkeit zu erkennen. Wenn wir das aushalten und nicht abwerten, nicht abschieben, sondern uns berührbar zeigen, dann haben wir eine Chance, mit unserer inneren und äußeren Frau in Frieden zu kommen.

Daß wir offen sind, daß wir auf die Frau zugehen, sie mit unserer Liebe umfangen, das will unsere weibliche Seite. Wir aber wollen nicht lieben, weil wir erstens fix und fertig sind, wenn wir von der Arbeit nach Hause kommen, und zweitens glauben, Lieben sei ohnehin nichts für Männer. Soll doch die Frau lieben.

Wenn das Männliche in uns stark genug ist, können wir in der Mitte des Lebens das Weibliche in uns zur Partnerin machen, mit anderen Worten, unsere weibliche Seite entwickeln, unsere Gefühle, unsere Sensibilität, damit bekommen wir auch Zugang zu unserem Körperwissen. Homer erzählt in seiner Geschichte von Odysseus, daß dieser große Held am Ende nur dank der Hilfe der Göttin Athene aus einer lebensgefährlichen Situation gerettet wurde, ohne sie wäre er elendiglich gescheitert. Athene ist hier ein Bild dafür, wie hilfreich die weibliche Seite wird, wenn wir gut mit ihr stehen.

Wenn wir unsere männliche Seite nicht genügend entwickeln konnten in der ersten Lebenshälfte, seelisch noch immer an der Nabelschnur hängen, besteht die Gefahr, daß wir in dieser Zeit vom Weiblichen überflutet, überrannt, bestimmt werden. Um ein starker König zu werden, müssen wir, wie Herkules, unsere Heldenrolle für eine gewisse Zeit aufgeben können, ohne uns zu verlieren. Männer, die sich weigern, diese Partnerschaft mit ihrer Anima einzugehen, kriegen von der Psyche Knüppel zwischen die Beine, stolpern über Liebschaften, Affären mit jungen Geliebten. Und wenn sie's auch so nicht merken, wird ihre Heldenrolle immer extremer, immer unechter, sie werden sich immer härter durchzusetzen versuchen, sich wehren gegen das Älterwerden. Am Ende werden sie meist vom Weiblichen besiegt. Oft geschieht es dann, daß wir zwar im Beruf eine Zeitlang noch unsere Heldenfassade aufrechterhalten können, bei unseren Frauen aber zu launischen Nörglern und jammernden Memmen werden.

Parzival V: Reif werden für den Gral

Wie der Übergang vom Jungen zum Mann, der seine Männlichkeit lebt und so vom Helden zum Krieger wird, gehört der Übergang vom Krieger zum König, zum Mann, der seine männliche und seine weibliche Seite lebt, zu den wichtigsten Lebensübergängen.

Parzival, von dem wir in früheren Kapiteln einiges erzählt haben, hat diesen Lebensübergang sehr eindrücklich durchlebt. Der Leser erinnert sich, wie er als junger Spund das Glück hatte, vor den Gralskönig zu kommen, und wie er danach in seiner jugendlichen Torheit die Chance verpatzt hatte, den Gral zu erlangen, schlicht und einfach, weil ihm das Herz fehlte, den »in den Lenden«, also am Sex kranken König zu fragen, woran er denn leide. Das Herz ist bei uns Kriegern aus der Mode gekommen, doch erst wenn wir Männer wieder Herz haben und uns und die andern nach der Befindlichkeit fragen, können wir den Schritt zum König machen.

Parzival jedenfalls hatte im entscheidenden Moment nicht das Herz zu fragen. Und als ihm dann endlich klar wurde, was er damit verpaßt hatte, verfiel er in eine tiefe Depression. Prügelnd schlägt er sich nun durchs Leben, knüppelt nieder, was ihm in die Quere kommt.

»Ich will von keiner Freude wissen,
muß ich des Grales Anblick missen«,

grummelt er und gibt allen anderen die Schuld an seinem Unglück, nur sich selber nicht.

»Mein soll nur noch der Jammer pflegen,
es geb das Herz den Augen Regen.«

Nun ja, wenn wir's verpassen, das Richtige, das Wichtige im Leben, wenn wir den Schritt nicht wagen vom Krieger, der immer noch mehr Geld und noch mehr Frauen erobert, zum König, der sein Reich in Ordnung hält, dann bleibt uns nur noch die Scham, die Schuld, und wir machen uns klein, auch vor den Augen der eigenen Frau. Parzival jedenfalls getraut sich nicht zu ihr nach Hause, nicht als Verlierer.

Viele von uns sind nach den ersten Glücksmomenten im Leben in solch eine Grube der Depression gestürzt, auf unserem Weg vom Krieger zum König. Sexsucht, Drogensucht, Arbeitssucht, Alkohol, Spielsucht sind solche Sackgassen, in die wir uns verirrt haben. Wir bekamen was geschenkt vom Leben, haben es dann verloren, und nun müssen wir es mühsam wiederfinden. Häufig braucht es Hilfe von außen, um aus dieser Depression wieder herauszukommen. Oft sind es Frauen, die einem aufzeigen, daß man Mist gebaut hat und daß jetzt langsam etwas anderes auf dem Lebensplan stünde. Leider sind es meist die eigenen Frauen. Oder Freundinnen. Oder die Chefin.

Bei Parzival war es Kundrie, die diese Rolle übernahm, eine häßliche Hexe:

»Die Nase war erborgt vom Hund,
es krümmten sich aus ihrem Mund
zwei spannenlange Eberzähne
und jede Wimper starrt als Strähne.
Sie hatte Ohren gleich dem Bären;
zu rauh für zärtliche Begehren.«

Nun geht es ja auch nicht mehr um zärtliche Begehren, es geht darum, die Dinge beim Namen zu nennen, und da hilft uns oft ein unbequemer Teil der inneren Frau, der furchterregende Teil, die Hexe, die strenge Ehefrau, die endlich Klarheit will.

»Herr Parzival, steht Rede mir!
Wie kam's doch, als vor Euch im Saal
der Fischer saß in seiner Qual
ungefreut und ungetröstet,
wie kam's, daß Ihr ihn nicht erlöstet?«

Ja, wie kam's? Selbst von Gott fühlen wir uns verlassen, wenn die Wahrheit des Versagens über uns kommt. Das Licht ist weg, die Inspiration verflüchtigt sich, sämtliche Ziele verschwinden aus den Augen. Viele Männer gehen in dieser Krise in der Mitte ihres Lebens ein paar Jahre in die Irre. »Fünfthalb Jahre« waren es bei Parzival, bis er genug gemordet, genug gelitten hatte, bis er sein Herz zu seinem vergessenen Gott erhob, seinem Pferd die Zügel über die Ohren legte und sagte:

»Geh denn voran nach Gottes Wahl.«

Es ist ja auch schwer, den Panzer des Kriegers abzulegen, den Habitus des erfolgreichen Managers, die Coolneß des inneren John Wayne, und zu sagen, ich weiß nicht mehr weiter. »Sag du, Gott, sag du, Pferd, wohin.« Und wenn wir das mal schaffen und uns den eigenen Lebenskräften ergeben und anvertrauen, dann erst kann sich tief in uns drin etwas ereignen.

»Und siehe da, es trägt ihn schnell
zur Klause bei dem wilden Quell.
Hier hauste Trevrizent, der weise.«

Einen Mentor brauchen wir in solchen Momenten, einen Weisen, einen Freund, einen väterlichen Ratgeber, der sagt:

»Ich bitt' Euch, steigt vom Rosse nun,
es wird Euch frommen auszuruhn.
Um Weibesgruß dient später wieder!
Noch einmal bitt' ich, steiget nieder!«

Und gemeinsam machen sie eine Auslegeordnung des bisherigen Lebens und schauen, was denn nun ansteht. Was dem Krieger, dem erfolgreichen Manager, dem Jäger des Glücks und des Reichtums meist fehlt, ist das Geistige. Die Liebe. Es fehlt ihm die Verbindung zum Spirituellen. Im Schlachtgetümmel des

Lebens als Helden und Krieger verlieren wir das aus den Augen. Wir begehren die Frauen und vergessen sie zu lieben.

Trevrizent, der Mentor, klärt Parzival nun darüber auf, was er denn eigentlich mit dem Gral verpaßt. Der Heilige Gral, von Legenden umrankt, bietet ewige Jugend, ewige Lebenskraft,

»ein jeder blüht, sei's Mann, sei's Maid,
wie in des Lebens bester Zeit ...
Daß alles frei der Wunsch genießt,
was Duftiges von Früchten sprießt
und was vom Wild auf Erden lebt,
läuft, schwimmt und in den Lüften schwebt.«

Ein Wunderding dieser Gral, ein Tischlein-deck-dich. Aber mehr noch ist der Heilige Gral die eigene innerste Lebenskraft, das Selbst, das viel mehr bedeutet als das Ego. Und das zu gewinnen sind wir im Grunde unterwegs. Die Rückbindung an unseren Ursprung, an unsere eigene Mission, die »Religio« suchen wir. Und manch einem wird wie Parzival klar, daß er gottverlassen im Leben steht:

»Gott hegt ich Haß im Herzensgrund:
Denn ist mein Herz im tiefsten wund,
setzt Trauer ihren Dornenkranz
auf alles, was im Waffenglanz
von Siegesehren ich gewann,
so rechn' ich's ihm zuschanden an.«

Es kommt die Zeit im Leben, wo man sich fragt, wozu das alles? Was nützt die Million, die Karriere, die geile Geliebte, die Villa, der Pool, wenn's doch nicht leuchtet im Herzensgrund?

Die Krise in der Mitte des Lebens kann eine tiefe existentielle

Neubesinnung mit sich bringen, wenn wir Männer den Mut haben, uns ihr von ganzem Herzen zu stellen. Zwei Kämpfe braucht es dazu allerdings, und zwei Verbündete müssen gewonnen werden.

Parzival faßt in der Unterweisung durch den Waldbruder wieder Mut und setzt sich das Ziel, den Gral zu gewinnen. Er kehrt zurück ins Leben und trifft als erstes auf Gawain. Gawain ist der Musterschüler der Artus-Runde, der Strahlemann, derjenige, der immer alles richtig macht. Eine ganze Burg voll Jungfrauen hat er aus den Klauen eines Bösewichts befreit, und nicht eine davon hat er für sich genommen. Gawain ist derjenige, der das Böse bekämpft, ohne je selber böse gewesen zu sein. Er hat nie im Leben Schuld auf sich geladen, ist nicht schuld an Mutters Tod, nicht schuld am Leiden des Gralskönigs, er hat nie mit sich selber ringen müssen, war nie verzweifelt. Gawain ist derjenige in uns, der das Erlebte immer wieder überdenkt und zurechtbiegt und in der Erinnerung unser eigenes Benehmen ins beste Licht umschreibt, bis wir am Ende fern aller Kritik strahlend und im Recht dastehen. Der Anspruch an den eigenen Perfektionismus, das ist Gawain. Einer zum Dreinschlagen.

Parzival ist drauf und dran, ihm den Garaus zu machen, als er überhaupt erst merkt, daß es Gawain ist, mit dem er da kämpft, sein eigener Waffenbruder am Tische von König Artus. Sofort hören die beiden auf zu kämpfen. Wir müssen ihn nicht töten, den eigenen Anspruch auf unser Perfektsein, den »Bessermacher« in uns, wir müssen ihn aber erkennen. Damit wir gewappnet sind für den wirklichen Kampf, der uns noch bevorsteht, der Kampf mit Feirefis.

Feirefis, der Heide. Schwarz im Gesicht, mit Weiß gemischt, »wie die diebische Elster«. Wohl einer aus dem schwülen Dschungel des animalischen Afrika. Immerhin ein Mischling, halb Europäer, halb Schwarzer. Prächtig gewappnet erscheint der Heide auf der Bühne des Lebens, und Parzival muß alles aufbieten, um diesen letzten Kampf mit dem sogenannten Bösen zu bestehen.

»Nun stieben wirbelnd ins Gefild
die Späne von des Heiden Schild,
wohl mancher hundert Marke wert.
Er trifft mit hochgeschwungnem Schwert
ihn auf den Helm, daß es zerschellt
und auf die Knie der Heide fällt.«

Ausgerechnet jetzt verliert Parzival sein Schwert. Das Schwert, das er in seinem ersten Kampf dem Roten Ritter abgenommen hat, es zerbricht am Kopfe dieses Heiden.

»Der Heide, der noch nie zuvor
im Streit gewankt, sprang schnell empor.
Noch gibt es kein Entscheiden,
und noch schwankt über beiden
die Waage in des Höchsten Händen:
Der mög' ihr Sterben gnädig wenden!«

Es ist der Kampf mit dem eigenen Heiden in uns, dem eigenen Schatten in der Gerümpelkammer unserer Seele, der Kampf mit der eigenen animalischen Natur, den wir als letztes zu bestehen haben, bevor wir in die Königswürde treten können. Denn ein Mann muß seine Triebe, seine Süchte, seine Begierden kennen und im Griff haben, wenn er König sein will.

Parzival steht da und hat sein Schwert verloren, der Heide, übermächtig, könnte ihn erschlagen. Aber soweit kommt es nicht. Der Heide wirft sein eigenes Schwert fort und begibt sich wieder auf dieselbe Stufe wie Parzival:

»Soll hier ein Zweikampf noch ergehn,
muß gleich das Spiel für beide stehn.«

Und wie sie einander im Kampf begegnen und das eine oder andere Wort zurufen, beginnt ihnen zu dämmern, daß sie denselben Vater haben, daß sie im Grunde Brüder sind.

»Einen liebern Fund als hier
fand Parzival im Leben nicht:
Ihn grüßt des Bruders Angesicht,
das elsternfarben sich erwies.
Parzival und Feirefis
schlossen küssend ihren Frieden,
da Lieb' und Treu' den Streit geschieden.«

Wenn das geschafft ist, dieser Friede mit uns selbst, die Anerkennung der eigenen Animalität als inneren Bruder, dann erst sind wir bereit, den nächsten Schritt zu tun und unserer weiblichen Seite zu begegnen und sie für uns zu gewinnen: die Anima, die Frau in uns.

Parzival und Feirefis ritten an Artus' Hof, und groß war das Fest, das der König für sie ausrichtete.

»Bald sah man, daß im Prachtgewand
von fern her eine Jungfrau ritt.
Französisch war der Kleider Schnitt,
von Samt der Mantel mit der Kappe,
noch schwärzer als ein Türkenrappe,
mit Turteltäublein übersäht,
die mit arabischem Gold genäht:
Das war des Grales Wappenbild.«

Die Jungfrau, die da so prächtig heranritt, entpuppte sich als die vorhin schon erwähnte Hexe Kundrie, diesmal aber war sie überaus schön und anmutig, und die Kunde, die sie Parzival brachte, war wie aus Gottes Hand:

»Die Wunderschrift erschien am Stein,
du sollst des Grales König sein.«

Noch eine Wahl muß Parzival allerdings treffen. Kundrie wird mit ihm zum Gralskönig gehen. Auch Kondwiramur, Parzivals Ehefrau, die er im Grunde immer geliebt hat und die nun wieder in sein Leben kommt, wird mit ihm ziehen. Wen aber, so die Entscheidung, will Parzival als Freund mitnehmen? Gawain, den Tadellosen? Oder Feirefis, den Animalischen?

Es ist ein seltsames Quartett, das da am Ende zur Gralsburg reitet: Parzival und Feirefis, sein innerer, frisch gewonnener Freund, die tiefe animalische Sexualität, dann Kundrie, die innere Frau, die Anima, die sich mal als keifende Hexe, mal als strahlende Jungfrau zeigt, und Kondwiramur, die Ehefrau, die Geliebte des Herzens. Sie reiten zum Gralskönig und erhalten am Ende den Heiligen Gral, den Bezug zur inneren Kraft.

Das ist das Versprechen, das in der Krise mitten im Leben liegt, daß wir am Ende versöhnt sind mit unserer Sexualität und unseren inneren weiblichen Anteilen und daß wir so mit uns und unseren Frauen in Frieden kommen und zum König werden, zum Mann, der sein Reich in Ordnung hält, zum König, der uns überhaupt erst die tiefe Männlichkeit ausloten und erleben läßt, dieses »In-sich-Ruhen als großer Mann«.

Es ist Zeit für eine zweite Initiation.

Bloß, wie kommen wir dazu, diesen Übergang einzuleiten, zu inszenieren, auszuleben, in einer Welt, die den Sinn dafür vergessen hat?

Die zweite Initiation

In Indien gibt es die Tradition, daß Männer um die Fünfzig für eine gewisse Zeit in einen Aschram gehen zu einem spirituellen Lehrer und dort in die Meditation eingeführt werden. Sie widmen ein paar Monate ihres Lebens ihrer inneren Entwicklung. Männerklöster bei uns öffnen sich in neuerer Zeit auch für Männer, die das Bedürfnis nach einer Auszeit haben. Die Klöster bekommen auch Nachwuchs aus dieser Altersgruppe. Hierzulande hört man hie und da, daß sich Männer nach ihrer Midlife-crisis neu orientieren, etwas machen, was sie bis anhin überhaupt nicht getan haben. Alle Welt ist erstaunt, wenn ein Manager plötzlich das Handtuch wirft, die Karriere zum Teufel schickt und Bauer wird.

Es wäre hilfreich, wir würden in diesen schwierigen Jahren durch eine zweite Initiation gestärkt, die uns bewußt macht, worum es geht. So wie der Übergang vom Jungen zum Helden gefeiert werden sollte, sollte der Übergang vom Krieger zum König Anlaß zu einer Feier sein. Aber wir kennen das nicht. Es gibt zwar bei uns die Tradition, den 50sten Geburtstag groß zu feiern, aber meist ist das ein Fest ohne symbolischen Gehalt. Im Grunde bräuchten wir eine zeremonielle Initiation.

Wie in der Initiation des Jungen wäre auch hier die Erfahrung älterer Männer gefragt, die dem Mann im Umbruch erklären, was in ihm abläuft, um was es eigentlich geht – den Helden in sich abzulegen und den König in sich anzunehmen –, und wie er mit dem Weiblichen in sich umgehen kann, damit es seinen männlichen Charakter erweitert und ihn nicht einfach verweiblicht. Ein solcher Initiationsmeister hätte die Autorität, glaubhaft zu sagen, daß der Wert eines Mannes nicht nur an Macht und Erfolg gemessen wird. Daß Werte wie Beziehungsfähigkeit, Mitgefühl, Hilfsbereitschaft, Ehrfurcht vor dem Leben an Bedeutung gewinnen müssen und nicht einfach an die Frauen delegiert bleiben.

Die Frauen erleben diese zweite Initiation, wie schon die Initiation vom Mädchen zur Frau, durch die Natur. Ihre monatliche Blutung hört auf. Bei den !Kung, einem Bushman-Volk im südlichen Afrika, wird Frauen nach der Menopause erlaubt, sich aus den rigiden sozialen und sexuellen Regeln zu befreien. Sie werden durchsetzungsfähiger, selbstbewußter, frecher und nehmen sich häufig jüngere Liebhaber. Sie werden »Närrinnen« und dürfen das soziale System hinterfragen. Und integrieren damit ihren männlichen Anteil. Der amerikanische Psychoanalytiker Allan B. Chinen sagt, dieses Muster ziehe sich durch alle Kulturen hindurch. Auch bei uns fordern viele Frauen erst in diesem Alter ihre bisher unterdrückten männlichen Teile ein.

Wir Männer bekommen leider von unserer Gesellschaft wenig Unterstützung für diesen Wandel. Auch hier, so scheint es, müssen wir selber Hand anlegen. So wie wir anfangen müssen, uns selber ein guter Vater und eine gute Mutter zu sein, so müssen wir auch dieses Defizit selber ausfüllen: Wir müssen selber schauen, wie wir am Ende der Midlife-crisis einen rituellen Übergang vom Krieger zum König zelebrieren. Vielleicht ziehen wir uns ein paar Tage zurück in ein Männerkloster und schließen uns den Exerzitien der Mönche an? Vielleicht begeben wir uns allein drei Tage und drei Nächte in die Berge auf Vision Quest?

Unsere Krieger-Eigenschaften, die wir bis anhin nur für die Karriere genutzt haben, können uns auch in unserem seelischen Wandel weiterbringen: Durchsetzungsfähigkeit, um unser Ziel zu verwirklichen, Disziplin gegenüber uns selbst, damit wir nicht ausweichen, wenn's unbequem wird, der männliche Mut, zu uns zu stehen. Damit wird ein Mann zum König. Er wird sich als Mann wie als Manager vom Herrscher zum Lenker entwickeln, wird nicht mehr die Macht um der Macht willen anstreben, sondern wird versuchen, das, was ist, so zu lenken, daß es sich in eine Richtung bewegt, die allen hilft.

Als Krieger sind wir stark, aktiv, kritisch, unabhängig, leistungsorientiert, heterosexuell, rivalisierend, und wir bauen an unserer Ich-Stärke. Als König müssen wir nun nach dem Gleichgewicht suchen, die positiven Aspekte des Macho und des Softie zusammenbringen. Wir müssen nicht mehr immer stark sein. Als König sehen wir die Grenzen unserer Stärke, wir sehen unsere Endlichkeit. Wir sind nach wie vor aktiv und handlungsbereit, aber wir haben auch die Fähigkeit zur Reflexion und Kommunikation über das Erlebte. Wir sind unabhängiger von gesellschaftlichen Werten, gleichzeitig aber auch fähig, uns in persönliche, zwischenmenschliche, kulturelle, spirituelle Strukturen einzufügen. Wir sind noch immer leistungsorientiert, aber wir haben auch die Fähigkeit zur geistigen und körperlichen Entspannung, zum Nichtstun. Die Heterosexualität ist nun eine Möglichkeit, für die wir uns entscheiden, kein Zwang. Intimität, Nähe und emotionale Offenheit wird auch zu Männern möglich. Wir können in unseren Freundschaften den sexuellen Bezug fallen lassen und nichtsexuelle Beziehungen leben. Wir kennen noch das Rivalisieren, sind aber auch konfliktfähig und können andere und die Umwelt beschützen.

Als Könige haben wir Ich-Stärke und Durchsetzungskraft, aber auch klare Kenntnis von unserem Schatten und unseren Schwächen. Wir leben in Eigenverantwortung und in einer guten Beziehung zu unserer Innenwelt. Als Könige haben wir die Chance, endlich unser Männerherz zu entdecken.

Nun kann es aber keinesfalls darum gehen, daß wir uns bis zu unserer Midlife-crisis nicht um unsere weiblichen Seiten zu kümmern brauchen und Beziehungsfähigkeit, Einfühlungsvermögen, Konfliktfähigkeit bis dahin in den Zuständigkeitsbereich der Frauen abschieben. Die Entwicklung der weiblichen Seite ist ein lebenslanger Prozeß wie auch die Entwicklung unserer männlichen Seite. Die Umbruchphase, die wir Midlife-crisis nennen, ist eigentlich die Zeit, in der wir all das, was bis dahin auf der Strecke geblieben ist, aufarbeiten müssen.

Softies, die die weibliche Seite gelebt haben, sind spätestens jetzt gefordert, sich um ihre männliche Seite zu kümmern. Die Machos, die ihre männliche Seite herausstellen, werden eine harte Zeit haben, weil sie gelernt haben, alles Weibliche zu verachten.

Zeit für eine Männerbande

Es mag paradox erscheinen, aber unsere weibliche Seite entdecken wir am besten unter Männern. Normalerweise suchen wir Männer Intimität und Wärme bei den Frauen. Gegenüber Männern stellen wir dagegen sofort den Kamm der Konkurrenz. Die meisten von uns haben ganz vergessen, daß wir, wie früher als Jungen im Freundeskreis, auch als Erwachsene Intimität bei Männern erleben können. Was heißt Intimität?

Nähe zu wagen bedeutet, das Risiko einzugehen, verletzt zu werden, abgelehnt, kritisiert, ausgelacht zu werden. Es besteht die Gefahr, daß einem durch die Nähe die Maske abgenommen wird, daß man das Gesicht nicht wahren kann, sondern das wahre Gesicht zeigen muß. Deshalb haben wir Angst vor Nähe, auch weil wir sofort die körperliche Nähe des andern Mannes fürchten. Aber Nähe muß nicht körperlich sein. Es geht zuerst um eine gefühlsmäßige Nähe, um eine Offenheit, in der man plötzlich von sich erzählen kann, Ängste schildern kann, Sehnsüchte, Visionen des Lebens. Nähe bedeutet eine Offenheit, in der man Fehler machen darf und nicht perfekt sein muß. In einem solchen Rahmen können Männer einander sehr viel geben. Mehr und vor allem anderes, als Frauen ihnen geben können.

Sie können sich gegenseitig in ihrer Männlichkeit nähren, können sich väterliche Qualitäten schenken, können sich gegenseitig spiegeln und auch mal in gutem Ton kritisieren.

Männer, die sich mit Männern treffen, nicht nur zum Bier und nicht nur zum Kegeln, berichten, daß sie sich nach solchen Männerrunden erstaunlich viel stärker fühlen, aufrechter, genährt. Sie haben das Gefühl, etwas geschenkt bekommen zu haben.

Wir Männer erfahren uns sehr stark über gemeinsames Handeln. Deswegen stehen wir weniger auf Plauderstündchen. Wir sollten deshalb, wenn wir uns treffen, nicht einfach in den Bars rumhängen und nur vom FC Basel schwärmen. Wir sollten was tun. Wir sollten gemeinsam einen Berg besteigen, wir sollten zusammen Holz fällen, Bäche stauen, ums Feuer tanzen, Trommeln schlagen, Fußball spielen, Dinge tun, in denen sich das Männliche zeigt. Über solche Handlungen erfahren wir unsere Essenz.

Vielen von uns fehlt diese Männerbande. Wir hängen alleine rum oder in gemischten Gruppen, wir haben ganz vergessen, wie uns die Bubenbande von früher beflügelte, wie wild und lebensfreudig wir in ihr aufwuchsen. Deshalb hier die Aufforderung an den Leser: Bau dir deine Männerbande! Denk an deine Freunde und daran, wieviel Spaß ihr zusammen haben könntet.

Ideal wäre eine Gruppe von sieben bis zehn Männern, groß genug, damit ein paar Rollen darin Platz haben, wo einer den Schweiger spielen, ein anderer den Rebell ausleben kann, wo einer den König, den Chef gibt, ein anderer den Troubadour, den alle an den Baum binden, sobald er singen will, der aber genauso dazugehört. Aber als Anfang reicht es auch, wenn du nur mal die paar Jungs zusammenkratzt, die dir noch geblieben sind. Ruf sie an, gib einen Männerabend, und leg die

Idee mal auf den Tisch. Nehmt euch etwas vor: eine gemeinsame Bergbesteigung, eine Nachtwanderung, ein Höhenfeuer – etwas Männliches.

Solltet ihr Lust auf eine Gruppe bekommen, denkt euch ein paar simple Regeln aus: Regelmäßig sollten die Treffen sein, einmal die Woche oder viermal im Jahr. Jeweils bei Vollmond oder am ersten Donnerstag des Monats. Gebt euch eine Regel, die sagt, daß nichts Intimes, was in dieser Gruppe passiert, nach außen dringen darf. Eine andere Regel könnte sein, daß Anfang und Ende der Treffen eine gewisse Struktur erhalten, daß zu Beginn jeder etwas von seiner Befindlichkeit in die Runde gibt und daß am Ende zum Beispiel eine kurze Runde stattfindet, in der jeder ein Feedback gibt, dem einen oder andern sagt, wie er ihn erfahren hat, was bei ihm ausgelöst wurde. Hauptsache ist, daß in dieser Runde nicht nur Blech geredet wird, sondern daß da Gefühle, Gedanken und Erfahrungen ausgetauscht werden, daß auch offen kritisiert, gestritten wird und daß man sich dabei in die Augen schaut. Das ist es, was Männer wieder brauchen. Denn niemand da draußen in der hektischen Welt der Wirtschaft, im Bus, im Einkaufszentrum, im Büro sagt dir, wer du bist, wie du bist, was du bist. Auch die Frau kann es dir nicht sagen, und aus dir selber wirst du es nicht erfahren. Wir Männer erfahren es nur über den direkten Kontakt mit anderen Männern.

Darin liegt die Chance einer Männerbande: einen Spiegel unseres Seins in den Augen unserer kritischen Freunde zu finden. Damit können wir wachsen. Im geschützten Rahmen einer solchen Gruppe können wir unheimlich viel Kritik annehmen. Sie darf knallhart sein, solange sie weder Hohn noch Verachtung, noch Feindseligkeit enthält. In der Gruppe können wir dabei offen bleiben, verletzlich bleiben, unsere Schwächen berühren lassen und mit Hilfe der Kraft der Gruppe Veränderungen einleiten.

Wichtig ist bei solchen Gruppen, daß sie mit der Zeit Rituale entwickeln. So, wie jede studentische Bewegung ihre Trinkrituale hat, die Armee ihre Fahnenübergaben hat, so sollte auch eine kleine Männerbande ihre Rituale entwerfen, denn wir Männer stehen auf Rituale. Wir haben hohe Angstpotentiale und sind nahe an der Gewalttätigkeit. Deshalb haben Männergruppen seit jeher Rituale benutzt, weil Angst- und Gewaltpotentiale entspannt werden können, wenn die Form der Begegnung ritualisiert ist.

Ekstase

Je mehr wir uns verdrängten Anteilen wie der weiblichen Seite stellen – ob gezwungenermaßen durch eine Krise oder aus anderen Gründen, um so mehr werden wir durch die neuen Erfahrungen erkennen, was wir zu gewinnen haben. Die meisten von uns träumen doch von Ekstase. Und doch schrecken wir auch davor zurück, haben Angst vor dem Unbekannten.

Was ist Ekstase?

Die Ekstase ist ein körperlich-seelischer Ausnahmezustand. In einer Ekstase machen wir intensive Gefühlserfahrungen, wir erleben Zustände von äußerstem Glück, Frieden, Harmonie, aber auch von äußerstem Schrecken. Darum haben wir instinktiv Angst davor, uns auf solche Erfahrungen einzulassen, denn wir ahnen, daß tief in unserer Psyche auch bedrohliche Gefühle vorhanden sind.

Ekstatische Erfahrung können wir nur machen, wenn wir die Kontrolle über uns aufzugeben wagen. Das ist nicht einfach. Der Orgasmus, »la petite mort«, hat aber gerade wegen seiner Nähe zum Tod eine besondere Faszination. Hermann Hesse hat gesagt: »Was wären Vernunft und Nüchternheit ohne das Wissen um den Rausch. Was wäre Sinneslust, wenn nicht der Tod hinter ihr stünde.«

Ekstase kann über verschiedene Sinneskanäle erzeugt werden: durch Berührung, durch rhythmische Bewegung oder bestimmte Atemtechniken. Die Derwische, die Gottsucher im Islam, tanzen und atmen sich in Ekstase. Wir können die Ekstase erzwingen durch Schlafentzug und Hunger oder durch Reizüberflutung wie in der Technotrance. Wir können sie einladen durch Reizentzug im Samadhi-Tank oder in der Stille der Natur. Durch irgendeine Situation, in der sich dein Ich auflösen kann.

Nach dem amerikanischen Hippie, Philosophen und Buddhisten Allan Watts ist die Ekstase das Gefühl, sich Schwingungen und Erkenntnissen auszuliefern, die uns aus unserem sogenannten »Ich« herausheben. Das »Ich«, sagt Watts, sei als direkte Erfahrung nichts weiter als eine chronische, neuromuskuläre Spannung, ein gewohnheitsmäßiger Widerstand gegen den Pulsschlag des Lebens. Wären wir nicht »Ich«, wären wir dauernd in Ekstase. Unser Ich hindere uns daran, unsere Ekstase wahrzunehmen. Watts hat allerdings vergessen, daß wir nur dann ekstatische Erfahrungen machen können, wenn wir sie auch registrieren. Und das ist die Aufgabe unseres Ichs. Unser Bewußtsein soll nicht ganz verschwinden.

Es gibt verschiedene Ekstaseebenen, verschiedene Intensitätsstufen, je nachdem, wie stark unser Ich noch da ist: von der Alltagsekstase, wie wir sie im Karneval, im Fußballstadion oder bei gutem Sex erleben, bis zur spirituellen Ekstase der Mystiker.

Ekstase ist ein legitimes menschliches Grundbedürfnis, und sie ist zumindest in ihren »leichten Formen« für ein gesundes Leben notwendig. Unser Gehirn ist für eine Ekstase gut eingerichtet. Endorphine sind unsere gehirneigenen Glücks- und Ekstasestoffe, die durch bestimmte Techniken zur Ausschüttung gebracht werden können. Intensives Jogging kann das bewerkstelligen, Wellenreiten, guter Sex, alles, was unsere Aufmerksamkeit entspannt auf einen einzigen Punkt richtet, zu einem einzigen Punkt zusammenzieht. Wenn wir dann auch diesen Punkt loslassen und die Leere darum herum erfahren, erleben wir Ekstase. Im indischen Buch »Tantra der Befreiung« heißt die 97. Meditationsanleitung in der Übersetzung von Wilhelmine Keyserling: »Das Sinnen einem Ding in Gänze zugewandt, taucht alles andere in Leere. Dieser Leere innewerdend bringt den Frieden.«

Orgasmus und Ekstase

Für den ekstatischen Moment unseres Orgasmus bedeutet das: Nicht sich zusammenziehen im Orgasmus, nicht spannen, nicht kontrollieren, sondern in diesen Punkt und in die Leere hinein entspannen, loslassen, die Lust nicht nur im Schwanz spüren, sondern im ganzen Körper wahrnehmen. Mit den Energien spielen wie ein Magier. Natürlich ist das nicht einfach. Aber der Versuch lohnt sich.

Versuch mal, den Geist im Orgasmus entspannt zu halten, nicht zu denken, Mensch ist das toll, sondern entspannt zu bleiben in der hohen Erregung. Es ist schwierig, nichts zu denken, auch nicht: »Ich muß jetzt entspannt bleiben«, sondern einfach die Wonne über sich ergehen zu lassen. Der 49. Vers im »Tantra der Befreiung« lautet: »Im Glücksgefühl sinnlicher Freude das Denken gestillt? Mit solcher Freude eins wird sie zur Seligkeit.«

Natürlich braucht das Übung. Ein guter Einstieg in so was kann sein, mit seinem Gegenüber beim Liebesspiel mal was ganz Außergewöhnliches zu machen.

Versuch, wenn ihr beeinanderliegt, sanft in sie einzudringen und dann ganz ruhig zu werden. Nicht bewegen, vielleicht nur mal ein bißchen pumpen oder sie auffordern, den Penis mit der Vagina zu melken, mal probieren, aber immer wieder still werden, nur atmen, tief in den Bauch atmen, warten, schauen, was geschieht.

Vielleicht passiert am Anfang nicht viel. Die Erregung geht vielleicht zurück, dann kannst du zwischendurch ein wenig Feuer geben. Je länger du das machst, je länger du die Geduld aufbringst und dich immer wieder in die Erregung bringst und dich in sie hinein entspannst, um so mehr Energie baut sich auf.

Die tantrische Paarmeditation beruht auf dieser Fähigkeit, den Orgasmus nicht in einem Moment sexueller Lust kommen zu lassen, sondern ihn gemeinsam über längere Zeit in sanfter Form im ganzen Körper aufrechtzuerhalten.

Osho, der frühere Bhagwan Sri Rajneesh, beschrieb den Orgasmus und die damit verbundene Ekstase als einen Augenblick des Nichtseins, dort, wo die Polarität zwischen Mann und Frau aufgehoben wird, wo die Spannung zwischen dir und der Frau sich aufhebt. Dort sind wir völlig miteinander verschmolzen. Der Mann kann nicht mehr »ich« sagen, die Frau kann nicht mehr »ich« sagen, als Egos sind sie nicht mehr da. Im Ego sein bedeutet, im Zwiespalt sein. Darin liegt die ganze Schönheit der Ekstase, dieser faszinierenden Qualität des Orgasmus, daß jeder Zwiespalt aufgehoben ist.

Wie können wir Männer nun im Liebesspiel unsere Ekstase vergrößern?

Unser wichtigstes Sinnesorgan sind die Augen. Aber die meisten von uns machen beim Lieben die Augen zu. Dadurch gewinnen wir zwar einen besseren Innenbezug, das heißt, wir spüren uns besser, und der Tastsinn wird wichtiger, wir begreifen und spüren auch unsere Partnerin besser. So ganz nebenbei beginnen wir mit geschlossenen Augen aber auch zu phantasieren, wir machen Sex im Kopf. Vielleicht sogar mit einer andern Frau?

Wichtig ist es nun, diese Phantasien loszulassen und bei geschlossenen Augen zu spüren versuchen: Wie fühle ich mich, wie fühlt sich meine Haut an, wie mein Herz. Und wenn wir guten Kontakt haben mit uns selber, dann sollten wir die Augen wieder öffnen und auf dieser Schwelle bleiben und die innere und die äußere Welt gleichzeitig wahrnehmen. Versuch der Partnerin in die Augen zu schauen. Schaut euch gegenseitig in die Augen mit einem weiten, weichen, offenen Blick. Gib dich selber in den Blick, und laß dir in die Seele schauen. Das schafft Intimität, Nähe, Herzenswärme.

Schau ihr in die Augen. Nicht starr, aber doch so, daß du sie siehst und dich gesehen fühlst. Wir haben ja dauernd irgend etwas voreinander zu verstecken, kleine Ängste etwa wie: »Bin ich attraktiv genug?«, »Meint sie es wirklich?« Da sind unausgesprochene Fragen, Phantasien, die du nicht zu äußern wagst. Solche Dinge sind zwischen dir und dem Gegenüber und verhindern die Intimität. Wenn ihr euch aber in die Augen schaut, schmilzt das weg. Ihr berührt einander in der Seele und fühlt euch in der Seele berührt. Und plötzlich seid ihr nur noch im Moment, nicht in der Zukunft, nicht in der Vergangenheit, sondern im Moment der Liebe.

Und dann, Männer, müssen wir halt endlich anfangen zu kommunizieren. Wir denken immer: Liebe macht man, man redet nicht darüber. Dabei könnten wir sehr viel Spaß und Leben in unsere Beziehung bringen, wenn wir anfangen würden, darüber zu reden: Was törnt mich an, was mag ich nicht, was brauche ich?

Was sind die Zeichen zwischen dir und deinem Gegenüber, wenn ihr Sex miteinander haben möchtet? Sagst du: »Hey, ich bin unheimlich geil auf dich, ich möchte dich vernaschen?« Rufst du schon aus dem Büro an und flirtest mit ihr? Sagst du ihr: »Ich liebe dich«, diese Worte der Verzauberung? Sagst du ihr, daß du weich wirst, wenn du ihr in die Augen schaust? Oder weißt du gar nicht, wie diese Annäherung bei euch abläuft?

Und beim Liebesspiel selber: Getraust du dich, deine Phantasien zu erzählen? Sie auch mal im Liebesspiel direkt umzusetzen und zu gestalten? Das braucht Mut. Darfst du das überhaupt? Hast du sie schon mal gebeten, einen Strip für dich hinzulegen? Hast sie schon mal darum gebeten, daß sie dir zeigt, wie sie onaniert, wie sie sich selber berührt? Hast du ihr selber schon mal gezeigt, wie du gerne berührt werden möchtest? Oder glaubst du, das sei etwas Unmögliches. Nur Mut. Frag mal!

Und dann, wenn ihr in Fahrt seid, sagst du ihr, was sich jetzt gut anfühlt und was besser wäre? Oder soll sie alles alleine herausfinden? Gibst du ihr ein Zeichen, wenn dir etwas gefällt, stöhnst du gelegentlich, läßt den Atem fließen? Und wenn du etwas haben möchtest, getraust du dich, es zu sagen? Bist du direkt, klar, liebevoll und behutsam?

Oder sind da Tabus? Ängste? Peinlichkeiten? Wie nennst du zum Beispiel deinen Schwanz? Sagst du »Penis« zu ihm, wie der Urologe ihn nennt? Oder sagst du in der Kindersprache »Zipfel« oder »Bärchen«? Oder habt ihr eure eigenen Worte dafür gefunden? Getraut ihr euch, auch mal die Kraft der Vulgärsprache zu nutzen und ihn wirklich »Schwanz« zu nennen? Die Hoden Eier zu nennen, die Vulva Fotze? Getraut ihr euch, die Kraft in diesen Worten zu nutzen, ohne daß das Negative darin, das Abschätzige, mitschwingt, sondern das Animalische?

Wie ist das, getraut ihr euch überhaupt, eure Sehnsüchte und Wünsche offenzulegen? Und redet ihr darüber, was ihr fühlt? Sagst du ihr, daß jetzt dein Herz aufgeht, daß du sie wunderschön findest oder daß du traurig bist, frustriert, weil dir etwas fehlt? Getraust du dich, das zu sagen?

Wenn das alles aus dem Herzen kommt, nicht aus der Feindseligkeit, nicht aus der Ablehnung, nicht angriffig, sondern aus der persönlichen Betroffenheit, aus dem eigenen Gefühl heraus, dann vertieft das die Lust, denn dann verschwinden die Hemmnisse zwischen euch.

Und dann: eure Berührungen. Berühren gibt Lebensenergie. Einander massieren, streicheln, kneten, klatschen ist Balsam für den Körper und die Seele. Berühren ist etwas, bei dem man die Grenze spüren muß. Einfach nur so mit dem Finger drüberfahren, das ist keine Berührung. Wenn du zu fest zupackst und du meinst, es sei gut so, dann bist du schon über die Grenze hinaus. Auf der Grenze sein heißt, daß du kräftig bist in der Berührung, deutlich und freundlich. Du spürst, was du tust, und du spürst die Antwort des andern Körpers.

Dann findet ein gegenseitiges Verweben von Wahrnehmung meiner selbst und der Wahrnehmung des andern statt. Ich berühre dich und lasse mich durch deine Reaktion berühren.

Mit der Berührung ist das nun so eine Sache. Es finden oft Mißverständnisse statt zwischen den beiden Geschlechtern. Wir Männer möchten beim Liebemachen zuerst und direkt im Sex berührt, im Schwanz begrüßt werden, damit sich unsere Ladung aufbaut und wir geil werden. Deswegen steuern wir bei den Frauen oft direkt auf die Vulva los und versuchen sie an der Klitoris heiß zu machen. Wir tun das, was wir selber gerne haben möchten.

Frauen dagegen möchten lieber zuerst erforscht werden, gestreichelt, geknutscht, verführt. Deswegen erforschen sie unseren Körper, streicheln ihn, verführen ihn. Auch sie tun, was sie selber gerne haben möchten. Würde aber jeder zuerst das geben, was der andere sich wünscht und braucht, um warm zu werden, dann würden die Frauen mit der einen Hand vielleicht den Schwanz wärmen und ihm das Vertrauen und den Halt geben, den er sich in der Vagina ersehnt. Mit der andern würde sie die Hoden streicheln oder den Unterbauch und die Energie dort im Manne entfachen, wo sie herkommt. Wir Männer würden auf der andern Seite die Frau zuerst da streicheln, wo ihre Wärme herkommt, wir würden ihren ganzen Körper durch Streicheln aufladen, ihr ins Ohr hauchen, ihr die Zehen küssen, die Brüste massieren, ihre Herzgegend berühren, damit sie dort, wo sie zu Hause ist, zuerst aufwachen kann.

Wenn wir es im Laufe einer Beziehung schaffen, mit unserem Gegenüber beim gegenseitigen Heißmachen in eine Gelassenheit zu kommen, dann könnten wir mal erleben, daß es zwei Arten von Erektion gibt. Es gibt die harte, geile, aggressive, direkt erzeugte Erektion, die nach Penetration und Rein-Raus und Orgasmus ruft, die geeignet ist für einen Quicky, bei dem du relativ schnell kommst und den Orgasmus vor allem im Penis spürst. Und dann gibt es eine Erektion, eine weiche, die kommt auf anderen Wegen. Die kommt, wenn du entspannt bist, wenn du nicht nach Penetration und Orgasmus schielst, sondern wenn du im Spiel bist, wenn's erotisch wird, lebendig, offen, wo plötzlich tausend Spielmöglichkeiten vor dir liegen. Da wird es möglich, sich in hohe Erregungszustände hineinzusteigern und zu entspannen, und da ist Ekstase möglich.

Eine geheimnisvolle Übung dazu ist die »weiche Penetration«. Dazu liegt die Frau auf dem Rücken und hat das dir zugewandte Bein angehoben und auf den Fuß gestellt. Du liegst an ihrer Seite, ihr zugewandt, und deine Beine umfassen das flach liegende Bein der Frau wie eine Schere. In dieser Position ist es möglich, daß du in die Frau eindringst, ohne eine große Erektion zu haben. Nun liegt ihr beide da und atmet, streichelt einander und schaut euch in die Augen. Und wenn dein Schwanz steif wird, dann bewegst du dich einfach nicht, sondern entspannst dich. Nun genießt ihr die Gefühle, sucht die Tiefe und spürt einander. Nicht bewegen. Euch wahrnehmen, euch fallenlassen, loslassen, euch wohlig hingeben, aufgeben, das machen, was wir normalerweise nach einem Orgasmus machen: versinken.

Und nun spür dich mal in dieser schlaffen und gleichzeitig angstfreien Vereinigung. Spür hin, spür die Wärme ihrer Vagina, spür die Energie, die da zu wachsen beginnt zwischen deinem Schwanz und ihrer Höhle. Da kann es geschehen, daß Vagina und Penis anfangen, ein Eigenleben zu entwickeln, daß Energie aufgebaut wird, daß sanfte innere Bewegungen von sich aus entstehen, wenn ihr es nur schafft, das auszuhalten, ohne in diese Rein-Raus-Bewegung zu gehen. Versucht mal auszuhalten und drinzubleiben, hinzuhorchen und die neuen Gefühle und Empfindungen zu genießen.

Eine andere, uralte Entdeckung ist die Zusammenführung von Penisspitze und Muttermund. In diesen beiden Punkten werden wir mit sexueller Energie und Lebensenergie aufgeladen, von hier aus können wir die Energie ins Herz bringen und ins Bewußtsein und so Ekstase im ganzen Körper erwecken. Eine gute Stellung für dieses tiefstmögliche Eindringen ist die gute alte Missionarsstellung, es geht aber auch a tergo, von hinten, oder auch, wenn die Frau auf dem Mann sitzt.

Wenn die Frau wirklich heiß ist und den Mann wirklich aufnehmen will, mit Haut und Haar, dann wird sie ganz anders Liebe machen als eine Frau, die im Grunde nicht bereit ist, sich berühren zu lassen. Wenn sie sich also völlig öffnet, dann wird sie ihr Becken in einen Winkel bringen, der es der Penisspitze erlaubt, bis an den Muttermund zu gelangen. Ist die Frau nicht bereit, nicht angstfrei, dann wird es nicht gehen. Es braucht tiefe Hingabe, Liebe und ein Wollen, das es dem Mann erlaubt, sie so tief zu berühren. Wenn sie also in die totale Lust hineingeht, den Mann kräftig nimmt, ihn hineinzieht, dann kann es sein, daß die Berührung zustandekommt.

Dann solltet ihr – wenn ihr in größter Hitze kurz vor dem Höhepunkt seid – versuchen, ruhig zu werden, still zu werden und zu spüren, wie die Eichel zuhinterst an den Muttermund anstößt. Und dieses Feuer, diese Energie, die ihr in euren Becken spürt, könnt ihr mit dem Atem ins Herz hinaufziehen. Schaut euch dabei in die Augen. Und wenn die Erektion weggeht, dann bewegt euch wieder ein wenig, bis ihr wieder aufgeladen seid, und zieht diese Energie wieder ins Herz. Und immer weiter so, aufladen und ins Herz ziehen. Genießt diese Liebesfreude an der Schwelle des Orgasmus. Sie ist ein Geschenk Gottes.

Alt werden

Der alte Mann und seine Sexualität

Was viele von uns Männern überhaupt nicht wahrhaben wollen, ist die Tatsache, daß wir alt werden. Alt werden ist etwas, das die anderen betrifft. Aber am Ende trifft es doch jeden. Wir bleiben nicht James Dean. Nicht ewig jung. Das Alter zwingt uns dazu, unsere Vorstellungen vom Mannsein noch einmal zu überprüfen, denn Empfinden, Fühlen, Denken haben sich im Verlaufe unseres Lebens verändert. Wie bin ich als alter Mann? Das Problem des alternden Mannes ist letztlich nicht das Alter, sondern die Bewältigung des Mannseins im Alter.

Wir fürchten zu Recht, daß wir im Alter unseren männlichen Rollenbildern nicht mehr entsprechen. Wir verlieren die Kraft, die Konzentriertheit, die Kontrolle. Das analytisch scharfe Denken fällt zunehmend schwerer. Wir fürchten uns vor der auf uns zukommenden Unbeweglichkeit, Abhängigkeit und der Unfähigkeit, etwas zu meistern, vor dem Verlust der Autonomie. Für uns Männer kann das die Hölle bedeuten, denn wir wollten ja immer kontrollieren, unabhängig und obenauf sein.

Solche Ängste kommen hoch, wenn wir an unser Alter denken, daher verdrängen wir sie meist sofort. Auch die bange Frage: Wird sich Gott Amor von mir abwenden? Werd' ich im Alter noch guten Sex haben?

Sexualität ist ein Grundbedürfnis des Menschen und bis zum

Lebensende vorhanden! Wunsch und Wirklichkeit klaffen allerdings im Alter weit auseinander. Vielleicht auch, weil Sexualität immer in Verbindung mit sexueller Attraktivität und Koitus gebracht wird.

Sexualität im Alter ist nicht etwas grundsätzlich Verschiedenes von der Sexualität in jüngeren Jahren. War sie vorher schon eingeschränkt, konfliktbehaftet, auf Penetration und Orgasmus fixiert, so wird sie es auch jetzt noch sein. Immerhin haben laut Statistik 85 Prozent der Männer und 60 Prozent der Frauen zwischen sechzig und siebzig Jahren noch genitalen Sex, bei den 70- bis 79jährigen überholen die Frauen die Männer sogar (ca. 40 Prozent zu ca. 30 Prozent nach einer Studie von K. von Sydow im Jahr 1985).

Was abnimmt beim alten Mann ist die sexuelle Reaktionsfähigkeit. Erektionen sind seltener, werden langsamer aufgebaut und sind störanfälliger. Es braucht mehr Handarbeit, um einen Steifen zu bekommen, mehr Stimulation, um zum Orgasmus zu gelangen, Erektionsstörungen nehmen bereits ab dem fünfzigsten Lebensjahr zu. Bei Frauen bleiben die sexuelle Erregbarkeit und die Orgasmusreaktion unbeeinträchtigt.

Anaïs Nin schrieb, nachdem ihr geliebter Henry Miller Schwierigkeiten mit seiner Erektion bekam: »Was mir auffällt, ist die Tatsache, daß seine Unsicherheit so groß ist wie meine. Mein armer Henry. Er möchte mir so gerne beweisen, wie wunderbar er lieben kann, er möchte mir seine Potenz genauso beweisen, wie ich sehen möchte, daß ich Potenz wecken kann.«

Diese beiderseitige Verletzlichkeit führt oft zu Vermeidungsstrategien, die nicht nur die Vermeidung von Sex, sondern fatalerweise auch die Vermeidung von Zärtlichkeit, Intimität und Nähe mit sich bringen können.

Viele Männer glauben, mit Viagra ihre sexuelle Vitalität wiedergewinnen zu können. Viagra bringt zwei Drittel der erektionsgestörten Männer nicht nur Spaß, sondern auch das Selbstwertgefühl, die Lebensfreude zurück. Das Männertrauma Impotenz scheint durch diese Lifestyledroge ausgesetzt. Galten früher 90 Prozent der Impotenz als psychisch bedingt, so werden heute 70 bis 80 Prozent organische Ursachen angenommen. Impotenz ist nun mal eine schwere narzißtische Kränkung für einen Mann in einer Gesellschaft, in der der Männlichkeitsbeweis an eine Erektion gekoppelt ist.

Trotz Viagra wird man im Alter einiges optimieren müssen, damit die Sexualität ein Genuß bleiben kann. Es gilt, die Technik zu verfeinern, die Zielorientierung auf den Orgasmus loszulassen, mehr in der Sinnlichkeit zu schwelgen. Eros, den wir immer körperlich ausleben wollten, kann auch anders gelebt werden. Pablo Picasso hat mit siebenundachtzig Jahren innerhalb von sechs Monaten 347 erotische Radierungen gemacht. Seine Libido, seine erotischen Phantasien hat er in Imagination gewandelt, ist kreativ geworden, hat erotische Kraft in schöpferische Kraft verwandelt.

Viele von uns Männern im mittleren Alter sind auf die äußerliche Schönheit der Partnerin fixiert. Frauen unseres Alters machen uns nicht mehr an. Es müssen jüngere sein, und das macht es schwierig für alle Beteiligten. Unser Selbstbild spielt uns lange vor, wir seien noch der junge Mann von einst. Der Streß am Arbeitsplatz verschont uns davor, uns mit uns selbst zu beschäftigen. Das körperliche Altwerden sehen wir zuerst an der Frau. Im Alter können wir uns aber der Wahrheit nicht mehr entziehen: Wir sind mit unseren Frauen gealtert. Gelingt es, uns damit zu versöhnen und auch die Vorteile des Altwerdens zu sehen, stehen uns noch gute Zeiten bevor, auch bezüglich unserer Sexualität.

Es ist wichtig, mit dem Eros in Kontakt zu bleiben, zu begehren und begehrt zu werden. Das hält uns lebendig, das hält jung. Manche Männer schaffen es, sich auch im Alter von jungen

Frauen beflügeln zu lassen, von ihren Verlockungen und Phantasien, ohne dabei gleich – wie in früheren Jahren – in Unruhe zu verfallen, ohne in Leistungsdruck zu kommen, man müsse sie nun verführen. Man kann sich durch den Eros berühren lassen, lebendig werden und genießen und trotzdem bei sich bleiben.

Wenn wir im Leben Sexualität gut gelebt haben, werden wir auch im Alter sexuell empfänglich sein und Eros in vielen Schattierungen genießen. Simone de Beauvoir sagte: »Sexualität hängt eng mit Vitalität und Aktivität alter Menschen zusammen. Sie sind untrennbar miteinander verbunden im geschlechtlichen Begehren.«

Der alte Mann spielt das Gegenlied zum Helden. Er ist der Großvater, der Mann, der seine innere Stärke gefunden hat und sie mit Weisheit mäßigt. Es gibt leider heute in unserer Kultur wenig positive Bilder fürs Älterwerden. Zwischen sechzig und siebzig, bei den »jungen Alten«, was soll da laufen? Im Grunde müßten wir in diesem Alter endlich unsere Beziehungsfähigkeit entwickeln, Freundeskreise aufbauen, Sozialkompetenz erlernen. Wir müßten endlich lernen, über uns zu sprechen und die Hilflosigkeit zu benennen. Männer über Siebzig müssen anerkennen, daß sie die Kontrolle über das Denken, Fühlen und über den Körper zu verlieren beginnen. Der frühere Held muß lernen, um Hilfe zu bitten.

Wenn er nicht früher gelernt hat, das Weibliche zu integrieren, dann bricht es jetzt über ihn herein. Männer und Frauen werden einander in diesem Alter ähnlicher. Die Männer werden gefühlvoller, der Testosteronspiegel sinkt, während der Östrogenspiegel konstant bleibt. Umgekehrt bei den Frauen: sie werden dominanter, männlicher, weil der Östrogenspiegel sinkt, während der Testosteronspiegel gleich bleibt.

Für uns Männer ist das Altern eine der größten Herausforderungen im Leben. Werte wie Dominanz, Autonomie und Freiheitswille sind große Werte für uns. Im Alter müssen wir sie aufgeben. Aus diesem Gesichtswinkel muß uns das Alter als weiblich erscheinen. Und es macht uns, wie wir gesehen haben, im Grunde weiblich. Deswegen fürchten wir uns so davor, deswegen verdrängen wir jeden Gedanken daran.

Aber es ist eine falsche Mär, die wir uns immer wieder erzählen, wir brauchen uns vor dem Alter nicht zu fürchten. Männer sind auch im Alter potent. Nur liegt die Potenz auch auf einer anderen Ebene.

Der Alte

In traditionellen Kulturen haben die alten Männer die Aufgabe, die Jungen in die spirituelle Welt einzuführen. Sie treten mit den Ahnen und Geistern in Verbindung, und ihnen obliegt die Initiation der Jungen ins Mannesalter. Für diese Aufgabe ist es nicht wichtig, ob man fit ist, körperlich leistungsfähig, schnell im Denken, sie fordert aber Lebenserfahrung, Weisheit, ein Wissen, das nicht kopflastig ist, sondern verbunden mit Intuition. Für diese Aufgabe sind alte Männer mit Weitsicht prädestiniert. Die Langsamkeit des Alters, die Innerlichkeit schaffen Platz für Gebet und Meditation, und sie öffnen den Raum für das Numinose, für die Geisterwelt. Alte Männer in traditionellen Kulturen beten, singen, tanzen und berühren die Seelen der Jungen durch ihre uralten Geschichten.

Bei den Indianern gibt es die Figur des Coyote-Man, eines Alten, der die üblen Streiche von Coyote, einer dieser zwiespältigen Trickstergestalten, durchschaut und in sich weiterentwickelt hat. In Tibet werden Geschichten des Drugpa Künleg erzählt, eines Volkshelden und alten Magiers aus dem 14. Jahrhundert. Er soll ein göttlich »Verrückter« gewesen sein, der mit seinen

Sprüchen das Establishment schockierte und es fertigbrachte, Dämonen trickreich zu besiegen. Und reihenweise, so wird überliefert, seien ihm die Frauen erlegen und erlangten dabei die Erleuchtung.

Im arabischen Raum erzählt man sich Geschichten von Nasrudin, einem alten Narr, der durch seine absurden Taten die Menschen dazu bringt, nicht nur die rationale Seite des Lebens zu beachten, sondern auch die irrationale. Eine Geschichte sei hier kurz erzählt, in der sich Nasrudin in einem Brief bei seiner Frau über den elenden Zustand ihres Sexlebens beklagt.

»An mein teures, ewig geliebtes Weib«, schreibt er. »Im vergangenen Jahr habe ich 360mal versucht, mit Dir zu schlafen, das ergibt einen Durchschnitt von einmal täglich. Im folgenden eine Liste der Begründungen, die Du mir gegeben hast, mit denen Du mich zurückgewiesen hast: Die Kinder werden aufwachen 15mal, es ist zu heiß 7mal, zu kalt 3mal, zu müde 19mal, zu spät 15mal, zu früh 9mal, Schlaf vorgetäuscht 33mal, Nachbarn könnten es hören 3mal, Rückenschmerzen 16mal, Zahnschmerzen 2mal, Kopfschmerzen 6mal, nicht in Stimmung 31mal, zu betrunken 25mal, Besucher im Nebenzimmer 7mal, ›ist das alles, was du im Kopf hast‹ 62mal.

Liebes, glaubst Du, wir können unseren Rekord im nächsten Jahr noch überbieten? Dein Dich ewig liebender Mann, Mulla Nasrudin.«

Alte Narren haben ihren eigenen Charme. Manche werden eher gemieden, denn sie sind oft impulsiv, und sie nerven. Alte Narren wagen Dinge zu sagen, die andere wohl denken, aber nie aussprechen würden. In Fellinis Film »Amacord« klettert der Großvater auf den Baum und ruft übers Land: »Voglio una donna!« Wir fürchten uns vor dem unreifen Narren, weil er peinlich ist, aber der erlöste Narr, der gereifte alte Mann, der mit der Magierkraft umzugehen weiß, ist eine sehr kraftvolle Figur:

Er entlarvt den Schein und zeigt das Paradoxe der Welt. Macht interessiert ihn nicht mehr, Kampf meidet er, aber guten Sex nimmt er noch immer gerne.

Spätestens im Alter müssen wir Männer mit diesem weisen alten Narren in Verbindung kommen, sonst laufen wir Gefahr, zu verbittern, wir werden zu ernst, zu rigide. Der Magier garantiert uns den Humor, das Spielerische.

So bringt uns das Alter auch neue Autonomien und die Freiheit, anders zu denken, Neues zu spüren und dabei den alten Streß loszulassen. Das ist das Versprechen des Alters: in Würde loslassen, langsam werden, nicht mehr dauernd in der Zukunft sein, nicht mehr dauernd im Projekt sein, sondern im Hier und Jetzt. Genießen. Die auftauchenden Fragen nach unserer Endlichkeit erkennen und annehmen. Sich auf das Neue, das ganz große Neue vorbereiten. Im Grunde kommen wir im Alter endlich an den Punkt, den wir schon in jungen Jahren ruhig ein wenig vorwegnehmen dürften. Ignatius von Loyola, der Gründer des Jesuitenordens, hat es so gesagt: »Nicht viel Wissen sättigt die Seele, sondern das Erspüren und Verkosten der Dinge.«

Die vier Stärken des Mannes

Ein reifer Mann hat vier archetypische Energiefelder in sich entwickelt: den Krieger, den Liebhaber, den Magier und den König.* Es lohnt sich, auch die männliche Sexualität auf diese vier Seiten hin zu untersuchen.

Die archetypischen Energiefelder sind Grundkräfte, Grundenergien. Es liegt an uns, was daraus wird. Wir müssen sie, wenn wir uns entwickeln wollen, ausleuchten und auch die Schattenseiten in uns spüren. Im Laufe seines Erwachsenenlebens wird jeder Mann mit diesen Archetypen in Kontakt kommen. Sie sind aber nicht auf eine bestimmte Lebensphase festgelegt. Es gibt junge Männer, die den Liebhaber früh entdecken, Männer, die die Kriegerkraft erst im Alter voll entfalten, Männer im mittleren Alter, die von allen vieren Kraft erhalten. Zu viele von uns Männern schotten sich aber ab, wenn sie spüren, daß der eine oder andere – eventuell unangenehme – Anteil dieser Energiefelder in unserem Leben mitleben möchte.

Blicken wir zurück: Auf dem Weg durch die Kindheit haben wir verschiedene Phasen durchgemacht. Es beginnt mit der Symbiose mit der Mutter, in der der kleine Junge praktisch noch im Paradies lebt: Alle seine Wünsche und Bedürfnisse werden erfüllt. Gleichzeitig ist er hilflos und verletzlich.

---

* Ausführlich dargestellt bei Robert Moore und Douglas Gillette.

Dann krabbeln wir von der Mutter weg und beginnen unseren Horizont zu erweitern. Der Vater wird wichtig – so er da ist –, auch andere Menschen, wir erforschen uns und die Welt und merken, daß wir männlich sind.

In der Pubertät beginnt der Archetyp des »Helden« aktiv zu werden, er prägt unsere Sturm-und-Drang-Zeit, zu der auch die Adoleszenz gehört. Wir müssen in dieser Zeit unsere Rolle als Mann einüben, der Vater, andere Männer werden als Leitbilder wichtig, auch die Jungen-Clique. Es gilt, ziemlich einseitig unsere männliche Seite zu entwickeln.

Viele Männer glauben, weil sie nun erwachsen seien, sei auch ihre männliche Entwicklung vollständig. – Weit gefehlt, es steht noch vieles an! Nun gilt es, eine gereifte Männlichkeit zu entwickeln, das will heißen, daß auch all das zum Zug kommt, was wir im Laufe unseres Mannwerdens in die Gerümpelkammer der Seele gestellt haben.

Dieselben Kräfte, die uns dazu getrieben haben, vom Kind zum Mann zu werden, stehen uns auch zur Verfügung, wenn wir bereit sind, uns zu reifen Männern weiterzuentwickeln. Wobei es keinen klaren Ablauf gibt, wann welches Energiefeld wieder aktiv ist. Das hängt einerseits von unserem Lebensweg ab und andererseits auch davon, wie gut wir mit den Entwicklungsphasen in unserer Jugend zu Rande gekommen sind. Meist bleiben einige Hypotheken, vielleicht haben wir uns noch zu wenig von der Mutter abgenabelt, was uns daran hindert, eine feste Beziehung einzugehen, oder der abwesende Vater macht uns noch zu schaffen, und wir sind im Rebellenstadium steckengeblieben.

Wie auch immer, diese Energiefelder überlappen und bereichern sich gegenseitig, sie sind unser inneres Potential. Jeder Mensch hat in sich den Drang, ein ganzer Mensch zu werden und sein ganzes Potential zu entwickeln. Carl Gustav Jung hat diese

Entwicklung zur ganzen Persönlichkeit »Individuationsprozeß« genannt. Je nachdem, ob wir unser Potential verwirklichen oder abklemmen, weil Weiterentwicklung immer auch anstrengend und unbequem ist, werden sich diese Archetypen positiv oder negativ bemerkbar machen: Wir gewinnen die strahlenden Seiten der Kraft, oder wir werden von ihrer dunklen Seite übermannt.

Der Krieger

Der Krieger ist eine gereifte Form des Helden. Während der Held seine Grenzen noch nicht kennt und sie immer neu erproben muß und damit immer wieder aneckt, kennt der Krieger seine Grenzen und kann sich auch abgrenzen. Er hat gelernt, sich zu disziplinieren, Wünsche hinauszuschieben, Frust zu ertragen. Er ist klar im Urteil, übernimmt Verantwortung, handelt zielorientiert. Die Aggression gehört zum Krieger. Er weiß sie aber konstruktiv einzusetzen. Er zerstört nur, was zerstört werden muß, um Platz zu schaffen für Neues, er bekämpft Ungerechtigkeiten oder erstarrte Strukturen.

Wenn einer sich zu stark mit dieser Kriegerkraft identifiziert, gerät er allerdings in Gefahr, zum Sadisten zu werden. Darth Vader aus »Star Wars« ist ein solcher Krieger, der der dunklen Seite der Macht anheimgefallen ist. Wer zu wenig von dieser Kriegerenergie hat, das heißt die Aggressionen verdrängt, wird oft zum Masochisten, er unterwirft sich, genießt die Lust, die in der Angst liegen kann. Je weniger ein Mann den Krieger in sich entwickelt hat, um so mehr wird in einer Beziehung seine Frau diese Rolle übernehmen.

Carl Gustav Jung, der den Begriff Archetyp in die Psychologie einführte, hat darauf aufmerksam gemacht, wie wichtig es ist, auch die negativen Seiten in uns zu kennen. Wir müssen also den Sadisten und den Masochisten in unserer Kriegerkraft suchen und erleben und anerkennen, daß wir auch solche Eigenschaften haben. Warum nicht mal ein wenig ausprobieren, fesseln, gürten, binden oder sich fesseln, gürten, binden lassen, um die Grenzen dieser Kraftfelder auch in der Sexualität zu erkunden? Sich im Spiel als Täter erleben oder als Opfer kann bereichern. Wir müssen unsere ganze Kriegerkraft kennen.

In die Liebe bringt der Krieger das Werben, Fordern und Erobern ein. Er hat Ausdauer und Frustrationstoleranz, er läßt sich nicht gleich abwimmeln. Beim Liebemachen bleibt er in seinem eigenen Zentrum, bleibt mit sich und seinen Gefühlen verbunden und spürt das Zentrum des Gegenübers. Der Krieger kennt genau die Grenze zwischen Überwältigen und Vergewaltigen. Er bringt seine Power, bringt das Tier und nimmt dennoch sein Gegenüber dabei wahr. Der Vergewaltiger im Schatten des Kriegers macht es dagegen zum Objekt, das er benutzt. Der Krieger stellt eine gleichwertige Beziehung her. Er kann heftig und deftig werden, aber er nimmt die Frau mit, er lockt sie in ihr eigenes Tier oder in ihre Hingabe. Er merkt sofort, wenn er an Grenzen stößt, an Verletzungen rührt oder Schmerzen zufügt. Er akzeptiert ein Nein.

Im Liebesspiel dreht sich die Kriegerkraft um Dominanz und Unterwerfung. Um an diese Kraft heranzukommen, muß der Mann leicht dominant sein, bestimmend, aggressiv, feurig. Sein Spiel kann direkt zum Höhepunkt führen. Ohne Umschweife. Auch im Quicky zeigt sich Kriegerkraft.

Um an die eigene Kriegerkraft heranzukommen, lohnt es sich, mal eine Liste der eigenen Ängste, inneren Verbote oder Tabus aufzustellen und anzuschauen. Wenn du zum Beispiel ein sehr schüchterner Typ bist, kannst du den Krieger in dir entwickeln, indem du mal in ein Café gehst, eine hübsche Frau suchst, allen Mut in dir

zusammennimmst, die Frau ansprichst, ihr ein Kompliment machst, einen guten Tag wünschst und dich gleich wieder entfernst.

Wenn du das mal machst, spürst du nachher die ungeheure Energie, die einen überflutet, wenn man eine Angst überwunden und in Freude gewandelt hat. Lebendigkeit und Freiheit jauchzen innerlich auf, denn da wurden innere Grenzen verschoben – und gleichzeitig zwei Menschen für einen Moment glücklich gemacht.

Der Liebhaber

Das Liebhaber-Energiefeld veranlaßt uns, uns mit unserer verdrängten weiblichen Seite anzufreunden. Wenn wir mit ihr in Berührung sind, wird es uns möglich sein, Leidenschaft, Lebendigkeit, Ekstase zu erleben. Der Mann, der seine Liebhaber-Seite entwickelt hat, hat Eros in sich entwickelt. Der Eros ist nicht erotisch im sexuellen Sinn, er hat einen besonderen Bezug zum eigenen Körper. Ein vom Eros geprägter Mann kann sich selber lieben, kann aber auch sein Gegenüber lieben. Er fühlt sich mit allen Dingen verbunden, lebt auch Seiten, die wir meist an die Frauen delegiert haben: Anteilnahme, Empathie. Aus der Liebhaberenergie kommt Eros, kommt aber auch die Spiritualität. Der Liebhaber unterscheidet sich stark vom Krieger und auch vom Magier, die nach Struktur, Ordnung und Disziplin streben. Den Widerstreit kennen wir Männer im vertrauten Konflikt zwischen Gefühl und Kopf. Gerade diese Spannung in uns macht uns aber lebendig. Wenn es uns später gelingt, den König in uns zu leben, haben wir diese Kräfte in unserem Leben in ein Gleichgewicht gebracht.

Ein Zuviel an Liebhaberenergie kann uns zu sinnlich übersensiblen Menschen machen, auch zu Tagträumern. Wenn wir von der Liebhaberenergie besessen sind, können wir keine Schranken setzen, werden wir zu Süchtigen, leben das Don-Juan-Syndrom, aber auch alle anderen Suchtverhalten haben hier ihre Wurzeln. Wenn wir dagegen keinen Kontakt haben zur reifen Liebhaberenergie, sind unsere Gefühle abgeflacht, unser Leben, auch das sexuelle, ist leidenschaftslos und kalt. Die Lebendigkeit fehlt, oft auch die Potenz. Auch hier müssen wir nach unserem eigenen Schatten-Liebhaber suchen, nach dem Süchtigen in uns, nach dem Muttersöhnchen, nach dem »bon fis, cher fis, bea fis«. Und erst wenn wir ihn gefunden haben, ans Licht gebracht und akzeptiert haben, können wir ihn erlösen.

Im Liebesspiel kann sich der Liebhaber in uns vertrauensvoll in Ekstase und Liebe fallenlassen, sich hingeben, ohne davon verschlungen zu werden. Der Liebhaber weiß Liebesbriefe zu schreiben, weiß Gedichte zu schätzen, kann tanzen, liebt Musik. Der Liebhaber in uns verehrt das Weibliche. Er kann sich beim Liebemachen entspannen, er kann sich und seine Partnerin in hohe Erregungszustände bringen und beide sich da hinein entspannen lassen, er macht Orgasmen im ganzen Körper möglich.

Ein Spiel, das die Liebhaberkraft anregt, ist das »Ich rede jetzt für meinen Penis«- oder das »Ich rede jetzt für meine Vulva«-Spiel. Ihr könnt euch dabei nackt einander gegenübersetzen, oder ihr könnt so beieinanderliegen, daß die Penisspitze vor dem Eingang zur Vulva liegt. Nun beginnt der eine im Namen seines Penis zu reden: »Ich liege da vor dem Eingang zu meiner geliebten Höhle, ich freue mich riesig darauf, da hineinzukommen in diese feuchte, wohlige Wärme. Ich liebe den Geruch, der da aus diesem Höhleneingang strömt, freue mich auf den Geschmack, der mich empfangen wird, auf die flutschigen Geräusche ...«

Wenn du als Liebhaber ins Liebesspiel eingreifst, wird es verspielt, humorig, und allfällige Ängste schmelzen im Lächeln dahin.

Der Magier

Bei diesem Energiefeld geht es um Wissen und Erkenntnis, wir treten mit ihm in Kontakt durch Interesse, nichtwertende Beobachtung und Nachdenken. Auch hier gilt es, das ganze Potential des Energiefeldes in uns zu spüren. Nur wenn wir von seinen beiden Seiten in uns wissen, sind wir vor Überraschungen sicher.

Mythische Magier wie der Zauberer Merlin, König Artus' Lehrmeister, oder der Jedi-Ritter Obi Van Kenobi haben immer eine große Rolle gespielt im Seelenleben der Menschen. In Kulturen, in denen Heiler und Schamanen eine Rolle spielen, wird ein Mann, der besonders stark vom Energiefeld des Magiers geprägt ist, diesen Beruf ergreifen. Ein berühmtes Beispiel ist der mexikanische Schamane Don Juan, der Carlos Castaneda in das magische Wissen der Yaqui-Indianer eingeweiht hat. Der Erkenntnistrieb moderner Forscher und Wissenschaftler wurzelt ebenfalls in der Magierenergie.

Wenn wir den Schatten der Magierenergie leben, versuchen wir Macht auszuüben durch das Wissen, das wir erworben haben. Oder wir täuschen Wissen vor, lassen uns von niemandem in unsere Karten blicken und sichern uns so unsere Position, immer in der Angst, man könnte unsere Unfähigkeit entdecken und uns vom Podest stürzen. Mißbrauch und auch Manipulation von Wissen sind heute an der Tagesordnung.

Im Sex ist der Magier der große Erforscher. Er sucht in sich das Wesen der Sexualenergie, entdeckt ihre Geheimnisse, wie sie am besten aufgebaut wird, wie sie gelenkt werden kann aus dem

Sexzentrum hinauf ins Herz, hinauf in den Kopf. Der Magier experimentiert beim Liebemachen und beim Onanieren, er übt, den Punkt ohne Wiederkehr rechtzeitig zu erkennen. Im Liebesspiel wird er versuchen, Phantasien umzusetzen und mit Rollen herumzuspielen.

Der Magier in uns ist neugierig auf die Wünsche und Phantasien des andern, und er ist neugierig darauf, zu erfahren, wie eine Rolle von der andern Seite her aussieht. Er ermuntert sich und sein Gegenüber, geheime Wünsche zu suchen, sie zuzulassen und zu benennen. Und in der Erfahrung der andern Rolle führt er uns dahin, daß wir Wertungen, Grenzen und Ängste beiseite legen und liebevoll dienend die Wünsche unserer Partnerin erfüllen. Der Magier kennt beide Seiten und weiß damit zu jonglieren.

Eine Möglichkeit, um an die Magierkraft heranzukommen, ist das Yin-Yang-Spiel. Dabei spielt zuerst der eine, dann der andere die aktive Rolle, die Regeln sind einfach: Du bekommst einen Zeitraum von einer halben Stunde oder auch, je nach Abmachung, mehr oder weniger, und in dieser Zeit kannst du deine Wünsche offenlegen. Der Partner, die Partnerin muß nun versuchen, diese Wünsche so genau wie möglich zu erfüllen.

Du sagst zum Beispiel: »Ich möchte, daß du meinen Schwanz massierst, ohne ihn zum Höhepunkt zu bringen. Ich möchte, daß du zärtlich und sinnlich alle Möglichkeiten ausschöpfst, wie du ihn berühren kannst, mit Hauchen, Lecken, Kneten, Streicheln. Schenke mir ganz neue Gefühle!« Danach wechselt ihr die Rollen. Nun soll der andere seine Wünsche suchen und offenbaren und deren Erfüllung erhalten.

Der König

Später im Leben kommen wir in Kontakt mit dem Energiefeld des Königs. Der König ist eine Urkraft in jedem Mann. Die gut gelebte Königsenergie ermöglicht es dem Mann, sich weiterzuentwickeln zum phallischen Mann, indem er über sein Ego hinaus mit seinem Selbst in Verbindung kommt.

Nicht ohne Grund wurde in früheren Kulturen der König als heilig verehrt. Heute begegnen wir ihm in weisen alten Männern. Es ist für uns ein großes Glück und eine große Chance, wenn wir einem wirklich weisen alten Mann begegnen. Wir spüren seine Kraft und Ausstrahlung und empfinden Ehrfurcht. Die Fähigkeit, Konflikte zu schlichten, Integrität, Festigkeit, Gelassenheit und Vitalität sind Ausdruck von König-Eigenschaften. Wenn wir mit dem König in uns in Kontakt sind, sind wir zu gereiften Männern geworden.

Die Königsenergie ist nicht harmlos. Wer sich mit der Königskraft zu stark identifiziert, wird für seine Umgebung zum Tyrannen, wer die Kraft nicht berührt, bleibt ein Schwächling und projiziert die Königsenergie nach außen. Er wird Autoritäten folgen, echten oder falschen. Auch hier gilt: Wir müssen lernen, diese Extreme in uns zu erkennen, den Tyrannen wie auch den Feigling. Wir müssen sie hervorholen und sie anerkennen als Seiten von uns, erst dann können wir mit ihnen umgehen, erst dann gehört uns die ganze Königskraft.

Der König stellt den anderen Archetypen ein Reich zur Verfügung. Er ist der zentrale Archetyp und verbindet in sich den Krieger, den Magier und den Liebhaber. Die Kraft, mit der er bindet, kommt aus dem Herzen, seine Energie ist eine innere Stärke, getragen von Verantwortungsbewußtsein.

Zum König gehört immer die Königin, denn er bringt das Männliche und das Weibliche in ein Gleichgewicht. Der König kann lieben. Er ist fähig, Beziehungen dauerhaft zu leben, er weiß Sex und Herz zu verbinden. Er liebt die Frau, egal, wie sie drauf ist, er umarmt, er nährt, er heilt. Und er weckt das tiefe Weibliche in seiner Partnerin.

Der König ist fähig, dem Weiblichen mit Würde und Demut zu begegnen. Er liebt nicht nur die Frau, wie es der Liebhaber macht, er liebt durch die Frau hindurch das Leben und die Lebenskraft und fühlt sich ihr verantwortlich. Im Gegensatz zu Eros, der ein kleiner Junge ist, ist der König ein reifer Mann, der nicht mit seiner Bedürftigkeit zur Frau kommt, sondern mit seiner männlichen Fülle.

Beim Liebesspiel kann der König die Kriegerkraft, die Liebhaberkraft und die Magierkraft spielen lassen und dabei die wilde Bauchenergie und die klare Kopfenergie im Herzen verbinden. Eine Übung, die die Königskraft anregt, ist die »Welle der Glückseligkeit«*. Sie ist eine tantrische Liebes- und Meditationsstellung aus dem tibetischen Buddhismus.

Der Mann sitzt dabei im Lotossitz, es geht für uns Westler auch im Schneidersitz, notfalls auch, wenn der Mann sich auf einen Hocker setzt. Sie sitzt ihm im Schoß, seinen Penis nimmt sie in sich auf. Nun geht es darum, die dreifache Verbindung zu spüren. Erstens die Verbindung von Penis und Vulva durch ein langsames Vor- und Zurückrollen der beiden Becken, vielleicht auch durch ein sanftes Melken durch ihre Scheide. Zweitens die Verbindung im Herzen durch ein gemeinsames Atmen: Wenn er einatmet, atmet sie aus, und wenn sie einatmet, atmet er aus. Drittens geschieht die Verbindung in Gedanken durch eine gemeinsame Phantasie: Wenn er

* Ausführlich dargestellt bei Christinger/Schröter.

einatmet, »sieht« er einen goldenen Energieball von ihrem Kopf in ihr Herz, dann in ihren Bauch wandern, von dort über Vulva und Penis in seinen Bauch, in sein Herz und mit dem tiefen Atemzug hinauf in seinen Kopf. Und wenn er ausatmet, schickt er den Ball wieder in sich hinunter, in sie hinein und in ihr nach oben in ihren Kopf. So macht der Energieball bei jedem Atemzug einen U-förmigen Weg durch die beiden Körper. Entsprechend leitet sie in ihrer Phantasie beim Einatmen den goldenen Ball von seinem Kopf in seinem Inneren hinunter und von seinem Bauch in den ihren, nach oben in ihren Kopf und beim Ausatmen wieder zurück. Da die Atmung der beiden komplementär ist, macht der Energieball bei beiden den gleichen Weg.

Das Hin- und Hergeben des goldenen Energieballes ist das Symbol der Verbindung von König und Königin. Am Anfang braucht es vielleicht ein wenig von der Kraft des Liebhabers, der die ersten ungelenken Versuche mit einem Scherz auflockern kann. Mit der Zeit geht vielleicht auch die Erektion weg, und das Paar muß sich wieder aufladen. Aber der Versuch beginnt sich zu lohnen, wenn das Paar in einen gemeinsamen Fluß kommt. Da wird unwahrscheinliche Energie aufgebaut, und wenn sie nicht in einem Höhepunkt verschleudert, sondern kurz vor dem Orgasmus angehalten und nach einer Entspannung wieder neu aufgebaut wird, verstärkt sie sich immer mehr und dehnt sich auf den ganzen Körper aus.

Die phallische Kraft

Der Phallus

Der Phallus ist viel mehr als nur der erigierte Penis: Der Penis ist ein Symbol für die patriarchale Männlichkeit, der Phallus – das Bild des erigierten Penis – ist ein Sinnbild der ganzheitlichen Männlichkeit.

Ein phallischer Mann, wie wir ihn verstehen, ist mit seiner Weiblichkeit in Kontakt, er ist gefühlvoll, aber auch stolz, wild, erotisch und mit seiner Sexualität gut verbunden. Anthony Quinn ist ein Beispiel für diesen Mann, als Mensch, aber auch als Darsteller von Alexis Sorbas: unabhängig und doch bezogen auf die Frau, mit der Erde verbunden, strotzend vor Lebensenergie – er zeugt mit Siebzig noch Kinder –, er macht Fehler, verdrängt sie aber nicht, er tanzt und weint und trauert.

Unsere Gesellschaft ist peniszentriert. Unsere phallische Kraft wurde zusammen mit dem Weiblichen tabuisiert und verdrängt, als das Patriarchat die Oberhand gewann.

Unsere Gesellschaft feiert den peniszentrierten Helden: dominant, an ein äußeres Männerbild angepaßt. Sie feiert zum Beispiel den Manager, der von oben nach unten führt, anstatt auf gleicher Ebene, der herrscht, anstatt zu lenken. Er geht mit der Macht um, als sei sie sein persönlicher Besitz. Peniszentrierte Männer sind egozentrisch, narzißtisch überhöht, selbstverliebt. Solche Männer üben rücksichtslos ihre Macht aus, verletzen damit andere und meistens am Ende auch sich selber. Viele Topmanager sind an dieser Peniskraft orientiert, Leader-Figuren, die, um ihren Selbstwert nicht zu gefährden, niemanden an sich heranlassen außer Jasager.

Manche peniszentrierte Männer wagen es aber nicht, ihre Energie anzunehmen, auszuleben und zu entwickeln, sie werden zu Märtyrern. Sie leiden. Peniszentrierte Märtyrer leiden an sich selber, an ihrer Aggression, die ihnen ausgetrieben wurde. Sie sind das Gegenteil des selbstbewußt peniszentrierten Mannes, kraftlos, depressiv, schwach im Selbstwertgefühl, sie kommen nicht zugange mit dem Leben, auch nicht wirklich mit den Frauen. Diese Männer leiden an der peniszentrierten Gesellschaft und verachten sie, weil sie nicht mithalten können.

Die phallische Kraft dagegen ist eine seit Urzeiten heilige Kraft.

Die phallische Kraft, so versteht sie der anglikanische Pfarrer und jungianische Psychoanalytiker Eugene Monick in seinem Buch »Die Wurzeln der Männlichkeit – Der Phallus in Psychologie und Mythologie«, verbindet in ihrem Spektrum das Erdige, Dunkle, die Materie, das Unbewußte mit dem Bewußtsein, dem Solaren, dem Licht, der Spiritualität. Phallisch ist ein Mann, der zu seiner Sexualität steht, zu seiner Aggression und sie mit den Gefühlen – seiner Herzenskraft – und mit seiner geistigen Seite verbindet.

Bei den Griechen wurden im Dionysoskult Phallusstatuen in pompösen Prozessionen mitgetragen, und Frauen haben wild darum herumgetanzt. Noch heute wird der Phallus bei den Hindus in Indien als Lingam verehrt. Im Lingam, einer Phallusstatue, verehren die Hindus die männliche Schöpfungskraft ihres Schöpfergottes Schiwa, die schöpferische männliche Energie.

In der westlichen Kultur dagegen ist der Steife in die Pornohefte verbannt. Dabei würde es uns Männer in unserer phallischen Kraft bestätigen, wenn wir ihn bei gewissen Gelegenheiten verehren und feiern würden. Ein Bild oder eine Statue von einem Phallus könnte uns daran erinnern, daß wir Männer schöpferische, ekstatische Energien in uns haben.

> **In Männerrunden, Männerbanden, Männergruppen, die sich mit der männlichen Sexualität und Identität auseinandersetzen, wird manchmal eine Bastelstunde veranstaltet. Die Teilnehmer fertigen sich riesige Schwänze, die sie sich an den Bauch binden. Einige montieren zusätzlich Flügel dran, andere legen ihnen Zügel an und reiten sie. Es folgen wilde Tänze, die damit aufgeführt werden, befreiende Tänze, allein aus der Lust geboren, endlich mal vor aller Augen so ein Riesending zu schwenken.**

Wann wendet sich ein Mann denn schon mal seinem Penis zu? Außer beim Onanieren, wann berührt ein Mann seinen Schwanz? Welcher Mann massiert ihn, ölt ihn, pflegt ihn, spricht mit ihm?

In einigen Gegenden Deutschlands gibt es einen alten Brauch zu Pfingsten. Ein junger Mann stellt den »Wilden Mann« dar. Er wird mit Blättern, Moos und Pelzen geschmückt und von den Bürgern durch die Straßen des Dorfes getrieben, gejagt und gefangen. Dann wird er in schwere Ketten gelegt und am Ende symbolisch getötet. Am nächsten Tag wird eine Puppe mit denselben Kleidern in einer Prozession an den Bach, Fluß oder See getragen und ins Wasser geworfen und versenkt. Der Wilde Mann darf nicht sein.

Dabei gehört der Wilde Mann zum Phallischen. Die wilde Kraft ist der Erdanteil, die Triebseite des Phallus. Jeder von uns hat solch eine Wildheit in sich, nur leider meist kastriert, versenkt.

Wenn wir mit der phallischen Kraft in uns nicht mehr verbunden sind, führt das zu einem Verlust von Leidenschaftlichkeit, Körperlichkeit, Erotik, Vitalität und Instinkthaftigkeit. Es fehlt uns die Ergriffenheit in unserem Leben, das Staunen, das Lachen. Begierde und Lust werden abgetötet, anstatt gepflegt und gelenkt zu werden.

Wenn wir den Phallus in uns entwickeln, dann hilft uns das, über unsere Ich-Begrenztheit hinwegzukommen. Nicht mehr der eigene Schwanz wird gefeiert, sondern die Kraft, die darin steckt. Sie wird befreit im ganzen Körper verteilt, in jede Zelle und bis ins Bewußtsein, wo sie sich zeigt als Kraft, die Dinge in Bewegung zu bringen und zum Guten zu lenken.

Wenn die phallische Kraft nur unten bleibt, nur im Penis, dann verharrt sie im Unbewußten und äußert sich in Gewalt. Wenn diese Kraft ans Licht gebracht und mit dem Herzen und dem Bewußtsein verbunden wird, dann kann ihr Heilaspekt zum Tragen kommen. Dann erst kann ein Mann eine Frau im Innersten wecken. So ein Mann liebt, ohne die Frau zu verletzen, er kann sie überwältigen, ohne sie zu vergewaltigen. Wenn ein Mann das Wilde und das Helle im Herzen und im Bewußtsein verbunden hat, dann strahlt das auf die Frau aus, und sie kann sich mit ihrer eigenen Urkraft verbinden, mit der Hingabe.

Männer mit Wurzeln, verwurzelt im Außen wie auch in ihrem Innern, solche Männer haut nichts so leicht um. So ein Mann weiß, daß er auch mal schlapp sein kann, daß er seine Männlichkeit nicht immer beweisen muß. Solche Männer können Mann sein und gleichzeitig Familienarbeit mittragen, können Liebhaber sein und gute Väter.

Hugh Hefner zum Beispiel, der Gründer und Besitzer des »Playboy«, ist das Gegenteil von einem phallischen Mann. Er ist ein vollkommen peniszentrierter Mann. Hefner fühlt sich noch mit 70 nur lebendig, wenn er seinen Penis gebraucht, wenn er drei junge Bunnies in seinem Bett hat und aller Welt den jugendlichen schwanzfixierten Helden vorspielt. Um diesen Wahn ins Alter retten zu können, braucht er Viagra. Die phallische Kraft hingegen läßt beim Älterwerden nicht nach. Phallische Männer bleiben erotisch bis ins hohe Alter. Pablo Picasso war so ein Mann.

Zwischen Rausch und Vernunft

Die phallische Kraft hat zwei Pole. Auf der einen Seite wartet da Dionysos, der Gott des Rausches, der Ekstase, der beides kennt, das Weibliche und das Männliche, der verbunden ist mit der Erde, roh, unersättlich, verlangend, getrieben. In ihm wird das Phallische verzückt, und es überschreitet die Grenzen des Ichs. Auf der andern Seite thront da Apoll, ein Sohn des Zeus und der Liebling der Götter, der strahlend Bewußte. Denken, Vernunft, Bewußtsein sind seine Stärken.

Im griechischen Tempel von Delphi, wo zu Urzeiten die Muttergöttin wohnte und ihre Priesterinnen über den giftigen Dämpfen einer Felsspalte orakelten, setzte sich nach dem Übergang vom Matriarchat zum Patriarchat der strahlende Apoll auf den Thron. Nicht alle Götter waren damit einverstanden. Einige verlangten ultimativ, daß Apoll den Thron teilen müsse, und zwar mit Dionysos. Der Rausch gehört dazu. Vernunft und Ekstase sind die beiden Pole der phallischen, männlichen Kraft.

Es geht dabei aber nicht darum, hie und da ein Bier zu trinken oder zwischendurch nach Feierabend in einen Vollrausch abzutauchen. Wenn Dionysos und Apoll in unserer phallischen Kraft anwesend sein sollen, muß der Rausch etwas Klares, Bewußtes haben, und das Bewußtsein, die Vernunft muß etwas Fließendes, Begeisterndes enthalten.

Wir Männer brauchen das rauschhafte Gefühl. Es hilft uns, uns mit dem unteren Pol zu verbinden. Love Parade und Ecstasy sind heutige Versuche, geschüttelt und geerdet zu werden. In manchen Gegenden ist es die Fasnacht, der Fasching, der Karneval. Ohne den Rausch würden wir verdorren in einer tristen Vernunft.

Wir Menschen glauben immer, unser Zentrum sei das Ich, das Ego, dieses Feld, das wir zu spüren glauben, wenn wir »Ich« sagen. Unser Zentrum liegt aber im Unbewußten. Über ekstatischen und guten Sex werden wir damit wieder verbunden. In der Ekstase, im Orgasmus können wir uns für einen Moment lang dort hineinfallen lassen – wenn wir uns trauen. Wir können uns im Orgasmus für eine kurze Zeit der Quelle unseres Lebens hingeben. Dort wartet Dionysos und hilft uns zu verstehen, daß wir sehr viel mehr sind als nur das bißchen Bewußtsein.

In der vom Vesuv verschütteten römischen Stadt Pompeji fand man in einem Haus einen Altar, darauf stand die Figur eines Phallus. Darunter stand: »Hic habitat felicitas.« Hier wohnt das Glück. Wenn wir Männer uns dem Glück zuwenden wollen, dann müssen wir phallisch werden, das Phallische in unserem ganzen Sein zulassen: ein klares Schwert entwickeln beim Denken, einen guten Schwanz zulassen beim Liebemachen. Und wenn der scharfe Geist und die wilde, aggressive Kraft zwischen den Beinen geweckt werden, das Urlicht im Kopf mit der Urkraft im Bauch zusammenkommen, öffnet sich das Herz, das gerade in der Mitte liegt zwischen diesen beiden Polen, und es entsteht eine Balance zwischen beiden Kräften.

Wer Schwanz und Bewußtsein nicht miteinander verbunden hat, hat kaum Kontrolle über seinen Sex und wird von ihm getrieben. Wenn aber das Bewußtsein dazukommt und das Pferd zwischen den Beinen an die Zügel nimmt, kannst du lernen, diese Energien zu lenken. Das ist die Magierkraft! Die Energie kann als Strömen erlebt werden, und du lernst, dich in dieses Feuer hinein zu entspannen. So können wir lange Liebe machen. Je länger wir Liebe machen und in der Ekstase verweilen, desto mehr Energie wird entfacht, verströmt im Körper, und der Mann und die Frau werden aufgeladen. Wenn jede Zelle pulsiert, dann öffnet sich dein Herz, und du beginnst überhaupt erst zu verstehen, was es heißt, zu lieben. In solch einem Moment werden Geliebter, Geliebte und Liebe eins.

Wenn wir Männer durch Tanzen, Atemübungen, Meditation oder tierisch guten Sex an diesen Punkt kommen, dann werden wir oft zunächst überschwemmt von einer glückseligen Trauer, von einem heilenden Schmerz, einem wonnigen Weinen. Der ganze Panzer schmilzt weg. So etwas kann passieren, wenn wir in unsere phallische Kraft kommen. Es ist ein Gefühl, als ob der Erdvater in uns aufersteht aus der modrigen Verdrängung, und der Himmelsvater neigt sich ihm zu. Und es jubeln die Orgeln in unserem Herzen, und wir können endlich die eigentliche Männlichkeit in uns entfalten und erleben.

Dann schaut das Auge deines Lebens auf dich zurück.

Der phallische Mann

Der phallische Mann ist den Weg vom Helden zum Krieger, zum Liebhaber, zum Magier und zum König gegangen. Er sucht wohl immer noch das Abenteuer, aber er sucht es nicht mehr so sehr im Außen, er sucht es im Innern. Es ist das geistige Abenteuer, das ihn fasziniert. Denn nun wagt er es, die Dinge anzuschauen, vor denen Männer sonst Angst haben: seine Ängste, seinen Haß, Zorn, Habgier, Stolz, Einsamkeit, Verzweiflung, Hilflosigkeit, Impotenz, Ohnmacht, Zerrissenheit. All das ist nun nicht mehr im Schatten, sondern im Licht. Der wilde Feirefis ist jetzt sein Bruder, nicht mehr sein Feind.

Ein phallischer Mann schaut seine Ängste an und konfrontiert sich damit. Er projiziert sie nicht ins Außen, nicht auf die andern, sondern er findet sie in sich selber, wo sie nämlich die ganze Zeit schon gesessen haben. Er getraut sich, die Reise ins Dunkel der eigenen Gerümpelkammer anzutreten und der eigenen Gewalttätigkeit, der eigenen Brutalität, der eigenen Feigheit ins Gesicht zu schauen.

Das geistige Abenteuer des phallischen Mannes führt aber noch weiter. Er gewinnt die Einsicht, daß es im Leben gar nicht um das Ich geht, wie er als Held und Krieger immer glaubte, sondern daß es darum geht, das Selbst zu berühren, den Gral zu gewinnen. Oder, wie es die Indianer sagen: Nicht den persönlichen Traum sollst du träumen, sondern den großen Traum. Nicht für mich allein lebe ich, sondern für mich und alle meine

Ahnen. Die Ahnen aber, das sind nicht nur die Vorfahren, welche verstorben sind, die Ahnen sind auch die Steine, die Pflanzen, die Tiere und die anderen Menschen.

Für einen Manager zum Beispiel bedeutet das, daß er nicht wie der peniszentrierte Manager nur auf die Performance schaut, nur auf den Quartalsabschluß, die Gewinnsteigerung, den Shareholdervalue, den eigenen Lohnbeutel, sondern daß er als phallischer Manager das ganze Unternehmen und die Kraftfelder darüber hinaus im Auge behält. Nicht nur den Erfolg in Zahlen, sondern auch die Befindlichkeit des Personals, seiner Kunden, seiner Familie, die Auswirkungen auf die Gesellschaft und die Umwelt. Der phallische Manager arbeitet nachhaltig. Damit es den Leuten und dem Unternehmen auch noch in zehn Jahren gutgeht.

Der phallische Politiker läßt sich wirklich berühren von den Problemen in seinen Städten, er denkt nicht nur an seine Position, wenn er entscheiden muß. Er entscheidet unabhängig von seiner Angst, nicht mehr geliebt zu werden, die nächste Wahl zu verlieren, er entscheidet so, wie die Ahnen es erfordern, die Welt, die Gemeinschaft. Der phallische Politiker ist ein dienender König.

Und wie geht der phallische Mann mit seinem Körper um? Er treibt ihn nicht länger ins Fitneßzentrum, um ihn nach seinen Wünschen zu bauen. Er braucht keine Traumfigur mit Waschbrettbauch und knackigem Hintern. Es geht ihm nicht mehr darum, die größtmögliche Leistung aus seinem Körper herauszuholen, egal, ob da Schmerzen auftauchen. Der phallische Mann treibt Sport und genießt die Bewegung, er keucht nicht wie eine Dampfwalze joggend durch den Wald, sondern bekommt mit, was da um ihn herum und in ihm geschieht, dass die Vögel zwitschern, die Seele lacht. Und er wird die Ziele zurückschrauben, wenn der Körper älter wird, denn es geht ihm nicht um eine Rekordzeit, sondern um die Sinnlichkeit der Bewegung.

Und die phallischen Väter? Sie sind da. Sie leben mit. Sie sind berührbar. Man kann mit ihnen streiten, kämpfen, sich an ihnen reiben. Und in guten Momenten erzählen sie von sich, von ihren Gefühlen, ihren Visionen, ihrer Liebe. Ein phallischer Vater wird seine Tochter in der Pubertät als werdende Frau anerkennen und ihre Veränderung wohlwollend annehmen. Er wird nicht anzüglich sein, wird nicht auf die erotische, sexuelle Ebene gehen, er wird sie nicht verführen wollen und sich nicht verführen lassen. Der phallische Vater genießt seine Tochter und freut sich mit ihr an ihrem beginnenden Frauenleben. Und er weiß um die Grenze zwischen Vater und Tochter.

Ein phallischer Vater wird seinen Sohn als werdenden Mann anerkennen, er wird deutlich, kräftig und freundlich Kontakt mit ihm halten, liebevoll und direkt. Und er wird es genießen, daß er sich durch den Sohn verbinden kann mit seiner eigenen Jugend.

Der phallische Mann ist kreativ und heißt Kreativität in den andern willkommen. Er vermittelt Sicherheit und schenkt sie andern. Er bietet Ermutigung, indem er die anderen wirklich sieht. Er spiegelt und bestätigt die Menschen um ihn herum in ihrer Einzigartigkeit. Er ist sich seiner Gefühle und Motive anderen Menschen gegenüber sehr bewußt.

Phallische Männer halten Konflikte aus, ohne in Feindseligkeit zu geraten. Ein phallischer Mann wird im Konfliktfall den Schmerz des andern sehen und anerkennen. Aggressionen ihm gegenüber wird er ruhig und mit Mitgefühl begegnen und den andern wird er nicht als Feind, sondern als Gegner betrachten, mit dem man ein Problem zusammen zu lösen hat. Er schaut unter die Oberfläche und sieht die Ängste beim andern, er sieht das innere verletzte Kind beim andern. Er kann seine eigenen Fehler einsehen und eingestehen und sein Verhalten ändern.

Der phallische Mann wird Gegensätzliches versöhnen, im kleinen wie im großen. Er balanciert das Gute der Gesellschaft mit dem Guten des Planeten durch das Ehren von Technologie und Natur. Er wird die Natur und das Gegenüber nicht ausbeuten, nicht unterjochen. Er sucht die Harmonie.

Im Alter wird der phallische Mann die kommenden Sterbenszeichen erkennen und anerkennen. Er wird nicht singen: »Mit 66 Jahren, da fängt das Leben an ...« Er wird nicht danach trachten, ewig fit, ewig jung, ewig schön zu bleiben, er wird nicht verdrängen, daß er alt wird. Er wird nicht im Fitneßzentrum versuchen, die Grenzen seiner Leistung immer noch höher zu schrauben, Pulsfrequenzen wie ein 50jähriger anzustreben, um dann eines Tages einfach vom Gerät zu kippen, weil das Herz so was auf Dauer nicht mitmacht. Er weiß, daß jetzt der Herbst anbricht. Der phallische alte Mann tritt einen geordneten Rückzug an.

Im Alter wird die Intensität des sexuellen Erlebens nicht mehr steigen. Sie wird aber auch nicht abnehmen. In seiner Partnerschaft wird der phallische Mann nicht darüber jammern, daß früher alles besser lief, daß er früher immer sofort einen Steifen hatte und jetzt nicht mehr. Er wird annehmen, was ist. Er wird nicht vergleichen mit dem, was war, mit dem, was sein könnte, er wird genießen, was ist. Und wenn Ängste auftreten und Resignation an die Türe klopft, dann wird er mit seiner Partnerin die Gegenspieler der Angst aufbauen, die Neugier, die Kreativität, die Lust und den Humor.

Als phallische alte Männer werden wir potent genug sein, neue Felder für uns zu erobern, dem Alter angemessene Felder. Wir werden mit unseren Feinden in Frieden kommen und unsere Welt in Ordnung bringen. Nicht zornig, rachsüchtig werden, sondern großzügig, liebevoll. Wir werden neue Freundschaften schließen und die alten wieder bewässern. Die Kraft läßt nach, dafür tragen die Beziehungsnetze. Wir werden aus der Fülle heraus geben und Nahrung zurückerhalten in Form von Anerkennung. Wir werden stark genug sein, mit der Trauerarbeit zu beginnen, alte Träume loszulassen und mit unserem Leben in Frieden zu kommen.

Als phallische alte Männer werden wir den Humor des Narren behalten. Das wird uns interessant machen für unsere Enkel, und wir können die eigentliche Aufgabe des alten Mannes vollbringen: die Jungen ins Leben locken. Ihnen die Angst vor der Welt nehmen und ihnen ein paar Einsichten mit auf den Weg geben, wie einst Gurnemanz dem Parzival.

Wenn wir als phallische Männer Zutrauen gefunden haben zu unserem Feirefis, zu unserer Urkraft, und sie lenken mit unserem Bewußtsein, dann geht das Herz auf, und wir finden die alte Tugend wieder in unserem Leben: das Staunen. Wir sehen die Welt neu, denn wir haben die Einfühlsamkeit gefunden. Dann können wir Männer wieder Freundschaften aufbauen, wie damals als Jungen. Wir können die männliche Kraft wieder gemeinsam mit anderen Männern genießen und die Freundschaft zwischen Männern, die beständigste und stabilste und bescheidenste Form der Liebe, kann wieder in unser Leben kommen.

Ein phallischer Mann hat in sich den König entwickelt als Zentrum seiner Welt, in dem das Weltliche und das Heilige zusammenkommen, der die Himmelsenergie aufnimmt, um das Weltliche heilig zu machen. Der phallische Mann wird seine Sexualkraft am Ende heilend einsetzen. Sein Zentrum ist dieser phallische König, die Verbindung von Sexualität und Spiritualität, seiner geilen und seiner geistigen Kraft, die Verbindung von Urkraft und Urlicht. Und wenn die Sexualität, die Urkraft, gut verbunden ist mit dem Bewußtsein, dem Urlicht, dann geht diese Energie über das Herz hinaus in die Welt.

Und in der Liebe zu seiner Frau weiß der phallische Mann,

daß er in seinem Zentrum bleiben kann als König mit Würde und Demut. Er wird nicht mehr zum kleinen Jungen, nicht zum verzweifelten Sadisten, sondern er bleibt der selbstbewußte König, der den Liebhaber in sich hat, den Liebhaber, der alles in Glanz tauchen kann, so daß das Leben bunt wird, reich, lebendig. Er kann seinen Magier mitbringen, der ein tiefes Verstehen hat für die Widersprüche zwischen ihm und seiner Frau, der dafür den Humor einbringt, der, wenn Haß und Streit kommen, merkt, daß das nur der Gegenpol ist von Liebe und Verständnis, und der es aushält, daß beides in der Beziehung mit drin ist. Der König wird auch seinen Krieger in die Liebe zu seiner Frau mitbringen mit seiner sexuellen Kraft, mit seiner Geilheit und seiner Aggression, die er nun verbunden hat mit seinem Herzen und seiner inneren Frau.

Denn der phallische Mann hat seine weibliche Seite, seine Königin, seine Anima, angeschaut und angenommen, er kann sich abgrenzen ihr gegenüber und bleibt stets verbunden mit seinem Selbst.

Der phallische Mann lebt seine vollständige Männlichkeit.

Es ist mehr in uns Männern als nur Geilheit, Aggression und Kraft. Mehr als nur Erfolg. Es geht um mehr im Leben, als nur um Geld. Es steckt sehr viel mehr in uns als nur ein paar mickrige Orgasmen.

Brechen wir auf zu diesem Mehr. Es ist gewaltig groß. Es ist männlich. Es ist phallisch. Und es gehört uns.

Macht

Es gibt Themen, die sind tabu, verboten, unanständig, schmerzvoll. Eines davon ist der Umgang mit der Macht. Aber wenn wir ganz werden wollen als Männer, müssen wir uns auch diesem Thema stellen. Die Macht, die wir suchen, erobern, ausüben, bei den Frauen, bei unseren Kindern oder im Betrieb, aber auch die Macht, der wir ausgesetzt sind, die wir als Opfer ertragen, gegen die wir aufbegehren, diese Macht soll hier angeschaut werden. Tabuthemen aufzugreifen, kann tiefgehend verunsichern und schmerzlich sein. Aber es ist ganz besonders spannend.

Die Fähigkeit, andere Menschen zu beherrschen, auf sie einzuwirken, sie besitzen zu können und gefügig zu machen, oder zumindest ihr Verhalten so zu steuern, daß es unseren Zwecken dient, steht in unserer Gesellschaft noch immer hoch im Kurs. Sie wird nach wie vor gefordert, gefördert und belohnt.

Macht zu besitzen, ist noch immer eines der großen Ziele, die wir im Leben zu erreichen suchen. Reich an Geld und Macht zu sein, ist bis heute ein durch Heldenmythen lebendig gebliebener Wunsch. Die Erfüllung dieser Sehnsucht verspricht Sicherheit und Unabhängigkeit: »Wenn ich reich und mächtig bin, kann ich machen, was ich will.«

Der körperlich machtlose, aber geistig große deutsche Philosoph Friedrich Nietzsche erkannte den »Willen zur Macht« jedoch auch in jedem lebenden Wesen, von der Amöbe, die sich ein Bakterium einverleibt, um größer und stärker zu werden, bis zum Menschen, der wachsen will in seiner Fähigkeit, die Welt um sich herum nach seinem Willen und in seinem Sinne zu gestalten und zu interpretieren.

Der Wille zur Macht, schrieb Nietzsche, ist die Triebfeder jeglichen Lebens, sie ist die Grundkraft, die das großartige Spektakel Leben auf diesem Planeten mit seinen Verdrängungskämpfen zu immer höherer Entwicklung treibt. An die Macht zu kommen, ist daher auch das begehrte Ziel des Menschen. Es ist der Antrieb, eine Urkraft, mit der wir bereits auf die Welt kommen. Frühere Generationen priesen die Allmacht Gottes, Nietzsche erklärte Gott für tot, der Mensch solle nun endlich dessen Allmacht erobern. Der Mensch solle zum Übermenschen werden. Dabei dachte Nietzsche in erster Linie an uns Männer. Übermänner sollten wir werden, die Welt gestalten und die Schwachen um uns herum zu ihrem eigenen Wohl an die Kandare nehmen.

In der Tat haben wir Männer im Laufe der Zeit unendlich viel Macht erobert. Wir sind heute in der Lage, die Menschheit mehrfach auszurotten. Wir gehen daran, den genetischen Code des Lebens zu entschlüsseln und gottgleich eigene Wesen zu erschaffen. Wir Westler exportieren unsere Vorstellungen von Freiheit, Demokratie und Marktordnung mit Waffengewalt über den ganzen Planeten. Wir gründen Weltkonzerne mit Hunderttausenden arbeitsamen Bienen-Mitarbeitern und haben die Macht, die Politik vieler Länder zu bestimmen.

Unsere Wirtschaft reguliert den Zugang zur Macht wie eine stufenartige Pyramide. Von Stufe zu Stufe, mit jedem Karriereschritt wird das begehrte Gut der Macht vermehrt, gerade soviel, wie es braucht, um der höheren Stufe zu dienen. Und gerade soviel, um motiviert weiter zu machen, weiter zu gehorchen, weiter zu streben. Viele stoßen dabei an ihre Grenzen und sind überfordert. Nur wenige gelangen ganz nach oben.

Im Grunde sind wir dabei den Mythen unserer griechischen Heldensagen und den Grundsätzen unserer germanischen und keltischen Vorfahren treu geblieben: Alle Macht dem Starken.

Macht und Gehorsam

Zweitausend Jahre Christianisierung haben uns dabei nur oberflächlich berührt. Die Botschaft des Wanderpredigers Jesus Christus, der dem Besitz und der Macht verheißungsvoll die Liebe und die Hingabe entgegenstellte, hat uns nicht wirklich umgekrempelt. Sie erreichte nur die armen Schichten. Nur die Besitzlosen hießen die Botschaft willkommen. Sie, die ohnehin ohne Macht und Geld leben mußten, tröstete der Gedanke, vor Gott Gnade zu finden. »Eher geht ein Kamel durch ein Nadelöhr, als daß ein Reicher in den Himmel kommt«, hieß es fortan, und so hatten die Armen wenigstens den Trost, vor Gott bessere Menschen zu sein, als die Mächtigen.

Die Herrschenden haben das Potential dieser revolutionären Lehre des Predigers aus Jerusalem erkannt und pervertierten sie zum Machtinstrument: Sie lehrten die Armen, ihre Armut zu akzeptieren, und definierten fortan, was richtig und was falsch ist. Sie verlangten Gehorsam und versprachen dafür das Himmelreich. Wer nicht gehorchte, lebte in Sünde – und mit der Aussicht, nach dem Tod in der Hölle zu schmoren.

Es hat immer Reiche gegeben, die ihres Luxus überdrüssig waren und in Jesus einen Weg für spirituelles Wachstum erkannten, allen Besitz von sich gaben und die Armut suchten. Der heilige Franz von Assisi war von den Ideen Jesu vollkommen begeistert, nahm ihn beim Wort und entledigte sich allen Reichtums. Aber er wurde mit Mißtrauen bedacht, weil er die Aufforderung zur Armut – und zur Liebe – etwas zu wenig enthusiastisch predigte, während die heilige Kirche immer mehr Macht und Reichtum anhäufte, indem sie den Leuten den rechten Glauben mit Waffengewalt und Folter aufzwang.

Eine Zeitlang, zumindest in den Anfängen des Christentums, hat diese neue Religion mit ihrem Aufruf zum Machtverzicht einen eigenen Heldenmythos entwickelt, den Mythos des christlichen Märtyrers, der seinem Glauben an die Liebe als ordnende Macht nicht abschwören will und lieber den Tod auf sich nimmt, als seinen Glauben zu verleugnen. Aber die Verehrung des Märtyrers blieb auf jene Zeit beschränkt, als das Christentum sich in der Opposition behaupten musste. Als es dann zur Staatsreligion aufstieg, wurden Abweichler wieder als das bezeichnet, was sie für die Mächtigen immer schon gewesen waren: Gottlose (weil ungehorsam), Aufrührer (weil sie eigene Ideen hatten) und Hexen (weil sie dem Machtanspruch der Männer trotzten). Der Märtyrer wurde umgedeutet als einer, der Gott – und somit der Kirche – gehorcht.

So gesehen hat uns das Christentum kaum verändert. Der Wille zur Macht ist uns geblieben. Im Mittelalter wurde er einfach von der Kirche, die sich als Gegenkraft zur weltlichen Macht der Könige etablierte, usurpiert. Und beide, die kirchliche wie die weltliche Macht, spielten einander in die Hände, indem sie die Menschen zum Gehorsam erzogen. Macht war weiterhin ein Instrument der Herrschaft, und nicht – wie vom Urchristentum versprochen – das Potential jedes einzelnen zu seiner Befreiung aus der Vormundschaft der Mächtigen. Das Gebot »Liebe deinen Nächsten wie dich selbst« blieb den Sonntagspredigten vorbehalten, weil es im täglichen Leben ein gefährliches Konzept war, ein aufrührerisches Konzept, das den Machtanspruch eines Menschen über einen andern Menschen radikal verneint.

So war mit der Christianisierung Europas anstelle des keltischen Gottes Donar oder des römischen Kriegsgottes Mars einfach der Heilige Vater im Himmel getreten: Er segnete von nun an die Kanonen, er schickte die Soldaten aus, um den Azteken das Gold zu rauben, den Indianern das Land zu stehlen oder um den Protestanten die Köpfe einzuschlagen. Wir haben unseren alten Göttern einfach eine neue Maske übergestülpt. Denn im Namen der echten christlichen Lehre hätten wir all diese Eroberungen und Kriege nicht führen dürfen. Bekanntlich hat jener Gottessohn nämlich gesagt: »Liebet eure Feinde.«

Soviel zum Dilemma unserer westlichen Welt, in der wir vorgeben, zu glauben, daß Macht und Gewalt des Teufels sind, aber im Geheimen die beiden doch immer noch tief verehren. Über Macht wird daher wenig nachgedacht. Sie wird nicht entlarvt, sie bleibt ein tabuisierter, geheimer Gott. Sogenannte »große Führer« konnten oft einen gewaltigen Machtrausch auslösen, weil wir diese alten, dämonischen Kräfte in uns nie wirklich ans Tageslicht geholt haben, nie wirklich integriert und zum Guten gewandelt haben. Die Gräuel in Europas Kriegen und Bürgerkriegen waren möglich, weil unsere eigene Gewalttätigkeit nur unter einer hauchdünnen Schicht von Zivilisation und Gehorsam versteckt ist und weil wir uns vormachen, wir seien »gute Menschen«. Dabei ist auch unser eigener Hunger nach Macht ungestillt und jederzeit bereit, als brutale Aggression hervorzubrechen. Und es soll bitte keiner glauben, das treffe nur auf die anderen zu. Diese Gier nach Macht und die Bereitschaft zur Gewalt stecken in jedem von uns.

Wir sind keine »guten Menschen«

Wir sind keine »guten Menschen«, das müssen wir uns eingestehen. Wir sind Wesen mit kreativen und destruktiven Seiten. Wir sind mit dem Potential der Liebe auf die Welt gekommen, aber auch mit dem Potential zur Wut, der Fähigkeit zur Manipulation, der Lust zu quälen, dem Wunsch zu herrschen. Aber weil wir zum Gehorsam erzogen werden, haben wir von klein auf gelernt, die destruktiven Anteile unseres Potentials zu verneinen, wir verdrängen sie. Wut, Zorn und Haß drücken wir in jungen Jahren nicht wirklich aus, sondern wir schlucken sie hinunter. Wir unterdrücken diese Kräfte, weil wir (noch) nicht die Macht haben, sie auszuleben, weil wir fürchten, ungehorsam zu sein, böse zu sein und von der stärkeren Macht der Eltern eins auf die Finger zu kriegen. Die wenigsten von uns werden liebevoll darauf vorbereitet, mit diesen Dämonen in uns zu rechnen und verantwortungsvoll umzugehen.

Kurz nach dem Zweiten Weltkrieg zeigte der amerikanische Wissenschaftler Stanley Milgram auf, wie sehr wir geneigt sind, Macht auszuüben, vor allem wenn wir von einer höheren Autorität dazu angehalten werden. Milgram entwarf dazu ein Experiment: Er forderte seine Versuchsperson auf, einen zweiten Teilnehmer mit Stromstößen zu bestrafen, wenn dieser gewisse Fragen falsch beantwortete. Dieser zweite Teilnehmer war jedoch eingeweiht, ein Schauspieler, der in einem anderen Raum saß und jedesmal jämmerlich aufschrie, wenn er per »Stromstoß« für eine Fehlleistung bestraft wurde. Bei jeder weiteren Falschantwort mußte die Versuchsperson die Stromdosis erhöhen, und auch die Schmerzensschreie, die per Mikrofon übertragen wurden, steigerten sich. Die maximale Dosis wurde der Versuchsperson ausdrücklich als tödlich beschrieben. Milgram war überrascht, wie viele seiner Versuchspersonen trotzdem bereit waren, auf strenge Anweisung hin sogar diese tödliche Dosis anzuwenden. Kaum eine Versuchsperson hat sich geweigert oder das Experiment in Frage gestellt, die allermeisten drückten gehorsam, ja gar mit einer gewissen Genugtuung, den roten Knopf.

Milgram wurde seiner Experimente wegen getadelt. Nicht weil sie unwissenschaftlich gewesen wären, sondern weil das Ergebnis provozierte: Es lieferte eine Art Erklärung und weckte ein gewisses Verständnis für die Gräueltaten der Deutschen unter dem Nazi-Regime. Wir wollen gar nicht wissen, daß diese Dämonen tatsächlich in uns schlummern. Und das macht es schwer, gegen sie anzutreten.

Gestehen wir es uns ein: Wir sind keine »guten Menschen«, wir alle haben diesen Wunsch nach Macht in uns, auch wenn einige von uns ihn rigoros verneinen. Unser Wunsch nach Macht ist mit uns auf die Welt gekommen, er ist Teil unseres Wesens. Er hilft uns, aus der Symbiose mit der Mutter herauszufinden und uns in unser eigenes Leben hineinzuwagen. Aber diese eigenständigen Impulse werden uns schon früh machtvoll abtrainiert, wir werden so erzogen, wie alle Buben erzogen werden: Wir lernen gehorchen. Anstatt liebevoll aufgefordert zu werden, unseren Machtanspruch zu testen, auf seine Wirkung hin zu überprüfen und daraus zu lernen, wird uns verboten, in »unsere eigene Macht« hineinzuwachsen. Sei ein braver Junge.

Macht und Ohnmacht

Dieses Verbot, »in unsere Macht zu kommen«, hat uns in ein Dilemma gestürzt: Wir wollten, aber wir durften nicht. Der Wunsch nach Macht wurde unterdrückt und meldet sich nun im Erwachsenenalter um so stärker zurück. Nach dem Schweizer Therapeuten Peter Oertle bleiben dem Erwachsenen nur vier Strategien, um auf Macht zu reagieren. Aber wir halten alle vier Wege für unbefriedigend.

Diese vier Strategien sind abhängig davon, wie wir in unserer Kindheit auf die elterliche Bevormundung reagiert haben. Zwei Optionen bleiben dem machtlosen Buben: Entweder er gibt den Kampf gegen die Entmachtung schon früh auf, oder er bleibt weiter in ihm verstrickt. Und beide Optionen prägen ganz unterschiedlich die Wege des späteren Erwachsenen:

Wenn wir im Laufe unserer Kindheit angesichts der erdrückenden Übermacht der Erzieher bereits aufgegeben haben, dann bleiben uns nur zwei Möglichkeiten: Entweder wir geben unseren Anspruch auf Eigenständigkeit als erwachsener Mensch nun endgültig auf und versinken in einer unbewussten Ohnmacht: Dann entwickeln wir uns zum Versager, zum Lückenbüßer und schließlich zum Opfer, das sich seine Anerkennung über Anpassung und Mitleid holt. Dadurch leben wir jedoch unbewusst einen Rest von Macht aus – denn mit unserer »mächtigen« Ohnmacht bewirken wir immerhin das Mitleid und die Hilfe der anderen. Oder wir halten uns für unser frühes Aufgeben später schadlos, indem wir unsere Ohnmacht hinterrücks zur Macht umwandeln: Wir entwickeln uns zum »Angstbeißer«, zum Heckenschützen, zum Verräter, zum Lügner. Wir rächen uns rückgratlos für das in unserer Kindheit erlittene Unrecht.

Wenn wir aber als Jungen den erfolglosen Kampf gegen die Bevormundung der Eltern, Lehrer, Erzieher nicht aufgegeben haben, dann werden wir als Erwachsene selber die Macht suchen, damit wir nie wieder in diese Teufelsküche der Unterdrückung geraten. Dabei haben wir wieder zwei Möglichkeiten:

Entweder wir gehen den Weg der versteckten Ausübung von Macht, weil wir wenigstens nach außen hin doch nette Jungs sein wollen: Dann begnügen wir uns mit einer vordergründig machtlosen Position, werden Vorbilder, Betreuer, Berater und Helfer, alles in allem liebe Kerle, und suchen so die Anerkennung der Ohnmächtigen. Dabei leben wir unbewusst und versteckt eine ganze Menge Macht aus. Oder wir setzen alles daran, dieses Gefühl der Ohnmacht nie mehr erleben zu müssen: Dann suchen wir den offenen Weg zur Macht. Dann wollen wir um jeden Preis eine machtvolle Position erreichen, wir wollen uns stark fühlen. So werden wir leicht zum Tyrannen, unterdrücken diejenigen, die sich unterdrücken lassen, unsere Frauen, unsere Kinder, unsere Mitarbeiter. Wir werden Egoisten, Despoten, Patriarchen, suchen mit dem Mittel der Macht Anerkennung, Ruhm, Besitz und Reichtum und zeigen dabei doch oft nur, daß wir im Grunde ohnmächtig sind.

Diese vier Strategien, auf Macht zu reagieren, sind uns im Erwachsenenleben geblieben, und der eine oder andere wird sich auf einem dieser vier Wege erkennen. Wenn nicht, lohnt es sich, genauer hinzuschauen. Wahr ist: Mit unserer sichtbaren Machtposition verdecken wir oft nur innere Unsicherheit und Ohnmacht. Und weil diese Ohnmacht uns destabilisiert, suchen wir immer mehr Macht. Und umgekehrt tut mancher von uns so, als würde er Macht ablehnen, als sei er ein Heiliger, und lebt doch den einen oder anderen Wunsch nach Macht aus, verdeckt, auf verklemmte Art und Weise. Das Problem dabei: Es macht uns nicht wirklich glücklich.

Macht und Motivation

Unsere jahrelange Erfahrung in der Männerarbeit hat uns eine Lösung aus dieser Zwickmühle aufgezeigt.

Möglich ist diese Entwicklung von einem ohnmächtigen Buben hin zu einem erwachsenen Mann, der mit Macht umzugehen und machtvoll zu leben weiß, wenn wir uns auf dem Weg zur Macht die dunklen Seiten dieser Kraft bewußt machen. Aber dazu benötigen wir zunächst das Modell des amerikanischen Wissenschaftler D.C. McClelland über die Motivation zur Macht und wollen die Frage beantworten, woher sie kommt und wohin sie sich entwickelt.

Der Pionier der Machtforschung hat ein Modell über das Woher und das Wohin der Macht entwickelt, wobei er vier Stadien der Machtentwicklung unterscheidet, angelehnt an die Entwicklungsmodelle der Psyche von Sigmund Freud.

Im ersten Stadium kommt die Macht von außen: »ES (die Mutter, der Herrgott, der Führer, der Chef) stärkt mich.« Wie im oralen Entwicklungszustand des Säuglings wird hier Unterstützung von außen erfahren. Männer, die in diesem Stadium stehenbleiben, neigen dazu, sich Frauen zu nehmen, die sie emotional stützen und ernähren. Im Beruf bleiben sie, was sie sind. Sie eignen sich als Gefolgsleute mächtiger Personen und machen Karriere in deren Windschatten. Es geht ihnen um das Gefühl von Größe, Stärke, Bedeutsamkeit. Sie erfahren Geltung und Ansehen aus der Zuwendung durch den Mächtigen. Sie üben Macht »im Auftrag« aus.

Wer sich selber im ersten Stadium erkennt, als jemand, der sich mit der Sicherheit, die eine höhere Instanz verspricht, begnügt und als Gegenleistung ihr gehorcht, der sollte sich fragen, ob das Leben nicht viel mehr Spaß machen könnte, wenn er sich auf seine eigene, innere Kraft besinnen würde? Natürlich ist es behaglich, in der warmen Stube der Mutter, der Firma, der Organisation zu bleiben, einen sicheren Platz zu haben und alles dafür zu tun, ihn zu behalten. Niemand weiß, ob er im Innern genug Kraft hat, um draußen die Dinge selber in die Hand zu nehmen.

Aber vielleicht lockt es ja doch, sich mit anderen zu messen, sich zu spüren. Wer Neues wagt, geht an seine Grenzen, und an der Grenze erfahren wir das Leben, wie es kribbelt, wie es sich erneuert, erfrischt. Da wird das Eigene geweckt, da erwachen die inneren Wünsche, und da finden wir den Mut, der dazu gehört, um unser Potential zu finden und diese Wünsche zu erfüllen.

Im zweiten Stadium kommt die Macht aus dem Selbst und wirkt auf das Selbst: »Ich stärke, kontrolliere, leite mich selbst.«

Es entspricht dem analen Entwicklungsstadium der Psyche, in dem Autonomie, Unabhängigkeit und Wille eingeübt und – nebenbei – Prestigegüter angesammelt werden. Wie wichtig bin ich doch, daß ich mir eine Villa, einen Porsche, eine Rolex leisten kann. Individualität ist hier oberste Maxime. Aber auch Marathon-Läufer agieren in diesem Stadium sowie Hochgebirgskletterer. Selbstüberwindung und Willensleistung bringen hier das ersehnte Gefühl von Größe und Stärke.

Wer sich im zweiten Stadium erkannt hat, in dem wir uns bereits aus eigener Kraft stärken, kontrollieren und leiten, der darf zurecht stolz darauf sein, sich im Griff zu haben, seine Dämonen benannt und erlöst zu haben. Er muss nur aufpassen, dass er damit nicht zu weit geht und sich selbst Gewalt antut. Könnte es sein, dass er mittlerweile fünfzig Kilometer joggen kann, sechzig Stunden die Woche arbeitet und dafür Frau und Kinder auf Distanz hält? Könnte es sein, dass er in seinem Bestreben, sich selber zu kontrollieren und unabhängig zu sein, so weit geht, dass er sich alles vom Leibe hält, was ihn weich macht? Die Familie, die sich dauernd mit ihren Ansprüchen in sein Leben drängt? Oder Freunde? Könnte es sein, dass er sich im Grunde einsam fühlt? Aber vielleicht haben wir schon früh in unserer Kindheit beschlossen, uns zurückzuziehen und uns den anderen zu verweigern, den Eltern, den Lehren, den Freunden. Wir haben anstelle dessen »unser Ding« gemacht, unsere »heimlichen« Ziele verfolgt, aber eben einsam. Dann wird es Zeit, sich der Außenwelt wieder zu stellen.

Im dritten Stadium beginnt die Macht, die aus dem Selbst kommt, auf andere einzuwirken: »Ich habe Einfluß auf andere.« Wenn ich andere beeinflussen, lenken, zwingen kann, gibt mir das ein Gefühl von Bedeutung, Stärke und Größe. Dieses Stadium ist der phallischen Phase der Selbstbehauptung zugeordnet. Hier beginnen die Machtkonflikte mit der Umgebung, weil ja die andern nicht einfach bereit sind, ihren eigenen Willen meinem Wunsch nach Größe zu opfern. Hier geht's darum, mich durchzusetzen und mich zu behaupten. Fußballer spielen in dieser Liga. Lehrer, Politiker, Journalisten suchen Bedeutung durch Beeinflussung.

Dieses Stadium ist allerdings eine Medaille mit zwei Seiten. Auf der negativen Seite finden wir hier einen Typ, den wir den »skrupellosen Don Juan« nennen. Er lügt, täuscht, betrügt und verführt Frauen, um an die Macht zu kommen. Wo er auftaucht, spielen sich – oft unbewußt – all die schmutzigen Tricks ab, die nur dazu dienen, auf Kosten der anderen Vorteile zu nutzen und das eigene Ego zu stärken. Dieser Typ will Karriere machen, koste es, was es wolle. Sein Hunger nach Größe will gestillt werden, sei es durch Schmeicheln oder durch Drohen. Dieser Typ spielt virtuos und hemmungslos auf der Klaviatur der Macht, kontrolliert die Informationen und setzt seinen Wissensvorsprung zu seinen Gunsten ein. Er macht Gebrauch von seiner Belohnungsmacht und seiner Bestrafungsmacht, er setzt seine Expertenmacht ein, um die Dinge in seine Richtung zu lenken, und er beharrt explizit auf seiner Positionsmacht: »Weißt du überhaupt, mit wem du hier sprichst?« Solchen Chefs zu dienen, ist weder befriedigend noch effektiv. Solchen Liebhabern zu verfallen macht einsam. Don Juans nehmen keine Rücksicht auf die Bedürfnisse ihrer Partnerin, sondern sie benutzen ihre aufschauende Liebe und Hingabe, um sich selbst großartig zu fühlen, und erhoffen sich unendlichen Nachschub dieses geilen Gefühls.

Auf der positiven Seite entwickelt sich in diesem Stadium auch der Typ Mann, der sein Machtmotiv sozialisiert und kontrolliert hat. Wir nennen ihn den phallischen Mann. Zwar strebt auch er Macht und Karriere an, aber nicht im Null-Summen-Spiel, nicht auf Kosten anderer, sondern zu allseitigem Nutzen. Sein Anreiz liegt darin, zu erfahren, wie andere durch seinen

Einsatz besser, stärker, selbständiger werden. Er verfügt oft über Expertenmacht, weil er sich mit der Sache auseinandergesetzt hat, und wo nicht, lässt er sich überzeugen und beraten. Oft verfügt er auch über Referenzmacht, weil seine Leute ihn als nachahmenswertes Vorbild sehen. Er hält sich an innere Regeln und sein Credo ist: Gib deinen Leuten das Gefühl, selber stark zu sein. Seine Führungsqualitäten bestehen darin, seine Mitarbeiter für lohnende Ziele zu begeistern und erfolgversprechende Wege aufzuzeigen. Er verspricht ihnen unterschwellig, daß sie Erfolg haben werden. Diesem Mann zu folgen lohnt sich, er ist langfristig erfolgreich. Als Liebhaber wird der phallische Mann nicht nur seine Wünsche befriedigen, sondern auch auf die Bedürfnisse seiner Partnerin eingehen.

Im vierten Stadium der Macht wechselt die Machtquelle vom Selbst wieder zum ES, aber die Macht dient hier nun weiterhin dazu, andere zu beeinflussen. Jetzt heißt es: »ES (die Religion, das Gesetz, die Firma) hält mich an, anderen zu dienen und sie zu führen.« Dieses Stadium ist das Pendant zur genitalen Entwicklungsphase, in der es um Gegenseitigkeit, Pflichterfüllung, Bindung und Orientierung an Prinzipien geht. In diesem Stadium befinden sich Religionsgründer, visionäre Politiker oder charismatische Wirtschaftsführer. Die Quelle der Macht liegt in einem übergeordneten Prinzip, einer Vision, einem Gott, einer Idee. Der Mächtige selbst hat keine persönlichen Machtinteressen.

Trotzdem wird dieses Machtstadium als höchste Entwicklungsstufe beschrieben, weil derjenige, der diese Stufe erreicht, sein Ego überwunden hat (»Nicht mein, sondern dein Wille geschehe«). Die Machtanwendung des Mächtigen dient denjenigen, die ihm folgen. Er führt wahrhaftig, und es wird dabei Heil für alle angestrebt. Das macht es so verführerisch und gleichzeitig so wirkungsvoll: Der Führer hat keine egoistischen Ziele, er denkt fürs Ganze, also ist es gut, wenn wir ihn unterstützen. Die

Erfahrung der Menschen mit solchen Führern ist zwiespältig. Mahatma Gandhi, Jesus Christus, der Dalai Lama, Napoleon Bonaparte, Adolf Hitler, Josef Stalin und viele andere Führer und Propheten hatten dieses Stadium der Macht erreicht. Einige haben die Menschheit weit vorangebracht, andere haben sie in Tod und Verderben gestürzt.

Der Don-Juan-Typ

Auf dem Weg zur wahren Macht in uns, zur Wiederentdeckung des eigenen machtvollen Potentials, interessiert uns das dritte von McClelland beschriebene Stadium der Motivation zur Macht, da die Hinwendung zum Du einiger Antworten bedarf.

Als Chef oder Vater oder Partner werden wir uns im dritten Stadium wiederfinden, in dem die Quelle der Macht in uns selber liegt und das Ziel der Macht ist, die anderen zu beeinflussen. Und hier wird uns unweigerlich die Gewissensfrage gestellt: Bin ich eher ein Don Juan, wie er auf der negativen Seite der Medaille erscheint, oder bin ich eher der phallische Mann, wie er auf der positiven Seite beschrieben wird? Mit dem Don-Juan-Typ in uns und als Gegenüber haben die meisten von uns einen Klärungsbedarf. Als Täter wie als Opfer. Schauen wir ihn uns an.

Um die Signale der Macht genauer unter die Lupe zu nehmen, haben sich Studenten der »Bochumer Arbeitsgruppe für Sozialen Konstruktivismus und Wirklichkeitsprüfung« eine erfrischende Arbeit zum Thema »Mechanismen der Macht« ausgedacht. Sie schauten ihrem Fakultätsrat einige Sitzungen lang über die Schulter. Dieser Fakultätsrat setzt sich aus »mächtigen« Professoren und »ohnmächtigen« Studenten zusammen. Eine Konstellation, wie sie in jedem Büro zu finden ist, hier war sie noch ausgeprägter, weil die Mächtigen zugleich der älteren, arrivierten Generation angehörten und die Ohnmächtigen der Jugend.

Ihren Beobachtungen legten die Studenten den Gedanken zugrunde, daß Machtausübung nur funktioniert, wenn auf der Gegenseite Macht eingeräumt wird. In unserer Kultur wird den Machthabern, den Chefs zum Beispiel oder den Professoren oder Ärzten, »freiwillig«, völlig natürlich und ganz ohne nachzudenken Macht eingeräumt. Wir tun das, weil wir Angst haben, der Mächtige würde sonst von seinem Sanktionsrecht Gebrauch machen und uns früher oder später irgendwie bestrafen.

Unsere Studenten analysierten, was Machthaber alles tun dürfen und was Machtlosen verwehrt bleibt. Sie erstellten folgende Liste:

Chefs dürfen:
- so tun, als seien sie beschäftigt
- andere warten lassen
- Anwesende einfach ignorieren
- eine entspannte Körperhaltung haben
- Augenkontakt suchen
- andere Personen berühren (z. B. auf die Schulter klopfen)

Chefs geben sich in Sitzungen meistens entspannt, sitzen zurückgelehnt, reden langsam und deutlich, sind ruhig und freundlich – zumindest solange sie nicht angegriffen werden. Wenn sie attackiert werden, beugen sie sich vor, fixieren den Machtlosen mit hochgezogenen Augenbrauen, schneiden Grimassen, sie schütteln den Kopf und unterbrechen ihn mit Formulierungen wie: »Ich will Ihnen mal was sagen!« oder »Jetzt reicht es aber.« Chefs solidarisieren sich untereinander, wenn Machtlose zu Wort kommen. Sie hören nur unruhig, unkonzentriert und unwillig zu, sie tuscheln und machen Witze. Wenn aber einer von ihnen redet, nicken ihm die anderen zu und unterstützen ihn.

Machtlose Personen dürfen dies alles nicht. In Besprechungen sitzen sie meist artig da, die Hände entweder auf dem Tisch, oft verschränkt, oder im Gesicht, sie verdecken oft den Mund oder die Augen. Sie reden leise, gehetzt, aufgeregt, wiederholen sich oft, verhaspeln sich, flüstern am Ende ihres Beitrages nur noch, und sie blicken dabei eher auf den Tisch als in die Runde. Wenn einer von ihnen redet, ducken sich die anderen, schauen vor sich hin oder blättern in ihren Unterlagen.

Was die Studenten aus Bochum hier am Beispiel ihrer Professoren minutiös protokolliert haben, zeigt ein Benehmen, wie es der Don-Juan-Typ gerne an den Tag legt. Es ist im Grunde unanständig. Es ist nicht dazu geeignet, ein produktives Klima zu erzeugen. Es dient nur dem Machterhalt. Und trotzdem bekommen wir weiche Knie, wenn sich ein Professor, ein Arzt oder ein Chef derart machtbewußt benimmt. Dieses Verhalten weckt tiefliegende alte Ängste: Wir fürchten, bestraft zu werden. Als Kind drohte uns Liebesentzug, als Erwachsener droht uns womöglich die Kündigung.

Es gibt zwei mögliche Gründe, warum sich Chefs, und auch Ehemänner oder Väter dieser Macht-Mechanismen bedienen. Entweder sind sie dermaßen von ihrer Gier nach Macht besessen, daß sie in ihrer Überheblichkeit bereit sind, auf ihrem Weg nach oben alle üblen Tricks anzuwenden, oder sie sind bereits in ihrer jetzigen Position überfordert und versuchen, das drohende Erkennen ihres Unvermögens mit üblem Benehmen abzuwehren. Im ersten Falle ist es von Vorteil, sich von ihnen zu distanzieren. Solche Leute bringen nur Unglück. Ein Aufstand gegen sie würde einen Machtkampf provozieren, den der Machtlose nicht gewinnen kann. Im zweiten Falle kann es sich lohnen, einen Aufstand zu wagen, denn hier haben wir es mit einem im Grunde ohnmächtigen Don-Juan-Typ zu tun.

Viele Don-Juan-Typen spüren in Wahrheit tief in sich eine

gewisse Ohnmacht, eine gewisse Verzweiflung. Die beunruhigende Frage, die immer wieder auftaucht – und sofort verdrängt wird – lautet: »Bin ich wirklich ein Mann? Bin ich ein mächtiger Chef?« Das ganze Machtgehabe, das sie sich im Laufe ihrer Karriere angewöhnt haben, bedeckt nicht wirklich ihre tiefliegende Angst, ohnmächtig zu sein. Es lauert die Gefahr, dass ihnen plötzlich jemand wie im Märchen ›Des Kaisers neue Kleider‹ zuruft: »Hey, du bist ja nackt!«

In solchen Momenten spüren wir: Es sitzt eine tiefe Angst in uns, nicht sicher zu wissen, ob wir Männer sind. Wir spüren, daß unsere Autorität auf wackligen Füssen steht, auf äußeren Insignien und nicht auf innerem Fundament. Wir wissen, dass unser Gehabe nur aufgesetzt ist. Aber in Wahrheit möchten wir nicht aufgrund der Position ernst genommen werden, sondern wegen unserer Kraft. Im Grunde möchten wir nicht Macht haben, wir möchten mächtig sein.

So oder so benötigen wir die Fähigkeit zum konstruktiven Streiten, zur Konfrontation. Das, was wir an Konfrontationstechniken besitzen, haben wir von unseren Eltern gelernt. Wenn Vater und Mutter gestritten haben, hat unser Unbewußtes genau zugehört und sich die Tricks gemerkt, mit denen sie entweder einander fertiggemacht haben oder – im positiven Fall – mit denen sie aufeinander eingegangen sind. Später haben wir uns selber in diesen Techniken geübt, im Streit mit den Eltern, Geschwistern und Freunden, und am Ende mit der eigenen Frau und den eigenen Kindern. Im Grunde haben wir nur wenig konstruktive Streit-Techniken gelernt, weil Streiten nichts ist, was man glaubt, lernen zu müssen. Streit ist – wie Macht – ein Tabuthema.

Unsere Art der Konfrontation ist über Generationen gewachsen und steckt noch immer im steinzeitlichen, animistischen Weltbild: Der Böse ist stets der andere. Wäre der andere anders, wäre alles besser. Dies ist eine kindliche Weltsicht, beziehungsweise eine kindische. Es geht aber nicht darum, wer der Böse, wer der Schuldige ist. Es geht um die Angst, denn das Hauptmotiv hinter jedem Streit ist die Angst um das eigene Revier. Die Angst vor Bedrohung der eigenen Identität. Die Angst vor Verlust. Die Angst vor Isolation. Die Angst vor Veränderung. Aber diese Angst wollen wir nicht spüren, wir verdrängen sie, indem wir aggressiv werden.

Eine für beide Seiten erfolgreiche Streittechnik besteht nun darin, die eigene Angst zu suchen und auf den Tisch zu legen. Ich habe Angst davor, daß du mich einengst, daß du mich über den Tisch ziehst, daß du in mein Revier eindringst, daß du mir kündigst, daß du mich verlässt, daß alles anders wird. Dieser erste Schritt braucht allerdings einigen Mut. Wer gibt schon gerne zu, daß er Angst hat.

Ein Aufstand gegen den Don-Juan-Typ braucht also zuerst eine sorgfältige Analyse und Offenlegung der eigenen Ängste. Angst löst sich, wenn sie anerkannt wird. Und die befürchteten Folgen können mit neuen Strategien abgewendet werden. Wer sich seiner Ängste bewusst ist, der wird nicht mehr von ihnen gesteuert, sondern er erkennt sie als einen Teil seiner Motivation an und er kann sich und seine Energie auf das konzentrieren, was als Ziel angestrebt werden soll.

Auch unser Gegenüber reagiert aus Angst heraus. Wer seine eigenen Ängste erkennt, kann auch die Angst beim Gegenüber ausmachen und verstehen. Und vielleicht beruhigen. Damit wäre schon der erste Schritt zu einer neuen Streitkultur getan.

Eine zweite Analyse betrifft unsere Schwächen. Vielleicht hat unsere Frau ja recht mit den Vorwürfen, die sie an uns richtet. Vielleicht gibt es ja Dinge, die mein Chef zu Recht an mir kritisiert. Dieser Schritt ist allerdings schwierig, und wir schaffen ihn nur, wenn wir bereit sind, das Ego für einen Moment loszulassen, uns wie von außen zu betrachten, quasi als wohlwollende Instanz. Dann können wir vielleicht sehen, daß wir uns mit unserem Verhalten schützen wollen und daß dieser Schutz vielleicht gar nicht nötig ist. Wer seine Ängste anerkennt, kann auch seine Schwächen anschauen – und sich stärken.

Damit wären wir schon recht gut gerüstet für einen Aufstand gegen die fremde Macht.

Der phallische Mann

In den vorhergehenden Kapiteln haben wir die Geschichte unseres Helden Parzival erzählt und gedeutet. Der Leser erinnert sich, wie das Bübchen Parzival von seiner Mutter verzärtelt und von der Männlichkeit ferngehalten wurde. So ähnlich ist es den meisten von uns ergangen. Ein anwesender Vater hätte hier gegensteuern können, aber die Väter waren nicht da. Eine aussichtslose Situation? Nein, die Geschichte Parzivals will uns etwas lehren.

In der Pubertät wurden wir von der Männlichkeit überschwemmt, wie Parzival, der den drei »göttergleichen« Rittern begegnete und fortan zu Felde ziehen wollte. Auch wir wollten als Knaben ungeduldig hinaus ins Leben. Hätte hier ein Vater geholfen, uns aus der Umklammerung der Mutter zu lösen, unsere überschäumende Männlichkeit durch sichere, aber dehnbare Grenzen in den Griff zu bekommen und in die Welt der Männer sicher hineinzuwachsen, wir hätten ein selbstbewußteres Verständnis von Mann und Macht bekommen. Aber dieser Vater war bei den meisten von uns nicht da, zumindest nicht in der Qualität, die es gebraucht hätte, um uns ein gutes Vorbild zu sein. Er war meist selber ein gebrochener Mann, geprügelt von seinem eigenen Vater, gedemütigt von den Mächtigen, enttäuscht von seinem eigenen kläglichen Versuch, an die Macht zu kommen, wie hätte er da dem Sohn weiterhelfen können?

Und dann ging dieser Parzival hinaus in die Welt und begegnete dem Ritter Gurnemanz. Gurnemanz verkörpert den phallischen Typ, und Mentoring nennt sich das Prinzip, das dem Jungen hilft, erwachsen zu werden. Gurnemanz ist der väterliche Freund, der die rechten Anweisungen gibt und den Jungen einführt in die Verantwortung des Mannseins. Wenige von uns haben dieses Glück gehabt, einen Mentor an ihrer Seite zu haben, weil das Mentor-Sein in Vergessenheit geraten ist. Heute erwacht das Bedürfnis nach Mentoring jedoch wieder. In der Wirtschaft wird es aber oft mißbraucht, um die jungen Aufsteiger in die von den Vorgesetzten gewünschte Funktion zu bringen. Ein doppelter Verrat, man täuscht Hilfe vor und führt doch nur die eigenen Absichten aus. Es bleibt den meisten von uns gar nichts anderes übrig, als sich selber ein ehrlicher Mentor zu werden. Wir können uns als eigener Mentor dazu ermutigen, unsere Wunden anzuschauen, das Streiten zu lernen, den Aufstand zu wagen und uns selber abzugewöhnen, uns als Opfer zu sehen. Wir können uns selber hinführen zu den Qualitäten des phallischen Mannes: uneigennützige Bescheidenheit, Stärke im Innern, Klarheit und Bildung im Äußern. Wir müssen uns selbst liebevoll führen und begleiten und unseren Söhnen oder Untergebenen darin ein Vorbild sein. Dann erst mag die eigene Macht in uns aufsteigen. Dann bekommen wir die Macht nicht mehr von unseren Chefs geliehen, wir werden selber mächtig.

Es ist ein großer Unterschied, ob wir Macht haben oder mächtig sind. Wenn uns die Macht von außen verliehen wird, von der Machtstellung innerhalb der Organisation oder von einem anderen »hohen ES«, wie es McClelland im ersten und im vierten Stadium der Macht beschrieben hat, dann sind wir immer in Gefahr, diese Macht zu mißbrauchen. Sie ist nicht in uns gewachsen, sondern von außen zur Verfügung gestellt worden. Das kann uns überfordern. Wenn aber die Macht in uns gewachsen ist durch unsere Leistung, durch innere Läuterung, durch das Ablegen der Opferrolle, dann hat sie eine ganz andere Qualität.

Diesen Unterschied, etwas zu haben oder etwas zu sein, hat der deutsche Philosoph Erich Fromm in den 70er Jahren eindrücklich aufgezeigt. Es gibt zwei verschiedene Orientierungspunkte im Leben eines jeden Menschen: Wir orientieren uns entweder am Haben oder am Sein.

Wenn wir uns am Haben orientieren, suchen wir nach Besitz, nach Status und nach Sicherheit. Das Reihenhaus, das schöne Auto, der Titel eines Doktors oder eines MBA, die gute Arbeitsstelle, die vernünftige Einstellung, der rechte Glaube. Das alles sind Dinge, mit denen wir uns umgeben, um uns sicher zu fühlen und der Angst vor dem Untergang, dem sozialen Absturz zu entfliehen. Je mehr Besitz wir anhäufen, um so mehr glauben wir, aufatmen zu können und zufrieden zu sein. Das Haben verspricht uns Zufriedenheit. Wir »haben« eine Frau, wir »haben« Kinder, wir »haben« Freunde, Therapeuten, Chefs, Mitarbeiter. Wer Macht »hat«, wird sie dafür einsetzen, sie zu sichern und zu vermehren. Für sich selber. Das ersehnte Gefühl dabei ist Sicherheit.

Die Frage ist immer: Habe ich einen Freund oder bin ich ihm ein Freund? Habe ich einen Sohn oder bin ich ihm Vater? Habe ich eine Frau oder bin ich ihr ein Partner?

Eine unserer größten Ängste in der Beziehung ist es, verlassen zu werden. Dagegen wappnen wir uns mit Verträgen, Eheverträgen, Abmachungen von Geben und Nehmen. Ich gebe mein Gehalt, du gibst mir Wärme, Liebe und Sexualität. Ich gebe dir und unseren Kindern meinen Erfolg, du gibst mir dafür eine Heimat. In dieser Art Beziehung »hat« der Mann eine Frau und die Frau »hat« einen Mann. Der »habende« Mann wird Macht anwenden, direkte oder sanfte Macht, vielleicht versteckte

Macht, um »seine« Frau so zu formen, daß sie ihm dient, seinen Interessen, seinem Vergnügen. Das Gefühl für dieses »Haben wollen« ist das Begehren, und das positive Ergebnis ist Vergnügen. Der Preis dafür ist die Einsamkeit.

Wer im Beruf Macht haben will, der strengt sich an, auf der Karriereleiter höher zu steigen, er buckelt nach oben und tritt nach unten, und er wendet all die widerlichen Tricks an, um Konkurrenten auszustechen, Chefs einzuseifen, sich unentbehrlich zu machen und von den Leistungen anderer zu profitieren. Kein schöner Anblick. Wer im Leben Macht haben will, der ringt um Macht, die ihm von außen gegeben wird, und der Preis, den er dafür zahlt, ist Anpassung und Gehorsam. Und er tauscht das eigene Leben gegen eine »sichere« Position in der Wirtschaft. Solche Leute leisten Sechzig-Stunden-Wochen und behaupten im Ernst, sie beteiligten sich nebenbei noch an der Erziehung der Kinder. Dabei verpassen sie ihr eigenes Leben.

Wenn wir uns am Sein orientieren, sieht die Sache ganz anders aus. Wenn ich eine Frau, einen Sohn, einen Freund habe, werde ich früher oder später ihre Mängel sehen. Das macht mich unzufrieden. Wenn ich aber Partner, Vater oder Freund bin, dann werde ich zuerst meine eigenen Mängel sehen und daran arbeiten. Wer sich am Sein orientiert, der will sich ernsthaft weiterentwickeln, er studiert die Welt, betrachtet sich selber und lernt von der Wirkung, die er auf andere hat. Er sucht danach, besser zu werden. Die Orientierung am Sein sucht nicht nach Zufriedenheit, sie sucht nach dem Glück.

Der phallische Typ, der Mentor im Sinne des Ritters Gurnemanz, lebt ganz im »Sein«, und dann erst kommt auch die Liebe ins Spiel. Liebe hat nichts mit Haben zu tun, Liebe läßt los, läßt leben, hilft, das Potential des andern zu erkennen und zu stärken. Der Liebende richtet seine ganze Wachheit und sein Bewußtsein auf das Hier und Jetzt in der Hinwendung zu seiner

Partnerin. Erfüllte Sexualität bedeutet für ihn, sie zu spüren, sich selbst zu spüren, wahrzunehmen, was sich zwischen ihnen und um sie beider herum entwickelt. Das Gefühl für dieses »Sein« ist Aufmerksamkeit, und das Ergebnis ist Freude. Er wird alles tun, um die aufkeimende Freude zur Vollkommenheit aufblühen zu lassen.

Mit der Macht verhält es sich nun genau gleich. Wir können Macht haben oder mächtig sein. Wir können danach streben, immer mehr Macht zu bekommen, wie der Don-Juan-Typ, oder mächtig zu werden, wie der Ritter Gurnemanz, der den phallischen Mann verkörpert. Wer in seiner Macht »ist«, der schert sich einen Deut um Hierarchien, er kümmert sich nicht um das Wohlwollen seiner Chefs, er braucht keine machtlose Umgebung, um aus ihr herauszuragen, er will keine gehorsamen Mitarbeiter, keine sich fügende Familie, keine dienende Frau, er verzichtet auf Status, er braucht keine Bestätigung. Im Gegenteil, wer in seiner Macht ist, wird sich an ihr freuen, weil er sie dafür einsetzt, anderen zu helfen, dem Ganzen zu dienen, seinen Teil am Wohlergehen aller beizutragen. Er strahlt seine innere Macht aus, und das ermutigt auch andere, in ihre eigene Macht hineinzuwachsen. Die machtvolle Ausstrahlung des phallischen Mannes kommt aus dem tiefen Ernst des Lebens, aus der Fähigkeit, sich selbst und die Welt zu erkennen, mit sich und dem Gegenüber im Dialog zu bleiben und die eigene Wirkung auf die Umwelt kritisch zu hinterfragen. Das Gefühl, das sich dabei einstellt, ist Freude. Macht »haben« kommt vom Ego. Mächtig »sein« kommt aus dem Herzen.

Natürlich ist die Welt nicht schwarz oder weiß, natürlich leben wir nicht nur im »Haben« oder im »Sein«. Wir pendeln zwischen beiden Polen. Aber in unserer Gesellschaft hat das »Haben« eindeutig den begehrteren Geruch. Unsere Gesellschaft ist geradezu süchtig nach »Haben«. Seit dem Aufbruch in die Industriegesellschaft vor hundertfünfzig Jahren wird der Mythos genährt, alles sei herstellbar, alles sei zu haben und jeder könne im Überfluß glücklich leben. Wir sehen im Wirtschaftswachstum unser Heil und beschließen Wachstumsbeschleunigungsgesetze, ohne auf die Kosten zu achten. Und diesen Glauben des Machbaren leben wir fort: In fünfzig Jahren haben wir das Ticket für einen Mondflug, haben wir das Geschlecht unseres Kindes im Mutterleib bestimmt, haben wir Wohlstand. Aber das »Haben« führt allenfalls zum Vergnügen, zum Gefühl der Sicherheit, vielleicht zur Zufriedenheit, aber nicht zur Freude und nicht zum Glück. Unsere »Fun-und-Konsum-Gesellschaft« wird uns nicht glücklich machen.

Macht und Wahrheit

Glücklich machen kann uns nur die Orientierung am Sein: Ein guter Chirurg sein, ein guter Chef sein, ein guter Partner, Vater oder Freund sein. Das führt aus den vier unbefriedigenden Strategien des ohnmächtigen Buben heraus. Das führt uns von der gefährlichen Don-Juan-Motivation des Handelns weg, wie sie McClelland im dritten Stadium der Macht beschrieben hat. Die Orientierung am Sein führt hin zum phallischen Mann, wie wir ihn hier skizzieren: ein Mann, der sich seines Mannseins freut, der sich seiner sexuellen Kraft sicher ist und der seine Macht gebraucht, um seiner Partnerin, den Kindern, den Mitarbeitern, überhaupt der Welt Gutes zu geben. Dies wäre dann tatsächlich der fünfte Weg: Mächtig werden, zu sich selbst finden, in die phallische Kraft zu kommen. Aber wer diesen fünften Weg beschreiten will, hat noch eine große Hürde vor sich: die Konfrontation mit der Angst vor der eigenen Macht.

Die amerikanische Psychologin Marianne Williamson schreibt

dazu: »Unsere tiefste Angst ist nicht, daß wir unzulänglich sind. Unsere tiefste Angst ist, daß wir unermesslich machtvoll sind. Es ist unser Licht, das wir fürchten, nicht unsere Dunkelheit.«

Diesen Satz muß man zweimal lesen und vielleicht einen Moment darüber nachdenken: »Unsere tiefste Angst ist, daß wir unermesslich machtvoll sind.«

Williamson legt in ihren Arbeiten eindrücklich dar, wie wir als kleine Kinder mit unserer Macht verbunden waren, und wie sie uns abtrainiert wurde, wie wir selber am Ende glaubten, wir seien dumm, unzulänglich, schwach. Diesen Glauben zu erschüttern, bereitet uns riesige Angst.

Um unsere unermessliche Macht anzunehmen, müssen wir die Sicherheit aufgeben, die wir durch Gehorsam und Anpassung erlangen, die Sicherheit, die uns Konformität garantiert. Wir müssen dann ohne Absicherung durchs Leben gehen, allein auf unsere Macht vertrauend, wir müssen einstehen für unsere Impulse, unsere Ideen, unsere Wünsche. Davor fürchten wir uns. Abgründe tun sich auf, uns wird angst und bange. Sofort ruft die Vernunft in uns zum Rückzug, droht mit Untergang. Zweifel tauchen auf. Damit alles wieder seine Ordnung hat, bleiben wir doch lieber ein Rädchen im Getriebe. Und träumen nebenbei vom Lottogewinn.

Deshalb noch einmal die entscheidende Frage: Wollen wir überhaupt Macht? Wollen wir Macht nicht lieber den Managern, den Wirtschaftsanwälten, den Politikern überlassen? Wollen wir unsere Macht nicht lieber weiterhin auf unsere Chefs, auf Prominente, Stars und Gurus delegieren, auf Mamas und Papas, die wissen, was gut für uns ist? Ist es nicht eine ungeheuerliche Anmaßung, in die eigene Macht zu kommen? Vom Dunkel ins Licht? Es ist ja nicht unsere Dunkelheit, die wir fürchten, wir kennen sie, wir kennen uns in ihr aus und überleben im Schatten der Mächtigen, wenn auch grollend, trotzig, nachtragend und im Streit. Das alles ist einfacher, als die Angst vor dem Licht in uns überhaupt wahrzunehmen. Denn es ist, wie Williamson sagt, unser Licht, das wir fürchten.

Um in unser Licht und in unsere Macht zu kommen, müssen wir uns zuerst dieser Angst nähern, die uns von dem trennt, was seit Geburt in uns leuchten will. Diese Angst ist gut versteckt, tief begraben, kaum zu spüren. Nur wer sich konsequent am Sein orientiert, nur wer einen gewissen Leidensdruck hat, begibt sich überhaupt auf die Suche nach dem, was ihn am Leuchten hindert, und trifft auf die Angst. Nur die vage Erinnerung an ein ganz frühes Gefühl, die Erinnerung daran, daß wir als Kind tief im Herzen geliebt haben, lockt uns auf diesen Weg. Diese Erinnerung aufleuchten zu sehen, sie wahrzunehmen, und sei es nur für eine Sekunde, ist ein großes Glück. Es hilft uns, den Mut zu fassen und die Angst anzuschauen, die uns hindert, uns wieder mit diesem tiefen Kern zu verbinden. Wie Parzival begeben wir uns auf die Suche nach dem Heiligen Gral. Wollen die Angst besiegen, vorstoßen zum inneren Kern. Denn in diesem Leuchten liegt unsere Liebe und die damit verbundene Macht.

Wenn wir je an diesen Punkt kommen, wo wir die Angst vor der Liebe auch nur einen Moment erkennen, dann stehen wir vor einer schweren Entscheidung: Belassen wir es dabei und kehren zurück in unseren Alltag? Oder sind wir bereit, uns dieser Angst zu stellen, sie herauszufordern, um sie zu überwinden? Mit allen Konsequenzen? Sind wir bereit, uns dem Großen in uns zu stellen? Es anzunehmen und uns darin aufzugeben? Unsere Angst davor aufzugeben? Kein leichtes Unterfangen.

Wenn wir dies als Ziel erkannt haben, zum Licht ja sagen, dann machen wir uns auf den Weg. Und auf diesem Weg müssen wir wie ein Vater, wie ein Mentor zu uns stehen, wir müssen uns selbst an der Hand nehmen und uns selbst beharrlich zu dem führen, was in uns angelegt ist und gelebt werden möchte.

Das ist kein einfacher Job, denn es gibt dafür kaum Vorbilder. Die wenigsten von uns hatten einen Vater oder einen männlichen Mentor, der uns auf diesen Weg geführt hat.

Frühere Gesellschaften haben um diese Schwierigkeiten gewußt. Sie haben die Jungen mit einer Initiation in einen neuen Status eingeführt, in den Status des selbstverantwortlichen Mannes, der lernt, mit seiner Macht umzugehen. Wir haben bereits den unschätzbaren Wert der Initiation in Kapitel 3 dargestellt. Uns, denen dieser frühe Weg verwehrt geblieben ist, bleibt dennoch eine große Chance, denn es gibt hilfreiche Lebensregeln, die sich am Sein orientieren und für den Buben wie den erwachsenen Mann gelten.

Der amerikanische Franziskaner Richard Rohr beschreibt diese Lebensregeln als fünf essentielle Wahrheiten, die ein Junge bei seiner Initiation akzeptieren muß, wenn er Mann werden und zu seiner inneren Macht und seinem inneren Licht vorstoßen will. Sie gelten auch noch, wenn wir schon längst erwachsen sind, und es ist nie zu spät, sich diesen Wahrheiten zu stellen:

1. Erkenne: An der Grenze wirst du wachsen.
Wenn du immer innerhalb deiner Möglichkeiten bleibst, wird nicht viel passieren in deinem Leben. Du schiebst eine ruhige Kugel, kriegst einen dicken Bauch, wirst vielleicht ein bißchen Spaß haben, aber das war's. Wenn du es dir allzu schwer machst, dich und andere dauernd überforderst, dich überschätzt und quälst, wird auch das zu nichts führen. Wirkliche Veränderung findet auf der Grenze von Forderung zur Überforderung statt. Wenn du an Grenzen gehst, es dir also nicht zu leicht machst, dann kommst du an ein Gefühl, das dir angst macht. Kann ich das? Aber es ist nicht Angst, es ist Erregung, Lebensenergie. Du wirst wach und lebendig. Wenn du diesen Zustand suchst und

dich da hinein entspannst, dann bringt dich das vorwärts. Das Leben wird lebendig.

2. Erkenne: Du bist ein Glied einer unendlichen Lebenskette.
Du bist nicht wichtiger als andere. Für dein Ego ist dieser Satz niederschmetternd. Schließlich wollen wir wichtig sein, das Zentrum der Welt, der Nabel des Geschehens. Aber du bist in Wirklichkeit nicht wichtig. Dieser Satz stimmt tatsächlich. Der Schreck ist beim zweiten Hinschauen schon nicht mehr so groß. Es gab Tausende Menschen vor dir, Tausende werden nach dir kommen, du bist ein Glied von Millionen Gliedern einer unendlichen Lebenskette. Macht dich das nicht bescheiden? Und ist es nicht gleichzeitig befreiend? Du lebst. Und du gibst Leben weiter in deinen Kindern, in deiner Arbeit, in deinem Beitrag an die Gesellschaft. Mehr nicht. Aber auch nicht weniger. Es reicht, wenn du du selbst bist.

3. Erkenne: Du bist ein Teil des Ganzen.
Natürlich glaubst du, es gehe um dich, du seiest berufen, den Drachen zu töten und die gefangene Jungfrau zu erlösen, du müßtest eine große Karriere machen, zum Star werden, Macht und Geld erobern. Aber das stimmt nicht: Es geht nicht um dich. Es geht ums Ganze. Setz deine Kraft für etwas Größeres ein, für andere, für den Partner, für die Familie, die Freunde, die Gemeinschaft. Es wird dir wahre Freude bringen.

4. Erkenne: Kontrolle ist eine Illusion.
Dieser Satz trifft uns Männer hart. Aber irgendwie auch herzlich. Du hast nicht die Kontrolle, nicht über dich, deinen Geist, deinen Körper, auch nicht über andere Menschen, nicht über deine Frau, nicht über deine Kinder. Nichts gehorcht deinem Willen. Nicht einmal dein Penis. Natürlich kannst du es ein

Leben lang versuchen, andere zu kontrollieren, damit sie deiner Befriedigung dienen, Macht auszuüben, damit du deine Bedürfnisse stillst. Aber am besten läßt du es sofort, besonders wenn du auf dein Herz hörst. Es geht im Leben auch gar nicht um Kontrolle. Es geht um viel mehr. Es geht darum, demütig zu erkennen, daß du dienst. Indem du dienst, gibst du dich hin, du setzt deine Macht zum Wohle des Ganzen ein, in Liebe zum Leben.

5. Erkenne: Du wirst sterben.
Das wissen wir alle, aber alle glauben wir, das geschehe nur den andern. Der eigene Tod wird verdrängt, vor allem der spirituelle Aspekt des Todes. Der Tod ist das Ende des Lebens, der Sonnenuntergang nach einem hoffentlich langen und schönen Tag. Das Leben ist ein Bogen, wie der Sonnenlauf des Tages, und welches Alter du auch gerade hast, es entspricht einem Stand der Sonne im Verlauf eines Tages. Wir wissen das. Und wir dürfen uns auch immer wieder daran erinnern. Wo stehst du gerade? Vor dem hellen Mittag, im milden Licht des Spätnachmittags? Diese Sicht gibt dir einen anderen Blick auf dein Leben. Kannst du deine Jugend loslassen? Hast du noch die Zeit, all die Dinge zu tun, die du dir bis dahin verboten hast? Kannst du deine Eigenliebe loslassen, um noch rechtzeitig dorthin vorzustoßen, wo dein Leben einen Sinn macht, wo du am Ende sagen kannst, ich habe dem Leben gedient? Der unausweichliche Tod ist ein guter Ratgeber in diesen Fragen. Lebe mit dem Tod.

Diese fünf Wahrheiten machen bescheiden. Die innere Macht, die Macht des Seins, die aus dem Herzen kommende Macht, sie dient nicht der Kontrolle und nicht dem Anhäufen von Geld und Macht. Es ist die Macht, im Flusse des Lebens zu stehen, ihm zu dienen, mit den richtigen Vorkehrungen, den richtigen Anweisungen, den richtigen Entscheidungen. Das Geld, die Sicherheit, die Karriere kommen dabei von selbst. Es ist die Macht des phallischen Mannes, das eigene Potential zu leben, trotz inneren Ängsten, trotz äußerer Widerstände. Es ist die Macht der Liebe. Zu sich selbst und zu den anderen.

»Liebe deinen Nächsten wie dich selbst« hat der am Anfang diese Kapitels erwähnte Nazarener gefordert. Wer in seiner Macht ist, wird nichts anderes tun. Er liebt sich und geht entsprechend mit sich um – und so auch mit den anderen.

Wer Macht verstanden hat und ihren dunklen Seiten nicht erliegt, findet sich auf der Seite der Liebe wieder. »Machtvoll lieben« hat der deutsche Philosoph Martin Buber dieses Phänomen genannt. Wir können es nicht vermeiden, Macht auszuüben, also laßt uns uns dessen bewußt werden und machtvoll lieben.

Hinweis

Die Lebensschule für Männer mit Peter A. Schröter

Entwicklung zum Mannsein bedeutet Förderung von innerer Stärke, Verantwortungsbewußtsein und reifer Liebesfähigkeit. Dieser Prozeß berührt den Wesenskern eines Mannes und unterstützt ihn bei der Umsetzung seiner Lebensvision.

Die Lebensschule für Männer umfaßt vier Schwerpunkte:

- Der Krieger (Power und Macht)
- Der Magier (Sterben und Tod)
- Der Liebhaber (Männliche Sexualität)
- Der König (Balancierte Männlichkeit)

Detaillierte Informationen über Seminare für Männer, Männer und Frauen und für Paare erhalten Sie unter folgender Adresse:

Schröter + Christinger Persönlichkeitstraining
Langgrutstraße 178, CH-8047 Zürich
E-Mail: info@scpt.ch

oder im Internet unter: www.scpt.ch

Coaching für Aufsteiger mit Charles Meyer

Wer einen Karriereschritt macht oder einen sonstigen Wandel in seinem Lebensmuster anstrebt, fordert sich und seine Umwelt tüchtig heraus. Alte Unsicherheiten überfallen ihn, und bisher bewährte Verhaltensmuster erweisen sich in der neuen Situation als untauglich. Vielfältige Schwierigkeiten entstehen, die angepackt und gemeistert werden wollen.

In solchen Zeiten kann die Begleitung durch einen Coach, der die richtigen Fragen stellt, stets das Ziel, die Ressourcen und den nächsten Schritt im Auge behält, Sicherheit und Fortschritt bringen.

Literatur

ANAND, MARGO: Tantra oder Die Kunst der sexuellen Ekstase. München 1990

BUTZ, KATHARINA / ICHELN, DETLEF: Penis pur. Reinbek 2000

BADINTER, ELISABETH: XY – Die Identität des Mannes. München 1993

BEAUVOIR, SIMONE DE: Das andere Geschlecht. Reinbek 1968

BETTELHEIM, BRUNO: Die symbolischen Wunden. München 1975

BISINGER, MATTHIAS: Der ganz normale Mann. Reinbek 1992

BLY, ROBERT: Eisenhans. München 1991

– Die kindliche Gesellschaft. München 1997

BÖHNISCH, LOTHAR / WINTER, REINHARD: Männliche Sozialisation. Weinheim 1997

BRANNON, ROBERT / DAVID DEBORAH (Hrsg.): The Forty-Nine Percent Majority – The Male Sex Role. New York 1976

CHODOROV, NANCY: Das Erbe der Mütter. München 1985

CHRISTINGER, DORIS: Auf den Schwingen weiblicher Sexualität. Eine Liebesschule für Frauen. Zürich 2000

CRENSHAW, THERESA L.: Die Alchemie von Liebe und Lust – Hormone steuern unser Liebesleben. Köln 1997

CHINEN, ALLAN: Once Upon a Midlife. New York 1992

CORNEAU, GUY: Abwesende Väter, verlorene Söhne. Hamburg 1993

Das Tantra der Befreiung. Vijnana Bhairava Tantra, übersetzt von Wilhelmine Keyserling. Südergellersen 1994

ESCHENBACH, WOLFRAM VON: Parzival, Auswahl. Stuttgart 1999

– Parzival, Band 1 & 2. Stuttgart 2001

FARRELL, WARREN: Warum Männer so sind, wie sie sind. Hamburg 1986
FRÜCHTEL, FRANK / STAHL, CHRISTIAN: Das starke Geschlecht. Frankfurt 1996
Geo Wissen: Frau & Mann. 26/2000
GERBER, MATTHIAS: Turm am Rand des Meeres. Köniz 1998
GILMORE, DAVID: Mythos Mann. München 1991
GOLDBERG, HERB: Man(n) bleibt Mann. Reinbek 1990
GUGGENBÜHL, ALLAN: Männer, Mythen, Mächte. Zürich 1994
HOLLSTEIN, WALTER: Nicht Herrscher, aber kräftig. Hamburg 1988
– Potent werden. Das Handbuch für Männer. Bern 2001
JAEGGI, EVA: Viel zu jung, um alt zu sein. Reinbek 1996
JOHNEN, WILHELM: Die Angst des Mannes vor der starken Frau. Frankfurt 1994
JOHNSON, ROBERT: Vom Weiblichen im Mann. München 1996
KARATEPE, HAYDAR / STAHL, CHRISTIAN: Männersexualität. Reinbek 1993
KEEN, SAM: Feuer im Bauch. Bergisch Gladbach 1992
KLINGENBERG, MARCUS: Vom Softie zum ganzen Mann. Köniz 1996
Kursbuch 127: Männer. Berlin 1997
MCCLELLAND, DAVID: Power, the Inner Experience. New York 1975
MONICK, EUGENE: Die Wurzeln der Männlichkeit. München 1990
– Castration and Male Rage. Toronto 1991
MOORE, ROBERT / GILLETTE DOUGLAS: Der Magier im Mann. Solothurn 1995
– König, Krieger, Magier, Liebhaber. München 1992
NOERRETRANDERS, TOR: Hingabe. Reinbek 1983
OERTLE, PETER: Macht macht müde Männer munter. In: Männerzeitung 8. Ausgabe 2002, Burgdorf 2002
PALEY, MAGGIE: Unter dem Feigenblatt. Hamburg 2001
PILGRIM, VOLKER: Das Paradies der Väter. Reinbek 1987

RAPHAEL, RAY: Vom Mannwerden. München 1993
ROHR, RICHARD: Der wilde Mann. München 1988
ROHRMANN, TIM: Junge, Junge. Mann o Mann. Reinbek 1994
ROTH, PHILIP: Portnoys Beschwerden. Reinbek 1990
ROWAN, JOHN: Der verwundete Mann. München 1987
SCHAEF, ANNE WILSON: Im Zeitalter der Sucht. München 1991
SCHINKO, HELLWIG: Die frühkindliche Entwicklung der männlichen Geschlechtsidentität, Diplomarbeit. Wien 1996
SCHNACK, DIETER / NEUTZLING, RAINER: Kleine Helden in Not. Reinbek 1999
– Die Prinzenrolle. Reinbek 1994
SCHWAB, GUSTAV: Die schönsten Sagen des klassischen Altertums. Stuttgart 1996
SCHWANITZ, DIETRICH: Männer – eine Spezies wird besichtigt. Frankfurt 2001
SENGER, GERTI / HOFFMANN, WALTER: Die sexuelle Kraft des Mannes. Wien 1997
SHAY, JONATHAN: Achill in Vietnam. Hamburg 1988
SINGER KAPLAN, HELEN: Hemmungen der Lust. Stuttgart 1981
SZABO, EVA / SCHRÖTER, PETER / TEN HÖVEL, GABRIELE: Verführung zur Ekstase. Freiburg 2000
WEYERMANN, DENISE (Hrsg.): Von der Notwendigkeit der Liebe. Bern 2003
WIECK, WILFRIED: Männer lassen lieben. Frankfurt 1990
WILLIAMSON, MARIANNE: A Return to Love. New York 1992
WINTER, REINHARD / NEUBAUER, GUNTER: »Dies und das«. Das Variablenmodell. Tübingen 2001
ZILBERGELD, BERNIE: Die neue Sexualität der Männer. Tübingen 1994
ZULEHNER, PAUL M. (Hrsg.): Müssen Männer Helden sein? Innsbruck 1998

pendo

Doris Christinger, Peter A. Schröter

Vom Nehmen und Genommen werden

Für eine neue Beziehungserotik. 304 Seiten. Klappenbroschur

Leidenschaftlich begehren und begehrt zu werden ist für Mann und Frau das Thema Nr. 1. Doch Eros kann nur fließen, wenn das Feminine und das Maskuline zusammenspielen – und wenn wir feminine Hingabe und maskuline Stärke als Basis sexuellen Erlebens annehmen. Dann wird Begehren möglich. Denn in der Öffnung für wahre Männlichkeit und Weiblichkeit, so Doris Christinger und Peter A. Schröter, wird unsere Sexualität zur größten Abenteuerreise unseres Lebens.
Ein Buch, das Mut macht, die erotischen Phantasien zu leben und sich beim Sex (ver)führen zu lassen – ohne die im Alltag gewonnene Stärke aufzugeben.

09/1008/02/R

PENDO

Doris Christinger

Auf den Schwingen weiblicher Sexualität

Eine Liebesschule für Frauen. 264 Seiten. Broschur

Die Kraft und die Schönheit des eigenen Körpers entdecken, die Sinnlichkeit wecken und die Sexualität neu erleben: Das sind Stationen des Weges, den jede Frau mit Hilfe des Buches von Doris Christinger gehen kann. Denn wenn wir unsere Lebensenergie, die Sexualenergie, aktivieren, können wir nicht nur unser Liebesleben bereichern, sondern unser ganzes Leben bewusster und glücklicher gestalten. Dabei geht es auch um die Stärkung von Eigenständigkeit und Selbstvertrauen. Nicht zuletzt durch ein neues Verständnis von Hingabe kann Sexualität zum Tor werden zu mehr Bewusstheit und Spiritualität.

09/1010/02/L